STEFAN SCHOLL

Behördliche Prüfungsbefugnisse im Recht der Wirtschaftsüberwachung

Schriften zum Öffentlichen Recht

Band 557

Behördliche Prüfungsbefugnisse im Recht der Wirtschaftsüberwachung

Von

Dr. Stefan Scholl

Duncker & Humblot · Berlin

CIP-Titelaufnahme der Deutschen Bibliothek

Scholl, Stefan:
Behördliche Prüfungsbefugnisse im Recht der Wirtschaftsüberwachung / von Stefan Scholl. – Berlin: Duncker u. Humblot, 1989
(Schriften zum Öffentlichen Recht; Bd. 557)
Zugl.: Erlangen, Nürnberg, Univ., Diss., 1988
ISBN 3-428-06603-0
NE: GT

n 2

Druck: Berliner Buchdruckerei Union GmbH, Berlin 61
Printed in Germany

ISSN 0582-0200
ISBN 3-428-06603-0

Inhaltsverzeichnis

Vorbemerkung 11

Erster Abschnitt

Einführung

§ 1 Einordnung behördlicher Prüfungsbefugnisse in das Recht der Wirtschaftsüberwachung ... 13

I. Die Stellung des Rechts der Wirtschaftsüberwachung im Rechtssystem ... 13

II. Die Aufgabe behördlicher Prüfungsbefugnisse im Recht der Wirtschaftsüberwachung ... 15

1. Anerkannte Institute des Rechts der Wirtschaftsüberwachung ... 15

a) Allgemeines ... 15

b) Insbesondere Anzeigepflichten ... 16

2. Behördliche Prüfungsbefugnisse ... 17

a) Aufgabe ... 17

b) Vorkommen und Erscheinungsformen ... 19

§ 2 Geschichtliche Entwicklung ... 22

Zweiter Abschnitt

Allgemeine Fragen der Prüfung

§ 3 Die Beteiligten ... 26

I. Die Verpflichteten ... 26

1. Gesetzgeberische Eingrenzungen ... 26

2. Verpflichtete nach wirtschaftsüberwachungsrechtlichen Spezialnormen ... 27

a) Innerhalb des überwachten Unternehmens – unmittelbar Verpflichtete ... 27

aa) Literaturstand ... 27

ab) Kritik und Lösungsvorschlag ... 30

b) Außerhalb des überwachten Unternehmens – mittelbar Verpflichtete 37
3. Nach sonstigen Rechtsgrundlagen Verpflichtete 38
II. Die Berechtigten 39
1. Die zuständige Behörde 39
2. Prüfungsberechtigte Personen 41
a) Angehörige der Überwachungsbehörde 41
b) Externe Beauftragte 42
ba) Angehörige anderer als der sachlich zuständigen Behörden 42
bb) Private 44
3. Ausweispflicht 47
4. Ablehnungsrechte der Verpflichteten 47
a) Gegen die Behörde 47
b) Gegen die Person des Prüfenden 48
III. Rechtsverhältnis zwischen Behörde und Verpflichteten 50
1. Allgemeines und besonderes Rechtsverhältnis 51
2. Materielles und formelles Überwachungsrechtsverhältnis (Prüfungsrechtsverhältnis) 52
a) Unterscheidung und Entstehung 52
b) Art und Inhalt 55
c) Beendigung 56

§ 4 Die Zulässigkeit behördlicher Prüfungen im Einzelfall 56
I. Informationsnot (Erforderlichkeit i. w. S.) 56
1. Gesetzgeberische Spielräume 57
2. Einengungsversuche und Kritik 57
3. Lösungsmöglichkeit 58
II. Rechtsstaatliche Grundanforderungen 65
1. Geeignetheit 65
2. Verhältnismäßigkeit 66
a) Erforderlichkeit (i. e. S.) 66
b) Proportionalität 68

§ 5 Rechtsform des Verwaltungshandelns 69
I. Informelles Prüfungsersuchen 70
II. Formelles Verwaltungshandeln 77
1. Rechtsgrundlagen 77
a) Aufbau der einschlägigen Vorschriften 77

b) Folgen für behördliche Befugnisse und unternehmerische Pflichten 78
ba) Die Entstehung unternehmerischer Pflichten 78
bb) Behördliche Befugnisse 81
c) Zusammenfassung und Kritik 83
2. Das Prüfungsverlangen in Form des Verwaltungsaktes 84
a) Gegenmeinungen und Kritik 84
b) Der Verwaltungsakt 89
ba) Inhalt und Regelungswirkung 89
bb) Anhörungspflicht 91
bc) Sofortige Vollziehung 95

§ 6 Zeit und Häufigkeit der Prüfung 96

I. Prüfungszeit 96
1. Beschränkung der Prüfungszeit 96
2. Kritik und Lösungsvorschlag 97

II. Prüfungshäufigkeit 99

§ 7 Geheimhaltung und Schutz vor Mißbrauch von Informationen 100

I. Bedeutung 100
1. Allgemeines Geheimhaltungsinteresse 100
2. Die besondere Problematik von Doppelzuständigkeiten 101

II. Einfachgesetzliche Schutzvorkehrungen 103
1. Bestandsaufnahme 103
2. § 30 VwVfG 103
a) Der Geheimnisbegriff des § 30 VwVfG 104
b) Offenbarung i.S.d. § 30 VwVfG 105
3. § 203 II StGB 106
4. Die Vorschriften des BDSG 107
5. Ergebnis 110

III. Verfassungsrechtliche Maßgaben 110

IV. Ergebnis 111

V. Forderungen für behördliche Prüfungen 112

Dritter Abschnitt

Die Prüfungsbefugnisse im einzelnen

§ 8 Das Auskunftsverlangen 114

I. Bedeutung 114

II. Form 116

III. Inhalt 117

IV. Auskunftsverweigerungsrecht 119

1. Darstellung und Problematik der derzeitigen Rechtslage 119
2. Praktische und rechtliche Bedeutung 123
a) Praktische Bedeutung 123
b) Rechtliche Bedeutung 125
ba) Ursprung des Auskunftsverweigerungsrechts 125
bb) Übertragbarkeit auf das Gefahrenabwehrrecht 126
3. Ergebnis 132

§ 9 Einsichtnahme in Unterlagen 133

I. Bedeutung 133

II. Gegenstand 133

III. Umfang 136

IV. Ort 137

V. Mitwirkungspflichten 138

1. Die Aufbewahrungspflicht 138
2. Sonstige Mitwirkungspflichten 139

§ 10 Das Recht auf Gestattung des Zutritts zu Betriebs- und Geschäftsräumen sowie Wohnungen 140

I. Bedeutung 140

II. Einfachgesetzliche Regelung 140

1. Gegenstände des Zutritts 140
2. Besondere Voraussetzungen 141
a) Betriebs- und Geschäftsräume 141
b) Wohnräume 142
3. Ergebnis 142

III. Art. 13 GG 143

1. Allgemeines 143

2. Der Wohnungsbegriff ... 143
3. Grundrechtsträger ... 144

IV. Beurteilung der Rechtslage ... 145
1. Die Trennung von Betriebs-, Geschäfts- und Wohnräumen ... 145
2. Die Vereinbarkeit der Trennung mit dem GG ... 148

V. Lösungsvorschläge ... 149
1. Der Bundesminister der Justiz und E. Stein ... 149
2. Das Bundesverfassungsgericht ... 150
3. Ergebnis und Kritik ... 152

VI. Alternative Lösungsmöglichkeit ... 156
1. Allgemeines ... 156
2. Art. 13 III GG ... 157
a) Der Begriff der „Verhütung“ ... 157
b) Die „dringende“ Gefahr ... 157
c) Ergebnis ... 159

VII. Inhalt und Umfang des Zutrittsrechts ... 160
1. Betreten, Besichtigen, Prüfen ... 161
2. Durchsuchen ... 163
3. Ergebnis ... 165
4. Art. 13 II, III GG und behördliche Zutrittsrechte im Rahmen der Wirtschaftsüberwachung ... 168

VIII. Mitwirkungspflichten ... 170

§ 11 Die Entnahme von Proben ... 171

I. Bedeutung ... 171

II. Gegenstand und Umfang ... 172

III. Form ... 172
1. Gegen- bzw. Zweitprobe ... 172
2. Geheime Probenahme ... 174

IV. Empfangsbescheinigung ... 174

V. Mitwirkungspflichten ... 175

VI. Rechtsnatur ... 176

VII. Entschädigungsanspruch ... 180

§ 12 Das Verhältnis der Prüfungsbefugnisse zueinander 183

I. Rechtsgrundlagen und Meinungsstand 183

II. Folgerungen 184

Empfehlungen und Leitsätze 187

Literaturverzeichnis 191

Gesetzesverzeichnis 202

Vorbemerkung

Bei dem Versuch, das Recht der Wirtschaftsüberwachung zu ordnen, werden zumeist, dem Aufbau der Gewerbeordnung folgend, Anzeigepflicht (§ 14), Untersagungsermächtigung (§ 35) und Erlaubnispflicht für Anlagen (§ 24 ff.) und Tätigkeiten (§ 30 ff.) aneinandergereiht. Damit ist traditionell zugleich eine Ordnung nach der Schwere des Eingriffs hergestellt, die für die Frage der Verhältnismäßigkeit und Verfassungsmäßigkeit (Art. 12 GG) maßgebend ist. Die diese Institute des Wirtschaftsüberwachungsrechts betreffenden Rechtsfragen sind ausführlich untersucht worden und zum großen Teil geklärt. Wenn sie auch von großer und zum Teil andauernder Bedeutung im Rechtsverhältnis zwischen Bürger und Staat sind, so kann man doch nicht verkennen, daß sie bezüglich der Häufigkeit des Aneinanderstoßens von Behörde und Bürger im Rahmen der Ausübung einer wirtschaftlichen Tätigkeit, eine eher punktuelle und untergeordnete Stellung einnehmen.

Weitaus größere Bedeutung haben dagegen die behördlichen Prüfungen, die häufig bereits zu Anfang einer wirtschaftlichen Betätigung stattfinden und vor allem später immer wiederkehren. Für ihre Durchführung sind die Behörden heute durchgängig mit Befugnissen ausgestattet, wie Auskünfte zu verlangen, Einsichtnahme in Unterlagen zu nehmen, Räumlichkeiten zu betreten, dort Untersuchungen vorzunehmen und Proben zu entnehmen. Mit ihnen sollen sie die Voraussetzungen einer Erlaubniserteilung überprüfen, oder im späteren Verlauf die rechtmäßige Ausübung einer Tätigkeit oder den ordnungsgemäßen Zustand von Betriebsmitteln und Produkten überwachen.

So haben behördliche Prüfungen zwar zuweilen eine „dienende Funktion", namentlich im Zusammenhang mit den oben genannten Rechtsinstituten, sie sind jedoch immer auch für sich allein von rechtlicher Bedeutung, nicht nur weil sie auch allein, ohne irgendwelche nachfolgenden Maßnahmen mit erheblichen Eingriffen in die Rechtssphäre der Betroffenen verbunden sind, sondern vor allem auch, weil über Ausmaß und Qualität der Wahrnehmung staatlicher Verantwortung im Bereich der Wirtschaftsüberwachung zu einem großen Teil auf der Ebene der Überwachungsbehörden entschieden wird[1]. Dies wird gerade in letzter Zeit durch die Vorgänge in

---

[1] Vgl. M. Rebentisch, Technische Kontrolle in staatlicher Verantwortung, UPR 1987, S. 403. Es sei hier auch an den Begriff des „Vollzugsdefizits" erinnert (vgl. K. Hansmann, in: R. v. Landmann / G. Rohmer, GewO, RdNr. 1 ff. zu § 52 BImSchG m.w.N.).

Hessen in Verbindung mit dem Umgang mit strahlenden Materialien in aller Deutlichkeit bestätigt.

Trotz ihrer Bedeutung sind die im Rahmen behördlicher Prüfungsbefugnisse auftretenden Rechtsfragen bisher noch kaum in einem größeren Zusammenhang erörtert worden[2], mancherorts werden sie schlicht geleugnet. Ein einheitlich geformtes und herausgearbeitetes Rechtsinstitut gibt es noch nicht, obwohl man im Bereich des Wirtschaftsüberwachungsrechts kaum mehr eine Rechtsvorschrift finden kann, die nicht behördliche Prüfungsbefugnisse und bürgerliche Pflichten zum Zwecke der Überwachung ihrer Durchführung enthält.

In Anbetracht der umfassenden Prüfungsbefugnisse und der bestehenden rechtlichen Unsicherheiten und offenen Fragen kann es daher nicht verwundern, wenn von einem Kontrollsystem „Orwellschen Ausmaßes“ gesprochen wird[3].

Im Rahmen dieser Arbeit soll nun versucht werden, insbesondere anhand der verstreuten gesetzlichen Bestimmungen, die man gewöhnlich dem Wirtschaftsüberwachungsrecht zuordnet, ein einheitliches Rechtsinstitut der behördlichen Prüfungsbefugnisse herauszuarbeiten.

Die Arbeit ist in drei Abschnitte gegliedert. Der erste Abschnitt befaßt sich mit der Einordnung behördlicher Prüfungsbefugnisse in das Recht der Wirtschaftsüberwachung sowie deren geschichtlicher Entwicklung. Im zweiten Abschnitt werden allgemeine Fragen der Prüfung geklärt, der dritte Abschnitt beschäftigt sich mit den einzelnen Prüfungsbefugnissen sowie deren Verhältnis zueinander. Am Schluß der Untersuchung werden die Ergebnisse in Leitsätzen zusammengefaßt.

Vor allem für die Erfassung, aber auch für die Lösung der rechtlichen Probleme war der Kontakt und das Gespräch mit Unternehmen hilfreich, die sich ständig mit behördlichen Prüfungsbefugnissen konfrontiert sehen.

---

[2] Zwar gibt es auch in jüngerer Zeit einige Monographien zum Thema, diese beschäftigen sich jedoch entweder vornehmlich nur mit der einschlägigen Vorschrift des GWB (W. Blum, Die Auskunfts- und sonstigen Ermittlungsrechte der Kartellbehörden nach dem Gesetz gegen Wettbewerbsbeschränkungen, dem Gesetz über Ordnungswidrigkeiten und dem europäischen Kartellrecht; H. J. Wieckmann, Das Auskunftsersuchen im System kartellbehördlicher Eingriffsbefugnisse; F. Hermanns, Ermittlungsbefugnisse der Kartellbehörden; A. Reuter, Kartellbehördliche Recherche als Eingriff in Freiheit und Eigentum; Th. J. Meyer, Das Auskunftsrecht der Kartellbehörde; D. R. Lupberger, Auskunfts- und Prüfungsverfahren der Kartellbehörden und verfassungsrechtlicher Datenschutz), oder sie behandeln Teilprobleme des gesamten Komplexes (P. Heckel, Das Informationsrecht der Verwaltung im Spannungsfeld mit der Informationsbeschaffung im straf- und bußgeldrechtlichen Ermittlungsverfahren).

[3] G. Roth, Das Auskunftsrecht der Wirtschaftsverwaltung, VerwArch 1966, S. 225; P. Schiwy, Chemikaliengesetz, Anm. zu § 21 ChemG.

Erster Abschnitt

Einführung

§ 1 Einordnung behördlicher Prüfungsbefugnisse in das Recht der Wirtschaftsüberwachung

I. Die Stellung des Rechts der Wirtschaftsüberwachung im Rechtssystem

Eine systematische Einordnung behördlicher Prüfungsbefugnisse in das Recht der Wirtschaftsüberwachung und eine Herausarbeitung ihrer Rechtsgrundsätze[1] ist nur möglich, wenn man sich über die Stellung des Wirtschaftsüberwachungsrechts im Rechtssystem im klaren ist. Sie soll deshalb hier kurz erörtert werden[2].

Ansetzen kann diese Klärung an dem Begriff, der heute überwiegend für das Rechtsgebiet der Wirtschaftsüberwachung Verwendung findet, der „Wirtschaftsaufsicht"[3]. Diese ist vom Begriff der „Aufsicht" her der Staatsaufsicht zuzuordnen, die das systematische Korrelat der Selbstverwaltung darstellt und mit dem System der Wirtschaftsüberwachung in keinem Zusammenhang steht, ja „wesensverschieden"[4] von diesem ist. Der Begriff der Staatsaufsicht bezeichnet traditionell nur die Aufsicht des Staates über Selbstverwaltungsträger innerhalb einer organisatorisch bestimmten Hierarchie, während es die sogenannte Wirtschaftsaufsicht nicht mit der Ausübung organisationsrechtlich übertragener Verwaltungsautonomie zu tun hat, sondern mit der Betätigung grundrechtlich bestimmter Wirtschaftsfreiheit[5]. Um diesen systematischen Unterschied auch begrifflich zum Aus-

---

[1] Vgl. grundsätzlich zu diesen W. Henke, Juristische Systematik der Grundrechte, DÖV 1984, S. 6 ff.

[2] Vgl. ausführlich zum Folgenden R. Gröschner, Wirtschaftüberwachung in gewerbepolizeilicher Tradition und wirtschaftsverwaltungsrechtlichem Wandel, in: J. Makswit / F. K. Schoch, Aktuelle Fragen ..., Vom Gewerbepolizeirecht zum Wirtschaftsverwaltungsrecht, S. 179 f. m.w.N.

[3] Die Verwendung dieses Begriffs geht regelmäßig auf E. Steins gleichnamige Monographie zurück (vgl. nur neuerdings wieder D. R. Lupberger, S. 5).

[4] J. Salzwedel, Staatsaufsicht in Verwaltung und Wirtschaft, in: VVDStRL 22, S. 208.

[5] Zu den „Grundlagen der Staatsaufsicht über die juristischen Personen des öffentlichen Rechts" vgl. den gleichnamigen Aufsatz von B. Andrick, JA 1987, S. 546 ff., sowie M. Schröder, Grundfragen der Aufsicht in der öffentlichen Verwaltung, JuS 1986, S. 371 ff.

druck zu bringen, sollte statt von „Wirtschaftsaufsicht" von „Wirtschaftsüberwachung" gesprochen werden[6].

Eine über das Begriffliche hinausgehende Bedeutung für die Anwendbarkeit und Übertragbarkeit von Rechtsgrundsätzen aus anderen Rechtsgebieten hat jedoch die Stellung, die dem Wirtschaftsüberwachungsrecht im Rechtssystem zukommt.

E. Stein vertritt im Rahmen seiner auf dem Sozialstaatsprinzip basierenden „Funktionsschutztheorie" die Ansicht, die Wirtschaftsüberwachung entspreche der „Verantwortung des Sozialstaats für das Funktionieren lebenswichtiger gesellschaftlicher Funktionen"[7]. Unausgesprochen stehe hinter jeder Aufsichtsmaßnahme in der Wirtschaft „der Schutz der Funktionsfähigkeit der Gesamtwirtschaft"[8].

Eine so bestimmte Wirtschaftsüberwachung ist jedoch dem Grunde nach von der Wirtschaftslenkung nicht mehr zu unterscheiden und bedeutet einen Wandel von liberalen zu sozialen Begründungskategorien, was vielleicht politisch als Fortschritt gelten kann, juristisch aber – nämlich rechtshistorisch und rechtssystematisch – einen Rückschritt bedeutet[9]. Ein rechtshistorischer Rückschritt ist er, weil die Wirtschaftsüberwachung dann auf die wohlfahrtsfördernde „gute Polizei" des 15. bis 18. Jahrhunderts zurückgeführt werden müßte, statt auf die gefahrenabwehrende Gewerbepolizei des 19. Jahrhunderts. Und rechtssystematisch ist dieser Wandel ein Schritt zurück, weil die klaren Begriffe, Institute und Prinzipien des Polizeirechts einem Grundsatz des Sozialstaates geopfert werden müßten, dem es noch immer an begrifflicher, institutioneller und prinzipieller Klarheit fehlt[10]. Darüber hinaus ist es fraglich, ob mit dem „Funktionsschutz" untrennbar verbundene, grundlegende Einschnitte in die Freiheit unternehmerischer Betätigung mit dem Grundgesetz in Einklang zu bringen wären (Art. 2, 19)[11].

---

[6] Für eine (nicht nur) begriffliche Distanzierung von der Staatsaufsicht auch R. Schiedermair, Die Apotheke und ihre Überwachungsbehörde, Pharmazeutische Zeitung 1981, S. 696.

[7] Die Wirtschaftsaufsicht, S. 19.

[8] Ebenda, S. 26.

[9] G. Püttner, Die öffentlichen Unternehmen, S. 261, kritisiert zwar den Ausdruck „Aufsicht" im Zusammenhang mit der Wirtschaftsüberwachung (ebenda, Fn. 1), lehnt sich jedoch an E. Steins Verständnis der Wirtschaftsüberwachung an, wenn er meint, „Die Wirtschafts-‚Aufsicht' ist eine besondere Form staatlicher Eingriffsverwaltung ... und unterwirft die prinzipiell autonomen Privatunternehmen ... einer begrenzten Einwirkung und Lenkung (!) des Staates". R. Stober, Wirtschaftsverwaltungsrecht I, rechnete noch in der 3. Aufl.1984, RdNr. 424, dem Wirtschaftsüberwachungsrecht auch die „sachgerechte Förderung bestimmter Wirtschaftszweige" zu, weshalb man hätte zweifeln können, ob es sich nur um einen Druckfehler handelte, wenn an derselben Stelle von Auskunfts- und Betreuungsrechten, anstatt wie gewöhnlich von Auskunfts- und Betretungsrechten, die Rede war (in der 5. Aufl.1985, RdNr. 426, sind diese Passagen jedoch verändert bzw. berichtigt).

[10] Vgl. R. Gröschner, S. 183.

[11] Diese Frage braucht jedoch an dieser Stelle nicht näher erörtert zu werden. Noch zweifelhafter, aber auch an dieser Stelle nicht zu vertiefen ist die Frage, ob eine solche

Untersucht man die Herkunft des Rechts der Wirtschaftsüberwachung, kommt man zu dem Ergebnis, daß es sich aus dem Gewerbepolizeirecht entwickelt hat, d. h. aus der Tradition der (Gewerbe-) Freiheit und der Gefahrenabwehr[12]. Als Verwaltungsrecht, das nicht der Daseinsvorsorge dient, ist es Ordnungsrecht. Seine Aufgabe ist die aus dem allgemeinen Polizeirecht abgeleitete Gefahrenabwehr bzw. -verhütung, seine Prinzipien entsprechen denen des allgemeinen Polizeirechts, nur daß das Wirtschaftsüberwachungsrecht seinem besonderen Regelungsgegenstand entsprechend eigene Rechtsinstitute geformt hat[13]. Die Wirtschaftlichkeit von Unternehmen sicherzustellen, ist ihm fremd[14].

II. Die Aufgabe behördlicher Prüfungsbefugnisse im Recht der Wirtschaftsüberwachung

1. Anerkannte Institute des Rechts der Wirtschaftsüberwachung

a) Allgemeines

Das Wirtschaftsüberwachungsrecht hat verschiedene Möglichkeiten, um seine Aufgabe zu erfüllen: Es kann einerseits die Aufnahme einer Betätigung davon abhängig machen, daß bestimmte Voraussetzungen erfüllt sind, und es kann andererseits die Ausübung der Betätigung beschränken. Dazu dienen zunächst die Rechtsinstitute der Erlaubnispflicht für Anlagen und Tätigkeiten, die Untersagungsermächtigung sowie Anordnungen.

Obwohl die Erlaubnispflicht[15] seit Otto Mayer „Verbot mit Erlaubnisvorbehalt“ genannt wird, ist ihr Zweck im Wirtschaftsüberwachungsrecht grundsätzlich nicht das Verbot, die Verhinderung einer Tätigkeit, sondern nur eine Prüfung vor ihrem Beginn, die grundsätzlich zur Freigabe, oft zu Einschränkungen, z. B. durch Auflagen, die die Freigabe ermöglichen sollen, und nur ausnahmsweise zum Verbot durch Versagen der Erlaubnis führt. Auch wenn zunächst das Verbot besteht, ohne Erlaubnis zu handeln, ist dies nicht der Kern des Instituts[16].

Staatswirtschaft unter ökonomischem Aspekt eine Berechtigung hat und ihren Zielen überhaupt gerecht werden kann. Zumindest an Gegenbeispielen besteht hier kein Mangel.

[12] Vgl. dazu ausführlich R. Gröschner, S. 184 ff., und W. Henke, System und Institute des öffentlichen Rechts der Wirtschaft, DVBl. 1983, S. 982.

[13] Zum Verhältnis zwischen behördlichen Prüfungsbefugnissen und dem (materiellen) Polizeirecht vgl. die Ausführungen Th. J. Meyers, S. 40 ff., am Beispiel des § 46 GWB.

[14] Vgl. auch F. Janssen, Der praktische Vollzug der auf § 38 der Gewerbeordnung beruhenden Rechtsvorschriften, GewArch 1967, S. 220.

[15] Z. B. § 24 ff. und 30 ff. GewO für Anlagen bzw. Tätigkeiten; 2 ff. GastG.

[16] Vgl. W. Henke, System ..., S. 983. Ausnahmen, für die der Name „Verbot mit Erlaubnisvorbehalt“ paßt, sind z. B. § 6 KriegswaffenG, § 37-39 WaffenG.

Die Untersagungsermächtigung findet sich überall dort, wo die Einführung einer Erlaubnispflicht nicht erforderlich erscheint, den Behörden aber die Möglichkeit gegeben werden soll, Gefahren, falls notwendig, auch mit der Unterbindung des Betriebs zu bekämpfen[17].

Die Anordnung[18] dient, manchmal auch neben der Erlaubnispflicht[19], insbesondere als Ersatz für die Erlaubnisrücknahme[20].

Die wichtigste Aufgabe des Wirtschaftsüberwachungsrechts ist jedoch die Beobachtung, d. h. die Überwachung der Einhaltung der einschlägigen Rechtsvorschriften während des Betriebs, da eine Kontrolle anläßlich der Aufnahme einer wirtschaftlichen Tätigkeit in der Regel nicht ausreicht. Daneben müssen sich die Behörden auch vor dem Einsatz der oben genannten überwachungsrechtlichen Institute die nötigen Informationen beschaffen können. Außer der Informationsbeschaffung ohne direkte Inanspruchnahme der Betroffenen gibt es dazu grundsätzlich zwei Möglichkeiten:

b) Insbesondere Anzeigepflichten

Anzeigepflichten dienen als Mittel der Unterrichtung von Behörden zum Zwecke der Überwachung. Im Gegensatz zu den vorgenannten Rechtsinstituten dienen sie somit nicht nur der Regelung der Betätigung an sich, sondern vor allem der Beschaffung von Informationen, deren Verwertung dann ggf. den Einsatz eines der vorgenannten Rechtsinstitute nach sich zieht.

Zu unterscheiden sind Anzeigepflichten danach, ob sie zum Zwecke der Information über Anfang oder Änderung eines Gewerbes bestehen[21], oder ob sie eine an bestimmte Tatbestände gebundene Mitteilungspflicht an die Behörde enthalten[22]. In diesem Fall bestehen sie unabhängig von der Anzeige- bzw. Erlaubnispflicht einer wirtschaftlichen Betätigung an sich und sind im Zusammenhang mit dieser Arbeit von größerer Bedeutung. Sie bringen in der Regel eine kontinuierliche Verpflichtung mit sich, die Behörde selbständig über überwachungspflichtige Tatbestände zu unterrichten und somit einen weitaus größeren Aufwand des Betroffenen, als er z. B. mit der Anzeigepflicht der §§ 14 oder 24 I Nr.1 GewO oder des § 4 II GastG verbunden ist. Der Zweck solcher Anzeigepflichten („unmittelbar selbständiger Offenbarungspflichten") geht über ein rein formales Kenntnisgeben hinaus und ist von größerer Bedeutung für die behördliche Überwachungstätigkeit[23].

[17] Z. B. § 35, 59 GewO; 25 BImSchG; 16 GastG.

[18] Z. B. § 24 BImSchG.

[19] Z. B. § 32 SprengG.

[20] Z. B. § 24a GewO, 17 BImSchG.

[21] Z. B. § 14, 24 I Nr. 1, 55c, 56a II GewO; 4 II GastG; 16 II, 18 I HwO; 11 TierSchG.

[22] Z. B. § 27 BImSchG; 16 ChemG; 26 SprengG; 3, 4 BSeuchenG, 29 AMG.

Trotzdem sind die Möglichkeiten unmittelbar selbständiger Offenbarungspflichten begrenzt: Entweder muß die Gefahr und damit der Offenbarungstatbestand bereits vor der Normierung hinreichend bekannt und bestimmbar sein, was keinesfalls überall zutrifft und möglich ist. Oder es ist zweifelhaft, ob vor allem diejenigen, die etwas zu verbergen haben, derartigen Pflichten auch nachkommen würden, wenn die Offenbarungspflicht in eine generalklauselartige Formulierung gekleidet wäre[24], wie es immer erforderlich ist, wo Gefahren überhaupt noch nicht oder nicht im Detail bekannt und Offenbarungstatbestände nicht exakt festlegbar sind. Auch eine Sanktionierung der Nichterfüllung der Offenbarungspflicht wäre hier kaum möglich, da die Einschätzung eines Tatbestandes als offenbarungspflichtig nahezu gänzlich in den Händen des Betroffenen läge. In keinem Fall kommt die Behörde ohne eigene Prüfungen aus, und sei es nur um festzustellen, ob der Betroffene seinen Offenbarungspflichten nachgekommen ist. Unmittelbar selbständige Offenbarungspflichten und behördliche Prüfungsbefugnisse (unmittelbar unselbständige Offenbarungspflichten) können sich allenfalls ergänzen, wobei die Bedeutung der Prüfungsbefugnisse abnimmt, je mehr die Betroffenen Eigenverantwortlichkeit zeigen und – soweit vorhanden – unmittelbar selbständigen Offenbarungspflichten nachkommen.

2. Behördliche Prüfungsbefugnisse

Eine weitere, und die bis heute wichtigste Möglichkeit der Behörden sich Informationen zu beschaffen und die Einhaltung von Rechtsvorschriften zu kontrollieren, besteht in der Inanspruchnahme der einschlägigen behördlichen Prüfungsbefugnisse[25].

a) Aufgabe

Die Aufgabe behördlicher Prüfungsbefugnisse läßt sich in drei aufeinanderfolgenden Stufen darstellen:

Zunächst dienen Prüfungsbefugnisse immer der Informationsbeschaffung. Da eine Informationsbeschaffung und -verarbeitung um ihrer selbst

---

[23] Vgl. zu Terminologie und rechtlicher Einordnung umfassend W. Hahn, Offenbarungspflichten im Umweltschutzrecht.

[24] So ein Vorschlag W. Hahns, S. 134 ff.

[25] Siehe nur zu BT-Drs. 2 / 3644, S. 33, zu § 38 des Entwurfs des GWB: „Der Rechtsausschuß machte sich dahin schlüssig, daß jedes Aufsichtsrecht gewisse Auskunfts- und Prüfungsrechte einschließen müsse, wenn anders die Aufsicht nicht jeglicher Effektivität entkleidet werden sollte“. Für die Staatsaufsicht in der öffentlichen Verwaltung vgl. K. Pfeiffer, Die Staatsaufsicht über die Körperschaften, Anstalten und Stiftungen des öffentlichen Rechts unter besonderer Berücksichtigung der bayerischen Verhältnisse, S. 73 ff.

willen jedoch sinnlos und auch nicht zulässig ist, bedarf es eines zulässigen Zwecks, zu dem die Informationen mittels Prüfungsbefugnissen eingeholt werden dürfen. Dieser Zweck ist regelmäßig die Kontrolle, ob eine wirtschaftliche Betätigung in Einklang mit den unmittelbar rechtsverbindlichen Maßstäben geschieht[26]. Hinter diesem Zweck der Kontrolle verbirgt sich jedoch die eigentliche und wichtigste Aufgabe behördlicher Prüfungsbefugnisse, die darin besteht, sich selbst durch ihr Bestehen möglichst überflüssig zu machen, d. h. die Eigenverantwortlichkeit der Betroffenen zu stärken und darauf hinzuwirken, daß sie ihren Verpflichtungen von sich aus nachkommen[27]. Behördliche Prüfungsbefugnisse im Wirtschaftsüberwachungsrecht dienen somit in erster Linie der Prävention und Gefahrenverhütung[28]. Wie die Staatsaufsicht alter Prägung, die sich grundsätzlich auf das „Einschreiten gegen Mißstände" beschränkte, kann die behördliche Überwachung neuzeitlicher öffentlicher Verwaltung nicht gehandhabt werden[29].

Im Zusammenhang mit der Staatsaufsicht in der öffentlichen Verwaltung werden zuweilen Auskunfts- und Informationsrechte als „repressive Aufsichtsmittel" bezeichnet[30]. Dies ist jedoch auch dort nur insoweit richtig, als die auf diesen Rechten basierenden Maßnahmen selbst einen „Eingriffscharakter" haben[31]. Was den mit Hilfe dieser Rechte verfolgten Zweck und den erreichten Erfolg betrifft, ist diese Einordnung jedoch auch innerhalb der Staatsaufsicht in der öffentlichen Verwaltung falsch; was deutlich wird, wenn man die anderen „Aufsichtsinstrumente" betrachtet, mit denen Auskunfts- und Informationsrechte in eine Reihe gestellt werden[32]. Über bestimmte Duldungs- und Mitwirkungspflichten hinaus werden durch Informations- bzw. Prüfungsrechte weder im Wirtschaftsüberwachungsrecht Eingriffe in die Freiheit wirtschaftlicher Betätigung vorgenommen,

---

[26] Vgl. M. Bullinger, Staatsaufsicht ..., S. 286; BT-Drs. 3 / 1589, S. 22, zu § 14 KWaffG (vgl. ausführlich § 4 I.).

[27] Behördliche Prüfungen können sich ohnehin nur auf Stichproben beschränken. Eine umfassende Kontrolle aller Betriebsabläufe rund um die Uhr ist weder möglich noch wünschenswert.

[28] Über die Gefahrenabwehr hinaus, deren Zweck der Schutz gegen eine bereits eingetretene und gegenwärtige oder eine unmittelbar bevorstehende akute Gefahr ist, bedeutet Gefahrenverhütung die Verhinderung des Eintretens oder Akutwerdens einer Gefahr (vgl. P. Dagtoglou, Das Grundrecht der Unverletzlichkeit der Wohnung (Art. 13 GG), JuS 1975, S. 759, und § 4 I sowie § 10 IV.2a)).

[29] Vgl. R. Schiedermair, S. 698 und die Ausführungen W. Webers, VVDStRL 22, S. 340 (Aussprachebeitrag), zu der von M. Bullinger, Staatsaufsicht ..., S. 312 ff., ausführlich erörterten Rahmenauf-sicht.

[30] Vgl. B. Andrick, S. 549, und M. Schröder, S. 371.

[31] Zur Rechtsnatur behördlicher Prüfungsbefugnisse vgl. ausführlich § 5 II.

[32] Vgl. etwa M. Schröder, S. 374, der das Auskunftsverlangen zusammen mit der Beanstandung und Anordnung, der aufsichtsbehördlichen Aufhebung, der Einsetzung eines Staatskommissars und der aufsichtsbehördlichen Auflösung von Körperschafts- und Anstaltsvertretungen im Falle der Funktionsunfähigkeit nennt. Ebenso B. Andrick, S. 549 ff. Anzeige- und Vorlagepflichten werden demgegenüber der präventiven Aufsicht zugerechnet.

noch wird im Rahmen der Staatsaufsicht in der öffentlichen Verwaltung die Entscheidungskompetenz der Beaufsichtigten eingeschränkt. Man kann die Informationsbeschaffung (Beobachtungsfunktion) nicht auf eine Ebene mit der Beanstandung (Berichtigungsfunktion) stellen[33].

Behördliche Prüfungsbefugnisse dienen jedoch nicht nur dem Schutz der Allgemeinheit vor unzuverlässiger und unzulässig wirtschaftlicher Betätigung, sondern in einem hohen Maße auch den Betroffenen selbst. Zum einen eröffnen sie oft die Möglichkeit, Veränderungen vorzunehmen, bevor es zu einer endgültigen Untersagung der Ausübung einer wirtschaftlichen Betätigung kommt, zum anderen schützen sie den einzelnen Unternehmer auch gegen den unlauteren Wettbewerb solcher Konkurrenten, die durch Inverkehrbringen nicht den gesetzlichen Anforderungen entsprechender Produkte zu niedrigerem Preis den Anschein eines besonders günstigen Angebots erwecken oder aber sich auf sonstige Weise wirtschaftliche Vorteile durch gesetzeswidrige Praktiken verschaffen. Behördliche Prüfungen sind deshalb für den redlichen Unternehmer kein notwendiges Übel und die zuständigen Behörden keine Stelle, die ihm das Leben schwer macht, sondern eine Einrichtung, die auch seinen berechtigten Belangen förderlich ist[34].

b) Vorkommen und Erscheinungsformen

Das Vorkommen behördlicher Prüfungsbefugnisse in den Rechtsvorschriften des Wirtschaftsüberwachungsrechts auflisten zu wollen, käme einer Aufzählung derselben gleich. In der Tat sind kaum Vorschriften ersichtlich, die keine Prüfungsbefugnisse enthalten, weshalb eine Zusammenstellung wenig ertragreich wäre, da sie allenfalls den Schluß auf die große Bedeutung des Rechtsinstituts der behördlichen Prüfungen im Wirtschaftsüberwachungsrecht zuließe. Auf eine Auflistung wird deshalb hier verzichtet[35].

Nicht verzichtet werden soll an dieser Stelle auf eine kurze Darstellung der Erscheinungsformen behördlicher Prüfungsbefugnisse. Dies soll anhand der Regelung im LMBG geschehen, die zwar besonders ausführlich und

---

[33] So aber auch H.-U. Erichsen, Kommunalaufsicht-Hochschulaufsicht, DVBl. 1985, S. 945. Die Unterscheidung zwischen Beobachtungs- und Berichtigungsfunktion der Staatsaufsicht geht auf Heinrich Triepel zurück (vgl. Die Reichsaufsicht, S. 120).

[34] Vgl. E. Benk, Die Überprüfung von Lebensmittelbetrieben durch die amtliche Lebensmittelüberwachung, Die Ernährungswirtschaft 1964, S. 586.

[35] K. E. Thomä, Auskunfts- und Betriebsprüfungsrecht der Verwaltung, S. 95 ff., hat einmal den Versuch unternommen, eine Übersicht über die Gesetze und Verordnungen anzufertigen, die eine Auskunftspflicht anordnen. Sie stammt zwar aus dem Jahre 1955 und ist überholt, gibt jedoch einen Einblick in die Entwicklung dieses Rechtsgebiets.

insoweit nicht unbedingt repräsentativ ist[36], aber alle die Bestandteile enthält, um deren rechtliche Untersuchung es in dieser Arbeit geht.

Das LMBG regelt die Überwachung in einem eigenen Abschnitt (7. Abschnitt, § 40 ff.). Die wichtigsten Teile werden zur Veranschaulichung wiedergegeben:

§ 40 regelt die Zuständigkeit für die Überwachung:

(1) Die Zuständigkeit für die in diesem Gesetz bezeichneten Überwachungsmaßnahmen richtet sich nach Landesrecht.

§ 41 regelt die Durchführung der Überwachung:

(1) Die Beachtung der Vorschriften über den Verkehr mit Lebensmitteln, Tabakerzeugnissen, kosmetischen Mitteln und Bedarfsgegenständen ist durch die zuständigen Behörden zu überwachen. Sie haben sich durch regelmäßige Überprüfungen und Probennahmen davon zu überzeugen, daß die Vorschriften eingehalten werden.

(2) Die Überwachung ist durch fachlich ausgebildete Personen durchzuführen. Der Bundesminister wird ermächtigt, durch Rechtsverordnung mit Zustimmung des Bundesrates Vorschriften über die fachlichen Anforderungen zu erlassen, die an diese Personen zu stellen sind, soweit sie nicht wissenschaftlich ausgebildet sind.

(3) Soweit es zur Durchführung der Vorschriften über den Verkehr mit Lebensmitteln, Tabakerzeugnissen, kosmetischen Mitteln und Bedarfsgegenständen erforderlich ist, sind die mit der Überwachung beauftragten Personen, bei Gefahr im Verzuge auch alle Beamten der Polizei, befugt,

1. Grundstücke und Betriebsräume, in oder auf denen Lebensmittel, Tabakerzeugnisse, kosmetische Mittel oder Bedarfsgegenstände hergestellt, behandelt oder in den Verkehr gebracht werden, sowie die dazugehörigen Geschäftsräume während der üblichen Betriebs- oder Geschäftszeit zu betreten;

2. zur Verhütung dringender Gefahren für die öffentliche Sicherheit und Ordnung

a) die in Nummer 1 bezeichneten Grundstücke und Räume auch außerhalb der dort genannten Zeiten,

[36] Eine besonders repräsentative Regelung zu finden, fällt trotz des überall identischen Regelungsgrundes schwer, da die einschlägigen Rechtsvorschriften in einer zeitlichen Abfolge erlassen wurden, wobei – wie später noch zu zeigen sein wird – eine durchaus mögliche und auch wünschenswerte Vereinheitlichung nicht zustande kam.

b) Wohnräume der nach Nummer 4 zur Auskunft Verpflichteten zu betreten; das Grundrecht der Unverletzlichkeit der Wohnung (Artikel 13 des Grundgesetzes) wird insoweit eingeschränkt;

3. geschäftliche Aufzeichnungen, Frachtbriefe, Bücher und Unterlagen über die bei der Herstellung verwendeten Stoffe, mit Ausnahme von Herstellungsbeschreibungen, einzusehen und hieraus Abschriften oder Auszüge anzufertigen sowie Einrichtungen und Geräte zur Beförderung von Lebensmitteln zu besichtigen;

4. von natürlichen und juristischen Personen und rechtsfähigen Personenvereinigungen alle erforderlichen Auskünfte, insbesondere solche über die Herstellung, die zur Verarbeitung gelangenden Stoffe und deren Herkunft zu verlangen.

(4) Der zur Auskunft Verpflichtete kann die Auskunft auf solche Fragen verweigern, deren Beantwortung ihn selbst oder einen der in § 383 Abs. 1 Nr. 1 der Zivilprozeßordnung bezeichneten Angehörigen der Gefahr strafgerichtlicher Verfolgung oder eines Verfahrens nach dem Gesetz über Ordnungswidrigkeiten aussetzen würde.

§ 42 regelt die Probenahme:

(1) Soweit es zur Durchführung der Vorschriften über den Verkehr mit Lebensmitteln, Tabakerzeugnissen, kosmetischen Mitteln und Bedarfsgegenständen erforderlich ist, sind die mit der Überwachung beauftragten Personen und Beamten der Polizei befugt, gegen Empfangsbescheinigung Proben nach ihrer Auswahl zum Zweck der Untersuchung zu fordern oder zu entnehmen. Soweit der Hersteller oder Einführer nicht ausdrücklich darauf verzichtet, ist ein Teil der Probe oder, sofern die Probe nicht oder ohne Gefährdung des Untersuchungszwecks nicht in Teile von gleicher Beschaffenheit teilbar ist, ein zweites Stück der gleichen Art und von demselben Hersteller wie das als Probe entnommene, zurückzulassen.

(2) Zurückzulassende Proben sind amtlich zu verschließen oder zu versiegeln. Sie sind mit dem Datum der Probenahme und dem Datum des Tages zu versehen, nach dessen Ablauf der Verschluß oder die Versiegelung als aufgehoben gelten.

(3) Für Proben, die nicht beim Hersteller oder Einführer entnommen werden, ist eine angemessene Entschädigung zu leisten.

(4) Die Befugnis zur Probenahme erstreckt sich auch auf Lebensmittel, Tabakerzeugnisse, kosmetische Mittel und Bedarfsgegenstände, die auf Märkten, Straßen oder öffentlichen Plätzen oder im Reisegewerbe in den Verkehr gebracht werden oder die vor Abgabe an den Verbraucher unterwegs sind.

§ 43 regelt Duldungs- und Mitwirkungspflichten:

Die Inhaber der in § 41 bezeichneten Grundstücke, Räume, Einrichtungen und Geräte und die von ihnen bestellten Vertreter sowie Personen, die Erzeugnisse nach Maßgabe des § 42 Abs. 4 in Verkehr bringen, sind verpflichtet, die Maßnahmen nach den § 41 und 42 zu dulden und die in der Überwachung tätigen Personen bei der Erfüllung ihrer Aufgabe zu unterstützen, insbesondere ihnen auf Verlangen die Räume, Einrichtungen und Geräte zu bezeichnen, Räume und Behältnisse zu öffnen und die Entnahme der Proben zu ermöglichen.

§ 2 Geschichtliche Entwicklung

Das Institut behördlicher Prüfungen im Recht der Wirtschaftsüberwachung hat sich, als ein Teil innerhalb dieses Spezialbereichs staatlicher „Aufsicht", aus der umfassenden und kaum begrenzten alten Oberaufsicht des absolutistischen Staates, dem „ius supremae inspectionis", herausgebildet, das nicht von der Jurisprudenz erfunden, sondern von ihr vorgefunden worden ist[1]. Dieses „Inspektionsrecht" wurde bis in die zweite Hälfte des 19. Jahrhunderts als Ausfluß der am Gemeinwohl – salus publica – orientierten umfassenden landesherrlichen bzw. monarchischen Fürsorge verstanden und von der herrschenden Staatsrechtslehre als wesentlicher Bestandteil der Staatsgewalt angesehen.

Ende des 19. Jahrhunderts aber mußte eine umfassende Oberaufsicht über die Untertanen nach dem Maßstab allein des Gemeinwohls zum Fremdkörper werden. Unter der Staatsauffassung des rechtsstaatlichen Liberalismus, in welchem dem Prinzip der Selbstgestaltung und Selbstverwaltung besondere Bedeutung zukam, wurde auch die Überwachung der Wirtschaft von der bevormundenden Oberaufsicht in ein Institut fest eingegrenzter staatlicher Überwachung umgeprägt, dessen wichtigster Bestandteil der Vorbehalt des Gesetzes war und heute noch ist[2]. Zu dieser Zeit wurden erste gesetzliche Auskunftspflichten bzw. behördliche Prüfungsbefugnisse bestimmter Gewerbetreibender statuiert[3].

---

[1] Vgl. M. Bullinger, Staatsaufsicht ..., S. 275.

[2] Vgl. ebenda, S. 282.

[3] Vgl. z. B. § 2 des Gesetzes betreffend den Verkehr mit Nahrungsmitteln, Genußmitteln und Gebrauchsgegenständen v. 14.5.1879, RGBl. I, S. 145. Für die Gewerbeordnung brachte die Novelle vom 17.7.1878, RGBl. I, S. 199, mit dem Institut der „besonderen Aufsichtsbeamten" in § 139b die obligatorische Fabrikinspektion. Durch die Novelle vom 1.6.1891, RGBl. I, S. 261, wurde unter Titel VII erstmals ein besonderer Abschnitt (V) „Aufsicht" eingeführt. E. Thomä, Auskunfts- und Betriebsprüfungsrecht ..., S. 95 ff. beginnt seine chronologische Übersicht bei mit dem HypothekenbankG v. 13.7.1899, RGBl. I, S. 375.

Der mit Beginn des ersten Weltkrieges einsetzende staatliche Strukturwandel brachte eine Änderung der rechtlichen Situation und vor allem für Unternehmer und Händler umfassende Auskunftspflichten mit sich. Angesichts kriegsbedingter Bewirtschaftung von Mangelwaren erging zunächst aufgrund des Gesetzes über die Ermächtigung des Bundesrates zu wirtschaftlichen Maßnahmen vom 4. 8. 1914[4] die Verordnung über Vorratserhebungen[5]. Sie war auf bestimmte Vorräte an Gegenständen des täglichen Bedarfs und an Naturerzeugnissen beschränkt und zog in ihrem § 3 II, noch ganz in liberaler Tradition, ausdrücklich eine Grenze behördlicher Informationsbeschaffung: „Jedes weitere Eindringen in die Vermögensverhältnisse" war unstatthaft. Später löste eine weitere Verordnung über Vorratserhebungen diese erste ab, ohne wesentliche materielle Änderungen zu bringen[6]. Umfassende Auskunftspflichten brachte dann die aufgrund desselben Ermächtigungsgesetzes erlassene Auskunftspflichtverordnung v. 12. 7. 1917[7] mit einer „jederzeit(igen)" Auskunftspflicht „über wirtschaftliche Verhältnisse, insbesondere Vorräte, sowie über Leistungen und Leistungsfähigkeit von Unternehmungen oder Betrieben".

Aufgrund der Ermächtigung in Art. VI Abs. 3 des Notgesetzes vom 24. 2. 1923[8] i.V.m. Art. I Nr.7 der Verordnung zur Durchführung dieses Gesetzes[9] erging im Jahre 1923, in Anlehnung an die Verordnung über Auskunftspflicht vom Jahre 1917, eine neue Verordnung über Auskunftspflicht, die in ihrer Ausgestaltung das Vorbild bzw. den Ausgangspunkt der heutigen Regelungen darstellt[10]. Sie sieht das Recht der Reichsregierung, der obersten Landesbehörden oder von diesen benannter Stellen vor, „jederzeit Auskunft über wirtschaftliche Verhältnisse, insbesondere über Preise und Vorräte sowie über Leistungen und Leistungsfähigkeit von Unternehmen und Betrieben zu verlangen" (§ 1), darüber hinaus „auch wenn sie Auskunft nicht verlangt haben ..., Geschäftsbriefe und Geschäftsbücher ... einzusehen, sowie Betriebseinrichtungen und Räume zu besichtigen und zu untersuchen, in denen Waren hergestellt, gelagert oder feilgehalten werden oder in denen Gegenstände zu vermuten sind, über die Auskunft verlangt wird" (§ 4 I). Eine Weigerung, die Auskunft fristgerecht, richtig und vollständig zu erteilen, bzw. die Einsichtnahme zu gewähren oder die Besichtigung und Untersuchung zu gestatten, konnte mit Gefängnis bis zu einem Jahr oder Geldstrafe belegt werden (§ 6). Der Inanspruchnahme innerhalb dieses

[4] RGBl. I, S. 327.

[5] Vom 24.8.1914, RGBl. I, S. 382.

[6] VO vom 2.2.1915, RGBl. I, S. 54.

[7] RGBl. I, S. 604.

[8] RGBl. I, S. 147, durch Gesetz v. 25.5.1923, RGBl. I, S. 299, bis zum 31.10.1923 verlängert.

[9] VO vom 13.7.1923, RGBl. I, S. 699.

[10] Verordnung über Auskunftspflicht v. 13.7.1923, RGBl. I, S. 723.

„Auskunftsrechts" standen „vorbehaltlich der dienstrechtlichen Berichterstattung und der Anzeige von Gesetzwidrigkeiten" Schweigepflichten der Beauftragten hinsichtlich der erlangten Kenntnisse sowie ein Verbot der Mitteilung und Verwertung von Betriebs- und Geschäftsgeheimnissen gegenüber (§ 5). Das heute übliche Auskunftsverweigerungsrecht bei Gefahr der Selbstbezichtigung findet sich weder in der ursprünglichen Auskunftspflichtverordnung von 1917 noch in der von 1923 bzw. deren direkten Nachfolgern[11].

Die Auskunftspflichtverordnung von 1923 wurde trotz vieler Kritik[12] und parlamentarischer Bemühungen um ihre Aufhebung[13] nicht durch eine umfassende Neuregelung des behördlichen Prüfungsrechts ersetzt[14]; teilweise wird in der nachkonstitutionellen Gesetzgebung auf ihre Bestimmungen Bezug genommen[15]. Sie ist auf Grund der Art. 123, 125 GG Bundesrecht geworden und gilt noch heute[16], wenn sie auch, eingebunden in die Rechtsordnung des Grundgesetzes in ihrer Anwendbarkeit begrenzt, regelmäßig hinter die behördliche Prüfungsbefugnisse enthaltenden Spezialgesetze zurücktreten muß und daher nur noch von untergeordneter Bedeutung ist[17].

Während der nationalsozialistischen Zeit wurde die AuskunftspflichtVO v. 1923 durch bloße Bezugnahme in Rechtsverordnungen auf der Grundlage des Ermächtigungsgesetzes und des Gesetzes über wirtschaftliche Maßnahmen[18] als Rechtsgrundlage eines allgemeinen Auskunftsrechts der Verwaltung zu einer autoritären staatlichen Wirtschaftslenkung mißbraucht.

Nach der Kapitulation im Jahre 1945 wurde den deutschen Behörden und Personen durch die Kontrollrat-Proklamation Nr. 2 der Alliierten v. 20. 9. 1945 eine allumfassende Mitwirkungspflicht bei Prüfungen auferlegt[19].

---

[11] Vgl. die nach Bereinigung des Bundesrechts im BGBl. III, Gl.Nr. 704-1, neu veröffentlichte und noch heute gültige Fassung der Verordnung über Auskunftspflicht, zuletzt geändert durch Art. 173 des Gesetzes v. 2.3.1974, BGBl. I, S. 469.

[12] Vgl. nur W. Wertenbruch, Verordnungsrechtlich prolongierte Krisenzeiten, JZ 1959, S. 589 ff.; K. E. Thomä, Auskunfts- und Betriebsprüfungsrecht . . ., S. 18 ff.

[13] Vgl. BT-Drs. 2 / 861.

[14] So die Forderung K. E. Thomäs, Auskunfts und Betriebsprüfungsrecht . . ., S. 94, und derselbe, Das Auskunftsrecht der Kartellbehörden in den Entwürfen zu einem Gesetz gegen Wettbewerbsbeschränkungen, BB 1955, S. 360.

[15] Vgl. die Aufzählung in BVerwGE 8, S. 81.

[16] Vgl. BVerwG, Urteil v. 19.12.1958, BVerwGE 8, S. 78, und im Anschluß daran der BayVGH, Urteil v.25.4.1983, GewArch 1983, S. 330.

[17] Vgl. O. G. v. Bary, Das Auskunftsverlangen im Kartellrecht, GewArch 1962, S. 3; A.Hamann, Die Auskunftspflichtverordnung, BB 1954, S. 293 f.; BVerwG, Urteil v. 19.12.1958, BVerwGE 8, S. 78 (81); W. Obernolte / W. Danner, Energiewirtschaftsrecht, Anm.3 zu § 3 EnWig.

[18] Gesetz zur Behebung der Not von Volk und Reich v. 24.3.1933, RGBl. I, S. 141 bzw. v. 3.7.1934, RGBl. I, S. 565.

[19] Vgl. Abschnitt XII Nr. 45 (Auskunftspflicht) und Nr. 47 (Zutritts- und Eintrittsrecht) der Proklamation (Amtsblatt des Kontrollrats S. 8).

Seit dem Beginn des Bestehens der Bundesrepublik Deutschland im Jahre 1949 hat sich das behördliche Auskunftsrecht in der Wirtschaft zu einem sachlich differenzierten und rechtsstaatlich geprägten Recht behördlicher Prüfungen weiterentwickelt, das aus der Gesetzesdurchführung und -überwachung nicht mehr wegzudenken ist[20].

[20] Vgl. insgesamt zur Geschichte behördlicher Prüfungen K. E. Thomä, Auskunfts- und Betriebsprüfungsrecht ..., S. 16 ff., G. Roth, S. 225 ff.; G. Kopperschmidt, Die Auskunftspflicht gegenüber der Verwaltung, S. 7 ff.; W. Blum, S. 24 ff.; M. Bullinger, Staatsaufsicht ..., S. 264, insbes. 275 ff.

Zweiter Abschnitt

Allgemeine Fragen der Prüfung

§ 3 Die Beteiligten

I. Die Verpflichteten

1. Gesetzgeberische Eingrenzungen

Wer als Adressat behördlicher Prüfungen in Frage kommt, ergibt sich aus den verschiedenen Rechtsgrundlagen nicht in zufriedenstellender Art und Weise.

Dort ist beispielsweise die Rede vom Eigentümer, Hersteller und Betreiber von Anlagen (§ 24 GewO), dem Inhaber einer Erlaubnis oder Ausnahmebewilligung (§ 46 WaffG) oder demjenigen, der eine nach dem Gesetz genehmigungsbedürftige Handlung vornimmt bzw. wem eine in dem Gesetz genannte Pflicht obliegt (§ 12 KriegswaffenG). Weiterhin wird von zugelassenen Betrieben gesprochen (§ 3b FleischbeschauG) und von Herstellern oder Einführern sowie denjenigen, die technische Arbeitsmittel in den Verkehr bringen (§ 7 GerätesicherheitsG). Adressat behördlicher Prüfungen kann auch sein, wer ein Gewässer über den Gemeingebrauch hinaus benutzt oder einen Antrag auf Erteilung einer Erlaubnis oder Bewilligung gestellt hat (§ 21 WHG). Die umfassendste Formulierung spricht von natürlichen und juristischen Personen und nicht rechtsfähigen Personenvereinigungen (§ 73 II TierSG, 23 I PflSchG).

Diese zumeist sehr weit gehaltenen Formulierungen sollen zwar sicherstellen, daß nicht die Prüfungspflichtigkeit umgangen werden kann, z. B. durch Wahl einer bestimmten Rechtsform für ein Unternehmen. Sie sind jedoch zum Teil vom Ansatzpunkt her verfehlt aufgebaut und werden dem Regelungsgrund behördlicher Prüfungen nicht gerecht. Die Palette der Regelungsvarianten ist beliebig erweiterbar und beschränkt sich zu Recht nicht ausschließlich auf Unternehmen, wenn auch die Rechtsgrundlagen des Wirtschaftsüberwachungsrechts und damit behördliche Prüfungen in der Regel an eine wirtschaftliche Betätigung und die in ihrem Zusammenhang bestehenden Gefahren anknüpfen und „Unternehmen" Hauptadressat behördlicher Prüfungen sind.

Hier muß vor allen Dingen festgestellt werden, wer innerhalb eines Unternehmens – sofern es überhaupt mehrere Möglichkeiten gibt – bei der Wahrnehmung der verschiedenen Prüfungsbefugnisse konkret in Anspruch genommen werden kann, d. h. wer zur Mitwirkung bei Prüfungen verpflichtet ist, sei es durch Erteilen einer Auskunft, die Vorlage von Unterlagen, die Gestattung des Betretens von Betriebsräumen oder gar einer Wohnung oder einer Probeentnahme. Daraus ergibt sich, wer Anordnungen der Behörde bzw. ihrer Beauftragten Folge leisten muß und gegen wen Verwaltungszwang angewendet werden darf. Ein Großteil der einschlägigen Vorschriften läßt diese Frage offen. Die dadurch entstandene Rechtsunsicherheit schlägt sich in der Literatur nieder.

Insbesondere gilt es zu untersuchen, ob der vorgeschlagenen Beschränkung des Kreises der Verpflichteten auf den Unternehmensleiter[1] bzw. die zur gesetzlichen Vertretung des Unternehmens berechtigten Personen[2] gefolgt werden kann.

Zum anderen gilt es festzustellen, inwieweit Dritte bei der Überwachung nach spezialgesetzlichen Vorschriften in Anspruch genommen werden können. Auch dies ist in den einschlägigen Vorschriften oft nicht klar geregelt, so daß auf allgemeine Grundsätze zurückgegriffen werden muß.

2. Verpflichtete nach wirtschaftsüberwachungsrechtlichen Spezialnormen

a) Innerhalb des überwachten Unternehmens – unmittelbar Verpflichtete

aa) Literaturstand

Eine Auffassung möchte den Kreis der Verpflichteten innerhalb eines Unternehmens auf die zu seiner gesetzlichen Vertretung nach außen berechtigten Personen beschränkt sehen, da etwa eine unbedachte Auskunft dem Unternehmen schwere finanzielle Schäden zufügen könnte und in der Regel das Unternehmen und nicht die Auskunft erteilenden Angestellten in die Verantwortung gestellt werden, wenn Auskünfte unrichtig, unvollständig oder nicht fristgerecht erteilt werden. Auch könnte sich für die Angestellten

---

1 Vgl. E. Stein, Die Wirtschaftsaufsicht, S. 30 ff.

2 Vgl. K. Hanebuth, Das Auskunftsrecht im europäischen Wirtschaftsrecht, S. 114; K. Hansmann, in: R. v. Landmann / G. Rohmer, RdNr. 41 zu § 52 BImSchG; auch R. Schiedermair / J. Pieck, Apothekengesetz, RdNr. 54 zu § 64 AMG, gehen offensichtlich davon aus, daß nur der Apothekenleiter zu Auskünften verpflichtet ist, obwohl der Gesetzestext („... von natürlichen und juristischen Personen und nicht rechtsfähigen Personenvereinigungen alle erforderlichen Auskünfte, ... verlangen") dies nicht erkennen läßt.

eine Kollision mit den sich aus ihrem Arbeitsvertrag ergebenden Pflichten ergeben.

Arbeitnehmer werden nicht nur für nicht zur Auskunftserteilung verpflichtet[3], sondern ohne besondere Berechtigung generell für nicht berechtigt gehalten[4]. Einziges Zugeständnis aus dem zugunsten der Unternehmen eng gezogenen Kreis der Verpflichteten ist zunächst, daß der Auskunftsverpflichtete sich bei sachkundigen Mitarbeitern zu informieren habe, wenn er selbst nicht in der Lage sei, die verlangte Auskunft vollständig und richtig zu erteilen. Dann jedoch wird zugestanden, daß es bei Prüfungen infolge besonderer Umstände ausnahmsweise zulässig sein kann, den Kreis der Verpflichteten auszudehnen, wie das z. B. durch § 19 II S. 2 AtG geschehen ist. Dort heißt es im Zusammenhang mit den behördlichen Prüfungen: „Sie (die Beauftragten der Behörde) können hierbei von den Verantwortlichen *und* dort beschäftigten Personen die erforderlichen Auskünfte verlangen“[5].

Beachtung fand auch die von E. Stein in seiner Monographie über „Die Wirtschaftsaufsicht“[6] vertretene Auffassung von der überwachungsrechtlichen Verantwortlichkeit im Sinne einer formellen Pflichtigkeit im Überwachungsverfahren[7].

Nach Ablehnung des Inhabers eines Unternehmens als Adressat der Wirtschaftsüberwachung wird dort bei der Suche nach den gegenüber der Aufsichtsbehörde für das Unternehmen Verantwortlichen am wirtschaftsüberwachungsrechtlichen Unternehmensbegriff angesetzt[8]. Obwohl auch im engeren Kreis der Rechtswissenschaft keine Einmütigkeit über den Unternehmensbegriff besteht[9], versucht Stein aus einem Geflecht von Organisationen diejenigen herauszufiltern, die für das Wirtschaftsüberwachungsrecht entscheidend sind, um den Überwachungsbehörden zu ermöglichen, dort anzusetzen, wo sie am erfolgreichsten die Erfüllung der Wirtschaftsfunktionen sicherstellen können[10]. Entscheidende Bedeutung mißt Stein bei

---

[3] Vgl. H.Schmatz / M. Nöthlichs, Sicherheitstechnik, KZ 3011, Erläuterungen zum Chemikaliengesetz, S. 33.

[4] Vgl. K. Hanebuth, S. 114.

[5] Vgl. auch § 54a PBefG: „Die Genehmigungsbehörde kann zur Durchführung der Aufsicht und zur Vorbereitung ihrer Entscheidungen durch Beauftragte die erforderlichen Ermittlungen anstellen, insbesondere (Abs.1 Nr. 2) von dem Unternehmer und den im Geschäftsbetrieb tätigen Personen Auskunft verlangen“. Oder § 22 IV LadschlG: „Die Auskunftspflicht nach Abs.3 Nr. 1 obliegt auch den in Verkaufsstellen oder beim Feilhalten gem. § 20 beschäftigten Arbeitnehmern“.

[6] Vgl. S. 30 ff.

[7] Vgl. nur P. Heckel, S. 44 ff.

[8] Das ist nur konsequent, da Wirtschaftsüberwachung für Stein Funktionsschutz ist, mithin einer Verantwortung des Sozialstaats für das Funktionieren lebenswichtiger gesellschaftlicher Funktionen – hier wohl der Unternehmen – entspricht (vgl. E. Stein, Die Wirtschaftsaufsicht, S. 14 ff., insbes. S. 19).

[9] Vgl. ebenda, S. 31 m.w.N.

[10] Zur Kritik dieses Ansatzes vgl. § 1 I.

dieser Suche den Machtverhältnissen innerhalb der Wirtschaft zu, lehnt sie jedoch wegen der Schwierigkeiten bei ihrer Konkretisierung als unbrauchbares Kriterium zur Klärung des Unternehmensbegriffs ab.

Als geeignetes Kriterium wird das Vorhandensein eines besonderen Rechtsträgers, die rechtliche Selbständigkeit, angesehen. Eventuell auftretende Unstimmigkeiten mit der faktischen Selbständigkeit sowie eine Ausklammerung von Betrieben aus der Wirtschaftsüberwachung stünden dem nicht entgegen. Dies versucht Stein durch einen Vergleich mit dem BetrVerfG zu erhärten. Dort ist die Mitbestimmung in sozialen und personellen Angelegenheiten den auf betrieblicher Basis organisierten Betriebsräten zugewiesen (§ 1, 87 ff.), während für die Mitbestimmung in wirtschaftlichen Angelegenheiten die Einrichtung eines besonderen Wirtschaftsausschusses auf der Ebene des Unternehmens im Sinne des Trägers rechtlicher Selbständigkeit vorgesehen ist (§ 106 ff.)[11]. Dabei wird übersehen, daß ein Vergleich zwischen Betriebsverfassungsrecht und Wirtschaftsüberwachungsrecht wegen der völlig unterschiedlichen Regelungsgründe dieser Rechtsgebiete insoweit nicht fruchtbar ist[12].

Innerhalb eines Unternehmens sieht Stein nun dessen oberstes Leitungsorgan, kurz Unternehmensleiter genannt, als den Adressaten wirtschaftsüberwachungsrechtlicher Maßnahmen an. Er ist die einzige Führungsspitze des Unternehmens[13].

> „Diese monokratische Unternehmensverfassung ist der Wirtschaftsaufsicht vorgegeben. Die Wirtschaftsaufsichtsgesetze enthalten regelmäßig keine Normen über die Verteilung der Verantwortlichkeit und bringen damit zum Ausdruck, daß der Grundsatz der Alleinverantwortlichkeit des Unternehmensleiters auch in der Wirtschaftsaufsicht gelten soll. Das bedeutet, daß unabhängig von der materiellen Pflichtigkeit die Verantwortlichkeit im Aufsichtsverfahren dafür, daß alle Mitarbeiter des Unternehmens ihre materiellen Pflichten erfüllen, grundsätzlich den Unternehmensleiter trifft. Er trägt im Überwachungsverfahren die Verpflichtung zur Erteilung von Auskünften und zur Gestattung der Einsicht in die geschäftlichen Unterlagen"[14].

Der Grundsatz der Alleinverantwortlichkeit des Unternehmensleiters ergebe sich nicht erst aus der Verfassung, sondern schon aus einfachen Gesetzen und dem ungeschriebenen Recht und könne daher schon durch einfache Gesetze durchbrochen werden. Soweit es jedoch, wie in den meisten Vorschriften des Wirtschaftsüberwachungsrechts, an Ausnahmebe-

---

[11] Ebenda, S. 34.

[12] Beim einen geht es um die Schaffung bzw. Sicherstellung der Mitbestimmung in Privatrechtsbeziehungen ungleicher Partner, während beim anderen der Staat jedem Einzelnen gegenübertritt, um Gefahren von der Allgemeinheit abzuhalten.

[13] Der Tatsache, daß es sich bei der Unternehmensleitung um ein mehrköpfiges Organ handeln kann, wird dabei keine entscheidende Bedeutung beigemessen (vgl. E. Stein, Die Wirtschaftsaufsicht, S. 34 ff.).

[14] Ebenda, S. 38.

stimmungen fehle, habe er Gültigkeit. So werde es möglich, „durch Beaufsichtigung nur der Unternehmensleiter die gesamte Wirtschaft zu überwachen“[15].

Schließlich werden diese Ergebnisse jedoch wieder relativiert, wenn zum einen von der Notwendigkeit der Überwachung der Arbeitnehmer und – wichtiger – davon die Rede ist, daß Aufsichtsbeamte nicht wegen jeder Kleinigkeit den Unternehmensleiter persönlich zu behelligen brauchten, sondern regelmäßig von der durch ihn selbst vorgenommenen Delegation ausgehen könnten[16]. Stein kommt somit zu einem richtigen Ergebnis, muß sich jedoch Inkonsequenz seiner Argumentation vorwerfen lassen. Zudem wird die Lösung des Problems von der falschen Seite her versucht.

ab) Kritik und Lösungsvorschlag

Auf dem Gebiet der Wirtschaftsüberwachung, speziell auf dem behördlicher Prüfungen in Wirtschaftsunternehmen, kann weder der in einer Wirtschaftlichkeitsüberwachung[17] endende Funktionsschutz von Unternehmen, noch deren privatrechtliches Innenverhältnis maßgebend sein. Ebensowenig können die Überlegungen von einem „brauchbaren Unternehmensbegriff“[18] ausgehen.

Dem Vorschlag, nur die Unternehmensleiter einer Überwachung zu unterwerfen, kann nicht gefolgt werden. Zum einen kann sich eine einzige Person oder ein zahlenmäßig begrenztes Organ einer wirksamen Überwachung auf vielerlei Art leicht entziehen. Zum anderen sollen die Prüfungsbefugnisse gerade auch eine Prüfung derjenigen „Betriebe“ ermöglichen, deren Struktur ungewiß erscheint[19], und die Ausübung ungenehmigter bzw. unerlaubter Wirtschaftstätigkeit feststellen helfen[20].

In Analogie zu der von der Rechtsprechung herausgearbeiteten behördlichen Befugnis bei der sog. polizeilichen Anscheinsgefahr muß sich durch

---

[15] Ebenda, S. 40.

[16] Vgl. Ebenda.

[17] Vgl. F. Janssen, S. 220.

[18] E. Stein, Die Wirtschaftsaufsicht, S. 32.

[19] Vgl. BayObLG, Beschluß v. 11.10.1968, GewArch 1968, S. 41 (42); AG Nürnberg, Urteil v. 10.1.1978, GewArch 1979, S. 197; AG Bamberg, Urteil v. 10.4.1975, GewArch 1975, S. 235 f.; G. Honig, Die gesetzlichen Auskunftspflichten des Handwerksbetriebes, GewArch 1979, S. 188, und auch § 19 II AtG, der die Behörden befugt, Orte, an denen sich radioaktive Stoffe, Anlagen der in den § 7 und 11 I Nr. 2 bezeichneten Art oder Anlagen, Geräte und Vorrichtungen der in § 11 I Nr. 3 bezeichneten Art befinden oder an denen hiervon rührende Strahlen wirken oder Orte, für die diese Voraussetzungen den Umständen nach anzunehmen sind, jederzeit zu betreten und dort alle Prüfungen anzustellen, die zur Erfüllung ihrer Aufgaben notwendig sind.

[20] Vgl. P. Münz / K. Haselau, Wirtschaftsrecht des Straßenverkehrs, GüKG / PBefG, RdNr. 3 zu § 55 GüKG; OLG Hamm, Beschluß v. 25.7.1974, 2 Ss OWi 268 / 74.

eine Prüfung zunächst feststellen lassen, ob überhaupt überwachungsbedürftige Tatbestände im Sinne der einschlägigen Rechtsvorschriften vorliegen[21]. Der Bürger wird hier in Anspruch genommen, obwohl sich herausstellen kann, daß ihn keine materielle Rechtspflicht trifft. Man kann dabei nicht von vornherein, ohne daß man überhaupt etwas über das Gebilde weiß, das Objekt der Prüfung ist, auf einen Unternehmensleiter abstellen. Es müssen generell auch Personen der Überwachung unterliegen bzw. mitwirkungspflichtig sein, bei denen Tatsachen die Annahme rechtfertigen, daß sie unbefugterweise die der Überwachung unterliegenden Tätigkeiten ausüben bzw. der Überwachung unterliegende Tatbestände erfüllen[22]. Innere Struktur und Abläufe in einem Unternehmen, soweit man sie überhaupt von vornherein ausmachen kann, sind für die Überwachungsbehörden ebenso von nachgeordnetem Interesse[23], wie die rechtliche Ausgestaltung des einzelnen Beschäftigungsverhältnisses[24]. Beide zu analysieren würde die Behörden regelmäßig vor schwer zu überwindende Probleme stellen.

Spricht auch einiges dafür, daß die Behörden sich möglichst zunächst an die zur Vertretung des Unternehmens Berechtigten wenden, so führt das doch unter Umständen dazu, daß die Erfüllung des behördlichen Überwachungsauftrags unnötig erschwert, wenn nicht gar vereitelt wird. Mit diesem Auftrag erscheint es unvereinbar, wenn die zuständige Behörde zur Durchführung einer Prüfung gem. § 7 des Gerätesicherheitsgesetzes die in einer Zweigniederlassung des Unternehmens X in Kiel stattfinden soll, sich an die zur Vertretung des Gesamtunternehmens berechtigte Unternehmens-

---

[21] Vgl. auch § 116 I BSHG, in dessen Rahmen auch derjenige zur Auskunft verpflichtet ist, bei dem durch die Auskunft erst geklärt werden soll, ob und in welchem Umfang ein Kostenersatzanspruch geltend gemacht werden kann; dazu O. Jehle, Die Auskunftspflicht nach § 116 BSHG, Zeitschrift für das Fürsorgewesen 1970, S. 3.

[22] Vgl. BVerwG, Beschluß v. 15.7.1983, 7 C 13.81, S. 4 f.; § 31 IV SprengG; P. Münz / K. Haselau, RdNr. 2 zu § 55 GüKG; P. Gieseke / W. Wiedemann / M. Czychowski, Wasserhaushaltsgesetz, RdNr. 6 zu § 21 WHG. Nach § 44 II KWG kann das Bundesaufsichtsamt Auskünfte über die Geschäftsangelegenheiten und die Vorlegung der Bücher und Schriften auch von einem Unternehmen verlangen, bei dem Tatsachen die Annahme rechtfertigen, daß es Kreditinstitut ist oder nach § 3 verbotene Geschäfte betreibt. Eine steuerliche Außenprüfung nach § 193 I AO ist auch dann zulässig, wenn sie erst Klarheit schaffen soll, ob der Steuerpflichtige einen gewerblichen Betrieb unterhält (vgl. FG Rheinland-Pfalz, Urteil v. 30.8.1979, EFG 1980, S. 11). A.A. das OVG Nordrhein-Westfalen, Urteil v. 28.11.1980, DÖV 1981, S. 543 f.

[23] Das übersieht H. Mösbauer, Immissionsschutzrecht und Staatsaufsicht, S. 29, wenn er im Rahmen des § 52 BImSchG die Erweiterung des Kreises der Verpflichteten über den Wortlaut des Gesetzes hinaus zwar befürwortet, die Pflichtigkeit von Vertretern der Eigentümer und Betreiber von Anlagen im Prüfungsverfahren aber von einem der Bestellung zugrundeliegenden rechtsbegründenden Akt des Berechtigten abhängig macht.

[24] Vgl. H. Fischerhof, Deutsches Atomgesetz und Strahlenschutzrecht, RdNr. 7 zu § 19 AtG. Als Auskunftspflichtige können neben Angestellten und Arbeitern auch dort beschäftigte Diplomanden, Delegierte, Gastwissenschaftler u. a. in Betracht kommen, ebenso unentgeltlich mitarbeitende Familienangehörige (vgl. E. Hoffmann / O. Seitter, Gaststättenrecht, RdNr. 4 zu § 22 GastG).

leitung in München wenden müßte. Wenn auch das Argument der räumlichen Distanz aufgrund der weit entwickelten Datenübermittlungstechniken heute nurmehr ein geringes Gewicht haben kann, so wiegt doch ein anderes um so schwerer, nämlich die Distanz der Unternehmensleitung zur Gefahr, deren Abwendung, nicht der Funktionsschutz[25], die Aufgabe der Wirtschaftsüberwachung ist. Sie ist Anlaß und Ursprung nicht nur für die Wirtschaftsüberwachung überhaupt, sondern auch für die Suche nach den im Rahmen der prüfenden Tätigkeit der Behörden diesen zur Mitwirkung Verpflichteten. Sie muß auch bei behördlichen Prüfungen im Unternehmen den Ansatzpunkt darstellen. Derjenige, der Gefahren verursacht, mit ihnen am engsten in Berührung kommt bzw. am besten über sie bzw. die Möglichkeiten ihrer Verhütung und Behebung Bescheid weiß, generell derjenige, der sie beherrscht, muß der in erster Linie den Behörden zur Auskunftserteilung Verpflichtete sein, ebenso wie Ort und Zeit der Gefahr den Ansatzpunkt der Überwachungstätigkeit bestimmen[26]. Die Behörde darf nicht gezwungen sein, in Zweifelsfällen langwierige Untersuchungen über den inneren Aufbau eines Unternehmens vornehmen zu müssen[27]. Nur so können behördliche Prüfungen ihr Regelungsziel erreichen[28].

Wo es um die Abwehr von Gefahren geht, müssen zudem eventuell entstehende finanzielle Nachteile für das Unternehmen, ein eventuelles zur Verantwortung gezogen werden sowie Kollisionen mit aus dem Dienstverhältnis resultierenden Treuepflichten des Arbeitnehmers zweitrangig bzw. unbeachtlich sein[29], zumal eine Vertragsverletzung ohnehin da nicht in

---

[25] Vgl. dazu oben § 1 I. Nur am Rande erwähnt sollen nichtjuristische Argumente wie die Praktikabilität einer solchen Regelung sein. Sie dürfte wegen ihrer Umständlichkeit bei den Betroffenen beider Seiten auf wenig Verständnis stoßen.

[26] Nochmals sei betont, daß es hier um die Pflichtigkeit zur Mitwirkung bei Prüfungen geht, nicht um eine haftungsrechtliche Verantwortlichkeit. Einen richtigen Ansatz stellt sicherlich die Regelung des § 52 BImSchG dar, die neben den Eigentümern und Betreibern von Anlagen sowie Eigentümern und Besitzern von Grundstükken, auf denen Anlagen betrieben werden (Abs. 2) auch die Eigentümer von Anlagen, Stoffen, Erzeugnissen, Brennstoffen und Treibstoffen ausdrücklich in den Verpflichtetenkreis einbezieht, soweit diese der Regelung der nach den § 32 bis 35 oder 37 erlassenen Rechtsverordnung unterliegen (Abs. 3). Abzulehnen ist hier die von K. Hansmann, in: R. v. Landmann / G. Rohmer, RdNr. 41 zu § 52 BImSchG, vertretene Auffassung, daß § 52 keine Auskunfts- und Vorlagepflicht für Personen begründe, die für einen Anlagenbetreiber tätig sind. Kann dem für das Bedienungspersonal, je nach den Umständen des Einzelfalls, noch gefolgt werden, so ist dies doch für den Betriebsleiter und sonstige Aufsichtspersonen abzulehnen, auch wenn diese Personen noch den Weisungen des letztlich verantwortlichen Betreibers unterworfen sind.

[27] Vgl. K. H. Friauf, Polizei- und Ordnungsrecht, in: I. v. Münch (Hrsg.), Besonderes Verwaltungsrecht, S. 215.

[28] Zu Recht stellt das OLG Düsseldorf, Beschluß v. 16.7.1982, GewArch 1982, S. 388 f., fest, daß nicht ersichtlich sei, warum im Rahmen einer Prüfung gem. § 22 GastG Auskünfte nicht auch von Angestellten zu erlangen seien.

[29] Daß vor allem eventuell mögliche finanzielle Nachteile für das Unternehmen keinen Einfluß auf den Kreis der Mitwirkungspflichtigen haben können, wird durch einen Blick auf § 200 I S. 2 AO deutlich, der unter bestimmten – sehr weit gehaltenen – Voraussetzungen Auskunftsverlangen an Betriebsangehörige ermöglicht. Mögliche

Betracht kommt, wo ein Vertragspartner gesetzlichen Verpflichtungen Genüge tut. Solche Gründe für die Einschränkung des Verpflichtetenkreises sind nicht stichhaltig und müssen hinter das öffentliche Interesse zurücktreten. Die Verantwortlichkeit kann auch nicht ausreichen, um den Unternehmensleiter zum einzigen Adressaten eines Auskunftsverlangens zu machen. Das Zusammenfallen seiner Alleinverantwortlichkeit und Auskunftspflichtigkeit kann nicht als Grundprinzip im Zusammenhang mit behördlichen Prüfungen dienen, was vor allem durch die Rechtsprechung bei Umweltvergehen immer wieder deutlich wird[30].

Bei Prüfungen vorrangig ist in aller Regel das Interesse an schnellstmöglicher Aufklärung bzw. Behebung der Gefahr. Es ist richtig, daß es dabei nach traditionellem und wohlbegründetem Prinzip des Gefahrenabwehrrechts auf ein Verschulden oder zurechenbares Verhalten[31] des in Anspruch zu nehmenden ebensowenig ankommen kann wie auf sein wirtschaftliches Unvermögen[32].

Einzig relevant für die Bestimmung des Verpflichtetenkreises ist die (mögliche) Erfüllung der Überwachung unterliegender Tatbestände und heranzuziehen ist demzufolge derjenige, der in deren Zusammenhang am ehesten greifbar ist[33].

Ein Blick auf das Steuerrecht ist hier aufschlußreich: Im Rahmen seiner vielfältigen mit Prüfungsbefugnissen verbundenen Institute kommt die Steueraufsicht in besonderen Fällen (§ 209 ff. AO) den Prüfungen des Wirtschaftsüberwachungsrechts am nächsten. Sie dient der Kontrolle, ob beim aktuellen Umgang mit zoll- und verbrauchssteuerpflichtigen Waren die ein-

---

finanzielle Nachteile für das Unternehmen dürften hier weitaus gravierender sein, als das im Rahmen der Wirtschaftsüberwachung möglich ist.

[30] Vgl. nur F. Hermanns, Überspannte Anforderungen an die Aufsichtspflicht, in: Forschungsinstitut für Wirtschaftsverfassung und Wettbewerb E. V. Köln (Hrsg.), Schwerpunkte des Kartellrechts 1984 / 85, S. 15 ff., zur Diskussion um den Umfang der Verantwortlichkeit im Rahmen des § 130 OWiG. Auch in der Wirtschaftskriminologie herrscht die Ansicht vor, daß der Wirtschaftsdelinquent als bestimmter Tätertyp gar nicht existiert, sondern vielmehr alle am Wirtschaftsleben teilnehmenden Personen als potentielle Wirtschaftsstraftäter in Betracht kommen. Der Begriff der Wirtschaftskriminalität wird nicht mehr täterorientiert, sondern stärker tat- und rechtsgutbezogen betrachtet. So werden der Mißbrauch des im Wirtschaftsleben grundlegenden Vertrauens bzw. der Mißbrauch von Instrumenten des Wirtschaftslebens und vor allem die Verletzung bzw. Gefährdung überindividueller Rechtsgüter als charakteristische Eigenschaften der Wirtschaftsdelinquenz herausgestellt (vgl. W. Brunner, Der Täterkreis bei Kartellordnungswidrigkeiten, S. 2 f. m.w.N.).

[31] Vgl. E. Rehbinder / D. Kayser / H. Klein, Chemikaliengesetz, RdNr. 14 zu § 21 ChemG.

[32] Vgl. B. Drews / G. Wacke / K. Vogel / W. Martens, Gefahrenabwehr, S. 418; H.-U. Erichsen, Der Schutz der Allgemeinheit und der individuellen Rechte durch die polizei- und ordnungsrechtlichen Handlungsvollmachten der Exekutive, in: VVDStRL 35, 1977, S. 201 f.

[33] Das BSeuchenG spricht z. B. vom „Inhaber der tatsächlichen Gewalt" und von „Personen, die ... Auskunft geben können" (§ 10 II S. 2 und 3).

schlägigen Verhaltensregeln beachtet werden. So bestimmt z. B. § 210 I AO bezüglich steueraufsichtlicher Befugnisse: „Die von der Finanzbehörde mit der Steueraufsicht betrauten Amtsträger sind berechtigt, Grundstücke und Räume sowie Schiffe und andere Fahrzeuge von Personen, denen ein der Steueraufsicht unterliegender Sachverhalt zuzurechnen ist, während der Geschäfts- und Arbeitszeit zu betreten, um Prüfungen vorzunehmen oder sonst Feststellungen zu treffen, die für die Besteuerung erheblich sein können (Nachschau)". Die Ergänzung dazu bildet § 211 AO, der denjenigen, die von einer Maßnahme der Steueraufsicht betroffen werden, Mitwirkungspflichten auferlegt. Diese Umschreibung des Adressaten erklärt sich daraus, daß im Zoll- und Verbrauchssteuerrecht die pflichtige Ware im Vordergrund steht[34]. Da im Wirtschaftsüberwachungsrecht die mit der wirtschaftlichen Tätigkeit einhergehende Gefahr im Vordergrund steht, sollte dort solch eine auf den Regelungsgrund bezogene Bestimmung der Verpflichteten richtungsweisend sein.

Zur Mitwirkung an der Überwachung müssen grundsätzlich sämtliche Mitarbeiter eines Unternehmens verpflichtet sein[35]. In hohem Maße entscheidend dabei ist jedoch generell die faktische Geschäfts-, Aufgaben- und Verantwortungsverteilung im Sinne einer Einwirkungsmöglichkeit auf eine Gefahrenquelle[36]. Die Identität unternehmensinterner und überwachungsrechtlicher Verantwortlichkeit wird sich dabei ohnehin in den meisten Fällen von selbst ergeben[37].

Der letztlich entscheidende Ansatzpunkt ist jedoch ein anderer, nämlich nicht die Unternehmenshierarchie und auch nicht eine Sanktionsmöglichkeit, sondern der überwachungsrechtlich relevante Tatbestand. Durch § 24b GewO werden z. B. die verantwortlichen und sonst beschäftigten Personen, also nicht nur der Eigentümer oder Genehmigungs- bzw. Zulassungsinhaber, sowohl zur Duldung von Prüfungen und zur Erteilung von Auskünften, als auch zur Vorlage von Unterlagen sowie zur Bereitstellung der für die Durchführung der Prüfung notwendigen Arbeitskräfte und Hilfsmittel verpflichtet[38].

---

[34] Vgl. Trzaskalik in: Hübschmann / Hepp / Spitaler, Kommentar zur Abgabenordnung und Finanzgerichtsordnung, RdNr. 6 zu § 210 AO.

[35] Vgl. auch R. Stober, Ladenschlußgesetz, RdNr. 8 zu § 22.

[36] Analog dazu F. Hermanns, Überspannte ..., S. 17, zur Aufsichtspflicht im Sinne von § 130 OWiG; vgl. auch W. Zipfel, Lebensmittelrecht, RdNr. 50 ff. zu § 41 und 10 zu § 43 LMBG sowie G. Heise / R. Riegel, Musterentwurf eines einheitlichen Polizeigesetzes, Anm. zu den § 4, 5 MEPolG.

[37] Das entspräche auch den grundlegenden Wandlungen, die das Direktionsrecht in den letzten Jahrzehnten genommen hat. An die Stelle eines reinen Befehlsempfängers ist der eigenständige und selbstverantwortliche Mitarbeiter getreten. So besagt z. B. § 75 II BetrVerfG, daß Arbeitgeber wie Betriebsrat die freie Entfaltung der Persönlichkeit der im Betrieb beschäftigten Personen nicht nur zu schützen, sondern auch zu fördern haben. Im Gegensatz zu oben (vgl. Fn. 12) ist der Vergleich mit dem BetrVerfG hier angebracht.

So sind innerhalb einer GmbH z. B. der Leiter der Produktion, auch wenn er nicht Geschäftsführer ist, und auch diejenigen Personen, denen die Leitung einzelner Tätigkeiten bei der Herstellung von oder dem Handel mit Erzeugnissen übertragen wurde, zur Mitwirkung an einer Prüfung verpflichtet. Als weitere Mitwirkungspflichtige sind der Leiter eines Teilbetriebes, der Leiter der Qualitätssicherung und die Mitarbeiterin in einem Handelsbetrieb, der das Aussortieren wertgeminderter Produkte übertragen wurde, zu nennen. Die Verpflichtung eines Mitarbeiters besteht also immer dann, wenn oder soweit er selbst Entscheidungen treffen darf und muß.

Ausschlaggebend in diesem Zusammenhang ist, daß die Gefahr den Weg zu den konkret Verpflichteten von selbst weist. So wird man bei einer Prüfung nach den § 52 i.V.m. 22 BImSchG unter Umständen zunächst bei dem Fachmann bzw. Arbeiter an einer bestimmten Feuerungsanlage, bei einer Prüfung nach dem GWB[39] bei der Unternehmensleitung ansetzen. Verpflichtete wie der Umfang der Verpflichtung ergeben sich aus der übertragenen verantwortlichen Tätigkeit, in deren Zusammenhang eine Gefahr besteht oder entstehen kann sowie dem Wissen um und über diese[40].

Den Behörden muß die Möglichkeit eingeräumt werden, zunächst auf den Inhaber des Gegenmittels zurückzugreifen[41]. Der Unrechtsgehalt von Tathandlungen spielt dabei keine Rolle[42].

Voraussetzung für die Erfüllbarkeit dieser Pflicht ist allerdings, daß diese Personen innerbetrieblich entsprechende Verantwortlichkeit besitzen[43]. Die Mitwirkungspflicht eines in Anspruch Genommenen kann nicht über sein Betätigungsfeld im Betrieb hinausreichen. Hält er sich für nicht zuständig, hat er dies der Behörde, für die es oft nicht von Anfang an ersichtlich sein wird, darzutun, bzw. die Sache an die unternehmensintern Verantwortlichen weiterzuleiten oder diese der Behörde zu nennen. Stellt sich bei einer Prüfung heraus, daß ein Mitarbeiter z. B. keine ausreichenden innerbetrieblichen Weisungsbefugnisse hat, um Mitwirkungspflichten nachzukommen, wird er zumindest in der Lage sein, der Behörde bzw. ihren Beauftragten die

---

38 Vgl. auch § 22 IV LadSchlG; § 31a BinnenschiffahrtsG.

39 Die dort in § 46 II vorgenommene Eingrenzung des verpflichteten Personenkreises birgt eine größere Rechtssicherheit in sich, als dies beim ansonsten üblichen Fehlen einer Präzisierung der Fall ist; obwohl auch diese Regelung problematisch ist und nicht immer zu sachgerechten Ergebnissen führt (vgl. dazu H. J. Wieckmann, S. 45 ff.).

40 So ist z. B. auch die Hilfskraft, die lediglich am Fließband Dosen verschließt, im Rahmen des § 42 LMBG verpflichtet, Proben herauszugeben (vgl. W. Zipfel, RdNr. 20 zu § 42 LMBG).

41 Vgl. § 200 I S. 2 AO.

42 W. Brunner, S. 173, hält die Tatbestände des § 39 GWB fälschlicherweise für nur im Vorfeld des Wettbewerbsschutzes angesiedelt, so daß eine Erweiterung des potentiellen Täterkreises mit dem geringen Unrechtsgehalt der Tathandlungen nicht zu vereinbaren sei.

43 Vgl. H. Fischerhof, RdNr. 8 zu § 19 AtG.

Verantwortlichen zu nennen; wozu er dann auch verpflichtet sein muß. Der Leiter der Fleischabteilung eines Kaufhauses kann im Rahmen der § 41 ff. LMBG nicht verpflichtet werden, bei einer Prüfung in der Fischabteilung mitzuwirken, die ihm nicht untersteht. Ebensowenig wird man einen Arbeiter, der nur nach Anweisung seines Vorgesetzten handelt, oder die Verkäuferin, die nach Anweisung fertig ausgezeichnete Ware einem Kunden aushändigt, einen keinerlei betriebsinterne Verantwortung tragenden Arbeitnehmer also[44], zur Mitwirkung verpflichten können[45].

Darüber hinaus kann es durchaus zweckmäßig sein, daß eine Prüfung im Beisein oder unter Mitwirkung des Unternehmensleiters durchgeführt wird[46]. Sie darf aber grundsätzlich in Abwesenheit des für den Gesamtbetrieb Verantwortlichen durchgeführt werden[47]. Legt der Unternehmensleiter Wert darauf, bei einer Prüfung selbst zugegen zu sein bzw. Auskünfte nur persönlich zu erteilen, muß er sicherstellen, daß er oder sein Vertreter jederzeit in kürzester Frist herbeigerufen werden kann, wie es ja auch sonst zur ordnungsgemäßen Leitung des Unternehmens notwendig ist[48].

Nach dem Gesagten erscheint es nun fraglich, inwieweit die Behörde auf einem Mitwirken des Unternehmensleiters bestehen kann. Hier ist es nur folgerichtig, wenn man der Unternehmensleitung das Recht zugesteht, einen kundigen Vertreter zu benennen, auch wenn der Wortlaut des Gesetzestextes dem häufig entgegensteht. Dessen Verhalten wird sie sich jedoch dann auch voll anrechnen lassen müssen. Besteht die Behörde trotzdem auf einem Mitwirken des Unternehmensleiters[49], muß sie dies besonders begründen.

Mit Blick auf die notwendige Gefahrenverhütung und -abwehr macht die derzeitige Gestaltung der Rechtsgrundlagen eine Neugestaltung im aufgezeigten Sinne erforderlich, um der Praxis die notwendige rechtliche Grundlage zu geben und vor allem auch, um in Fällen der Auskunftsverweigerung und bei der Vornahme von Verwaltungszwang mehr Rechtssicherheit zu gewinnen. Auf das Aufzählen möglichst vieler Rechtsformen und genaueste Beschreibung der einzelnen Verpflichteten sollte dabei verzichtet werden. Dem Überwachungsauftrag am ehesten gerecht würde wohl eine Gesetzesformulierung wie:

---

[44] Vgl. W. Hahn, S. 25; P. Schiwy, Anm. zu § 21 II ChemG.

[45] Vgl. K.-D.Rathke, Mitwirkungspflichten bei der Kontrolle nach dem LMBG und dem EichG und ihre Grenzen, ZLR 1985, S. 117 f.

[46] Vgl. E. Benk, S. 582.

[47] Vgl. OLG Düsseldorf, Beschlüsse v. 31.12.1985, DB 1986, S. 1820, und v. 16.7.1982, GewArch 1982, S. 388; H. Schönhals, Staatsaufsicht gegenüber Privatbetrieben im Bereich des Gesundheitsrechts, S. 176.

[48] Vgl. A. Kloesel, Lebensmittelkontrollen in Abwesenheit des Betriebsinhabers, Deutsche Lebensmittel-Rundschau 1962, S. 111 f.

[49] Vgl. dazu auch W. Hahn, S. 66.

„Wer zur Aufklärung überwachungspflichtiger Tatbestände im Sinne dieses Gesetzes beitragen kann, hat der zuständigen Behörde die zum Zwecke der Überwachung erforderlichen Auskünfte zu erteilen, ..."

Dadurch würde auch eine immer neue Korrektur besagter Aufzählungen hinfällig, wie sie erst bei der Novellierung des AbfG wieder geschehen ist (§ 11 IV).

b) Außerhalb des überwachten Unternehmens – mittelbar Verpflichtete

Es sind Situationen vorstellbar, in denen ein unmittelbar Verpflichteter sich weigert, bei einer Prüfung mitzuwirken, jemand nicht auffindbar ist, oder der Behörde bekannt ist, daß die Inanspruchnahme eines von außerhalb des Unternehmens kommenden Dritten weiterhelfen könnte, um die eigentlich jemand anderem geltende Überwachungsmaßnahme durchzuführen.

Eine Ausdehnung des Verpflichtetenkreises der spezialgesetzlichen Prüfungsvorschriften auch auf Dritte, „die an sich nicht dem Gesetz unterliegen" (!), und auch in bezug auf solche Umstände, die diesem nicht zurechenbar sind, ist jedoch abzulehnen[50]. Auf jemanden, der von einer Rechtsgrundlage nicht erfaßt wird, kann sie auch nicht angewendet werden[51]. Mag er auch über noch so viele Kenntnisse verfügen oder eine Prüfung bei ihm noch so aufschlußreich im Hinblick auf den zu ermittelnden Sachverhalt sein, so besteht doch zwischen ihm und der Behörde kein Rechtsverhältnis, auf das sich eine Prüfungspflichtigkeit stützen ließe.

Ein Prüfungsrecht, wobei die zuständige Behörde nach pflichtgemäßem Ermessen darüber entscheiden könnte, ob sie im Interesse zügiger Ermittlungen einen Dritten in Anspruch nehmen will[52], gibt es höchstens dort, wo auch der Dritte von der jeweiligen Rechtsgrundlage als zur Mitwirkung an einer Prüfung Verpflichteter erfaßt ist[53]. Dabei sind jedoch allgemeine polizei- und ordnungsrechtliche Grundsätze zu beachten. Eine Inanspruch-

---

[50] So aber E. Rehbinder u. a., RdNr. 14 zu § 21 CHemG. Dazu rechnen sollen z. B. Rechtsanwälte, technische und wissenschaftliche Beratungsinstitute, Arbeitnehmer und Abnehmer.

[51] Vgl. K. Hansmann, in: R. v. Landmann / G. Rohmer, RdNr. 62 zu § 52 BImSchG; BVerwG, Urteil v. 15.8.1980, BVerwGE 60, S. 338 ff.

[52] Vgl. Beschluß des KG vom 5.5.1982, WuW / E / OLG, 2965 (2968).

[53] So verpflichtet § 44 II AWG auch mittelbar am Außenwirtschaftsverkehr Beteiligte zur Auskunft. Nur diese können neben den unmittelbar Verpflichteten selbst zur Prüfung herangezogen werden, ob letztere ihren Verpflichtungen nachgekommen sind (unklar E. Hocke / S. Berwald / H. D. Maurer, Außenwirtschaftsrecht, Anm. zu § 44 AWG; deutlich der BayVGH, Urteil v. 6.3.1975, Nr. 28 VI 74 / M 36 VI 73, und das OVG Hamburg, Urteil v. 2.4.1976, OVG Bf.I 44 / 74). Daß der Prüfungspflichtige weiteren Pflichten aus der jeweiligen Rechtsgrundlage unterliegt, ist nicht erforderlich; a. A. P. Schiwy, Anm. zu § 21 II ChemG.

nahme des Dritten bei gleich wirksamen Zugriffsmöglichkeiten gegenüber dem „Störer“ wäre danach rechtswidrig. Insoweit ist ein Prüfungsrecht gegenüber einem Dritten immer subsidiär[54].

3. Nach sonstigen Rechtsgrundlagen Verpflichtete

Inwieweit und in welchem Umfang insbesondere Dritte nach Grundsätzen des allgemeinen Polizei- und Ordnungsrechts zur Aufklärung eines Sachverhalts herangezogen werden können, muß im Rahmen dieser Arbeit dahingestellt bleiben. Befugnisse nach allgemeinem Ordnungs- oder Polizeirecht bleiben durch spezialgesetzliche Überwachungsvorschriften unberührt[55]. Gegenüber „Nichtstörern“ bedürfen sie jedoch immer eines gesteigerten Gefahrenmomentes, das über das normalerweise behördlichen Prüfungen zugrundeliegende Maß hinausgeht[56].

Beachtung im Zusammenhang mit der Inanspruchnahme Dritter bei der alltäglichen behördlichen Praxis verdient jedoch § 26 VwVfG[57] und dessen Verhältnis zu den hier behandelten Vorschriften.

Nach § 26 VwVfG bedient sich die Behörde der Beweismittel, die sie nach pflichtgemäßem Ermessen zur Ermittlung des Sachverhalts für erforderlich hält. Sie kann insbesondere Auskünfte jeder Art einholen, Beteiligte anhören, Zeugen und Sachverständige vernehmen oder die schriftliche Äußerung von Beteiligten, Sachverständigen und Zeugen einholen, Urkunden und Akten beiziehen und den Augenschein nehmen. Dazu gehört auch, Erkundigungen bei Personen einzuziehen, die der Überwachung nicht unterliegen[58]. Diese, wie auch alle anderen Vorschriften des VwVfG, gelten für Verwaltungsbehörden bei der Ausführung von Bundesrecht, jedoch nur hilfsweise. Sie sind nicht anwendbar, soweit andere Bundesgesetze inhaltsgleiche oder entgegenstehende Bestimmungen enthalten (§ 1). Der bedeutende Unterschied zu den spezialgesetzlichen Prüfungsvorschriften liegt darin, daß Mit-

---

[54] So entgegen der h. M., aber zu Recht mit ausführlicher Begründung und allgemeiner Gültigkeit, auch Th. J. Meyer, S. 132 ff., bezüglich des Auskunftsverlangens nach § 46 GWB, der später (S. 174 ff.) noch weitergehend zu dem Ergebnis kommt, daß ein Dritter, der selbst keinen Anlaß zu Ermittlungen gegeben hat, nach geltendem Recht nur dann in Anspruch genommen werden kann, wenn das betreffende Auskunftsverlangen seinem Schutz dient, da ansonsten gegen die Junktimklausel des Art. 14 III GG verstoßen würde. Zur Subsidiarität der Inanspruchnahme Dritter vgl. auch § 93 I S. 3 AO und K. E. Thomä, Das Auskunftsrecht ..., S. 362.

[55] Vgl. P. Gieseke u. a., RdNr. 34 zu § 21 WHG.

[56] Vgl. B. Drews u. a., S. 192 ff.

[57] Wegen des fast wörtlichen Übereinstimmens der landesrechtlichen VwVfG mit dem des Bundes kann auf eine gesonderte Behandlung verzichtet werden. Die Vorschriften des VwVfG über das förmliche Verfahren (§ 63-71) sind unbedeutend, da sie nur Anwendung finden, wenn es durch besondere Rechtsvorschrift angeordnet ist. Zudem muß die anordnende Vorschrift nach dem Inkrafttreten des VwVfG ergangen sein, was durch Bundesgesetz bisher nur im Falle des BBergG (§ 36) geschehen ist.

[58] Vgl. K. Hansmann, in: R. v. Landmann / G. Rohmer, RdNr. 18 zu § 52 BImSchG.

wirkungspflichten entsprechend der Regelung in § 26 II, III VwVfG in der Regel nicht erzwungen werden können, sondern nur ausnahmsweise, soweit Rechtsvorschriften das besonders vorsehen[59]. Insoweit sind sie von geringerem Wert.

II. Die Berechtigten

1. Die zuständige Behörde

Soweit das GG nichts anderes bestimmt oder zuläßt, führen die Länder die Bundesgesetze als eigene Angelegenheiten aus (Art. 83). Sie regeln in diesem Fall die Einrichtung der Behörden und das Verwaltungsverfahren, soweit nicht Bundesgesetze mit Zustimmung des Bundesrates etwas anderes bestimmen. In welcher Form dies zu geschehen hat, ergibt sich aus dem jeweiligen Landesrecht. Zuständigkeitsregelungen in Bundesgesetzen, die mit Zustimmung des Bundesrates ergangen sind, gehen den landesrechtlichen Regelungen vor.

Soweit die Länder die zuständigen Behörden zu bestimmen haben, können sie die Durchführung von Prüfungen eigenen Landesbehörden, z. B. den staatlichen Gewerbeaufsichtsämtern, zuweisen. Ferner können sie die Zuständigkeit kommunaler Behörden wie z. B. der Gemeinden oder Landkreise festlegen. Die landesrechtliche Zuweisung von Überwachungsaufgaben an Bundesbehörden ist dagegen mit Art. 83 und 84 I GG nicht vereinbar und damit unzulässig[60].

Nun sind die als prüfungsberechtigte Stellen zuständigen Behörden zum Teil eindeutig benannt[61]. Insoweit handelt es sich jedoch zumeist um Bundesbehörden. In der Mehrzahl der Fälle gibt es keine eindeutige Benennung. Man findet dann Verweise auf die „zuständigen Behörden“[62], die „nach Landesrecht zuständigen Behörden“[63], die „Genehmigungsbehörde“[64], die Aufsichtsbehörde und die von ihr zugezogenen Sachverständigen oder die Beauftragten anderer zugezogener Behörden[65] oder es ist nur von einer „behördlichen Überwachung“ die Rede[66].

---

59 Vgl. F. Kopp, VwVfG, RdNr. 10, 41 zu § 26; H. Meyer / H. Borgs, VwVfG, RdNr. 4 f. zu § 26. Allgemein zu den Pflichten Nichtbeteiligter im Verwaltungsverfahren J. Martens, Die Praxis des Verwaltungsverfahrens, S. 96 ff.

60 Vgl. K. Hansmann, in: R. v. Landmann / G. Rohmer, RdNr. 23 zu § 52 BImSchG.

61 Z. B. das Bundesgesundheitsamt in § 19 I S. 1 BtMG, die Bundesanstalt für Güterkraftverkehr in § 55 GüKG, das Bundesaufsichtsamt für Kreditwesen in § 44 KWG oder der Bundesminister für Wirtschaft bzw. der Bundesminister für Verkehr in den Fällen des § 14 I Nr. 1 und Nr. 2 des KriegswaffenG.

62 Z. B. § 52 I BImSchG, 11 I AbfG, 23 I PflSchG, 7 I GerätesicherheitsG.

63 Z. B. § 73 I TierSG, 15 I TierSchG.

64 Z. B. § 54a PBefG.

65 Z. B. § 19 II AtG.

66 Z. B. § 21 I WHG.

Im allgemeinen ergeben sich für den Betroffenen keine oder nur sehr vage Anhaltspunkte hinsichtlich der zu einer Prüfung berechtigeten Stelle[67]. Die Zuständigkeitsregelungen der Länder weichen inhaltlich erheblich voneinander ab und sind zudem innerhalb des einzelnen Landes oft stark differenziert[68]. Als Beleg genügt hier ein Blick auf die Landesregelungen auf dem Gebiet des BImSchG[69].

Insgesamt gesehen ergibt sich ein schwer überschaubares Gewirr von Zuständigkeiten mit Prüfungsbefugnissen ausgestatteter Behörden. Dem geltenden Organisationsrecht der Wirtschaftsüberwachung mangelt es nach wie vor an einer einheitlichen Konzeption. Vor allem für einen kleinen Unternehmer, der nicht einen Stab von Juristen und anderen Fachleuten unterhält und für den Firmengründer, den Neuling also, muß dies erhebliche Probleme und eine schwer erträgliche Rechtsunsicherheit bewirken. Dem Rechtsstaatsprinzip ist nur Genüge getan, wenn Inhalt, Zweck, Gegenstand und Ausmaß von Normen, die dem Staat Eingriffe gegenüber dem Bürger ermöglichen, hinreichend bestimmt und begrenzt sind und auch der Träger von Befugnissen für den Bürger eindeutig und ohne große Schwierigkeiten feststellbar ist. Dies ist sogar Voraussetzung für alles Weitere. Derzeit bleibt in dieser Hinsicht jedoch nur der oft unbefriedigende Verweis auf die jeweils örtlich und sachlich zuständigen Behörden und ihre Beauftragten.

Organisatorische Unzulänglichkeiten machen sich jedoch nicht nur auf Seiten der Betroffenen negativ bemerkbar. Auch der Überwachungsauftrag wird hindernd beeinflußt, teilweise sogar völlig unterlaufen. So sind die der Gefahrenabwehr- und vorsorge dienenden Überwachungskompetenzen und die damit verbundenen Prüfungsbefugnisse durch vertikale und horizontale Teilungen in zahllose, sich oft überschneidende Bereiche aufgesplittert. Sie sind auf die verschiedensten isoliert nebeneinander wirkenden Überwachungsbehörden verteilt. Nach fachlichen Gesichtspunkten aufgeteilte Kompetenzen wie z. B. Börsenüberwachung, Gaststättenüberwachung, Apothekenüberwachung, Überwachung des Personen- und des Güterkraftverkehrs ergänzen sich weder lückenlos noch sind sie frei von Überschneidungen. Andere Kompetenzen sind unter dem Gesichtspunkt der Spezialisierung auf einzelne innerbetriebliche Funktionen so abgegrenzt, daß eine ausschnittweise Überwachung der Unternehmen erreicht wird. Hier seien nur die Gewässerüberwachung, die Immissionsüberwachung und die Gewerbeaufsicht genannt. Zwischen nach fachlichen Gesichtspunkten und

---

[67] Auch Regelungen wie die des § 35 II FleischbeschauG mit seinem Verweis auf die amtlichen Tierärzte und die als Hilfskräfte tätigen Fleischbeschauer und Trichinenschauer sowie die Sachverständigen der Mitgliedstaaten der EWG oder § 22 LadSchlG mit Verweis auf die nach Landesrecht für den Arbeitsschutz zuständigen Verwaltungsbehörden lassen vieles offen.

[68] Vgl. R. Schiedermair, S. 697.

[69] Abgedruckt bei R. v. Landmann / G. Rohmer, RdNr. 26 zu § 52 BImSchG.

nach solchen der Spezialisierung aufgeteilten Kompetenzen ergeben sich wiederum Überschneidungen.

Diese Aufsplitterung ist zum großen Teil historisch bedingt und weniger aufgrund notwendiger Spezialisierung gerechtfertigt. Mit dem Auftreten neuer Gefahrenherde wurden neue Kompetenzen bzw. neue Behörden geschaffen, ohne diese sinnvoll in ein überschaubares System einzugliedern. Die sich ergebenden Doppel- und Dreifachprüfungen belasten somit nicht nur das Verhältnis zwischen Verwaltung und Bürger, sie bewirken auch einen unnötigen Verwaltungsaufwand. Lücken im Überwachungssystem verdecken Gefahren, die jedoch gerade auch bei Mehrfachüberprüfungen auftreten können; dann nämlich, wenn sich eine Behörde auf die andere verläßt[70].

Es ist die Regel, daß für einzelne Unternehmen eine Vielzahl von Rechtsgrundlagen einschlägig sind, die die verschiedensten Überwachungsbehörden mit Prüfungsbefugnissen ausstatten. Dies ist mit Mitwirkungspflichten vom Auskunftsverlangen bis hin zur Gestattung der Entnahme von Proben verbunden. Eine Abstimmung der Behörden untereinander erscheint hier im Interesse beider Seiten, der Verwaltung wie der Unternehmen, unerläßlich, um die Belastungen auf ein Mindestmaß zu beschränken. Sollten die derzeitigen organisatorischen Verhältnisse der Wirtschaftsüberwachung erhalten bleiben und es nicht möglich sein, die verschiedenen Bereiche unter einem Dach zu vereinigen, wäre es zumindest geboten, die bestehenden Verhältnisse dem Bürger transparenter zu machen[71].

2. Prüfungsberechtigte Personen

a) Angehörige der Überwachungsbehörde

Die Berechtigung, ein Prüfungsverlangen auszusprechen, haben grundsätzlich die Angehörigen der zuständigen Überwachungsbehörde. Dabei muß es sich um Beamte oder Angestellte handeln, die generell oder im Einzelfall mit der Wahrnehmung von Überwachungsaufgaben betraut sind[72]. Die Durchführung von Prüfungen braucht allerdings nicht deren ausschließliche Dienstaufgabe zu sein. Prüfungsverlangen unberechtigter Personen stellen einen Verstoß gegen die einschlägigen Vorschriften dar und sind rechtswidrig[73].

---

[70] Vgl. auch W. Martens, Wandlungen im Recht der Gefahrenabwehr, DÖV 1982, S. 95 f.

[71] Vgl. E. Stein, Die Wirtschaftsaufsicht, S. 235 ff.

[72] Vgl. K. Hansmann, in: R. v. Landmann / G. Rohmer, RdNr. 47 zu § 52 BImSchG.

[73] Vgl. BGH, Urteil v. 20.5.1985, NJW 1985, S. 3032.

b) Externe Beauftragte

Mehrere Gründe können es für eine Behörde zum Zwecke von Prüfungen in Unternehmen erforderlich machen, Hilfe von außerhalb heranzuziehen. Die geläufigsten sind: ein bei der Behörde eventuell nicht vorhandenes besonderes Fachwissen, fehlende technische Einrichtungen oder das Fehlen von eigenen Exekutivbeamten. Während ersterem durch Hinzuziehung Privater oder anderer Behörden begegnet werden kann, bedarf letzteres der Hinzuziehung von Vollzugsbehörden.

Wegen einer unzulässigen Befugniserweiterung bedenklich erscheint die Hinzuziehung einer anderen Behörde aber, wenn im Rahmen eines bereits eingeleiteten Gewerbeuntersagungsverfahrens der für die Gewerbeuntersagung zuständigen höheren Verwaltungsbehörde ein unmittelbarer Einblick in den Geschäftsbetrieb gegeben werden soll und die Rechtsgrundlage diese Behörde nicht gleichzeitig als prüfungsberechtigt nennt[74].

Externe Beauftragte können nur dann verbindliche Prüfungsverlangen stellen, wenn ihnen diese Berechtigung durch einen Verwaltungsakt, der einer besonderen rechtlichen Grundlage bedarf[75], übertragen worden ist. Das ist nicht bei jedem Sachverständigen der Fall, der im Rahmen einer Prüfung in die Sachverhaltsaufklärung eingeschaltet wird[76]. Auch solche, nicht mit einer besonderen Berechtigung augestatteten Beauftragte, können jedoch nicht nur zusammen mit den Angehörigen der Überwachungsbehörde tätig werden. Ihnen ist auch z. B. der Zutritt zu gestatten, wenn die zuständige Behörde sie im Rahmen der allgemeinen Grenzen des Betretungsrechts mit Besichtigungen oder Prüfungen betraut hat[77]. Verfügungen zur Durchsetzung von Prüfungsrechten dürfen allerdings nur von den Angehörigen und Beauftragten der Behörde erlassen werden, die hoheitliche Befugnisse wahrnehmen dürfen[78], wodurch die Wirkungsmöglichkeit aller anderen stark eingeschränkt wird.

ba) Angehörige anderer als der sachlich zuständigen Behörden

Die Zuhilfenahme Angehöriger anderer Behörden geschieht im Wege der Amtshilfe. Deren verfassungsrechtliche Grundlage findet sich in Art. 35 I GG, der alle Behörden des Bundes und der Länder verpflichtet, sich gegenseitig Rechts- und Amtshilfe zu leisten[79]. Eine Konkretisierung dieser

---

[74] A. A. F. Janssen, S. 194.

[75] Vgl. § 54 I S. 2 PBefG.

[76] Vgl. K. Hansmann, in: R. v. Landmann / G. Rohmer, RdNr. 47 zu § 52 BImSchG.

[77] Vgl. ebenda, RdNr. 64 zu § 52 BImSchG; W. Zipfel, RdNr. 18 zu § 41 LMBG.

[78] Vgl. K. Hansmann, in: R. v. Landmann / G. Rohmer, RdNr. 64 zu § 52 BImSchG.

[79] Vgl. im einzelnen F. E. Schnapp, Zum Anwendungsbereich der Amtshilfevorschriften, insbesondere im ressortüberschreitenden Amtshilfeverkehr, DVBl. 1987,

Bestimmung wurde in den § 4-8 VwVfG[80] und in vorrangigen Einzelvorschriften des besonderen Verwaltungsrechts vorgenommen.

Durch das Ersuchen um und die Gewährung von Amtshilfe werden die kompetenzmäßigen und sachlich-rechtlichen Grenzen für das Tätigwerden der ersuchenden und der ersuchten Behörde nicht verändert. Befugnisse des Staates gegenüber dem Bürger werden nicht über das durch die Gesetze zugelassene Maß hinaus erweitert. Die Verantwortlichkeit für die Rechtmäßigkeit des Verfahrens und der Entscheidung, die durch das Ersuchen gefördert werden soll, bleibt Sache der ersuchenden Behörde, während die ersuchte Behörde für die Art und Weise der geleisteten Amtshilfe verantwortlich ist, deren Rechtmäßigkeit sich nach dem für die ersuchte Behörde geltenden Recht richtet. Amtshilfeersuchen sind nur zulässig bezüglich einzelner, ggf. mehrerer einzelner, nicht jedoch um laufende Maßnahmen, wie z. B. eine anhaltende Überwachung[81].

Bezüglich polizeilicher Tätigkeit gehen die Bestrebungen dahin, als „polizeifremd" empfundene Ordnungsverwaltungsaufgaben wie z. B. die laufende Kontrolle von Gewerbebetrieben zur Gewerbeüberwachung, zur Lebensmittelüberwachung und zum Immissionsschutz oder die regelmäßige Überwachung von baulichen Anlagen zum Zwecke der Bauaufsicht, dafür bestimmten Dienstkräften der Ordnungsbehörden zu überlassen. Deren Befugnisse entsprechen grundsätzlich denen von Polizeibeamten[82]. Die Tätigkeit der Polizei auf solchen Gebieten soll möglichst auf Vollzugshilfe und damit auf die Anwendung unmittelbaren Zwanges beschränkt werden[83].

Voraussetzung für die polizeiliche Vollstreckung von Verwaltungsakten ist nur deren Rechtswirksamkeit und Vollziehbarkeit, nicht ihre Rechtmäßigkeit. Nur die Rechtmäßigkeit des Vollzuges richtet sich nach Polizeirecht und ist von der Polizei zu verantworten[84].

S. 561 ff., und F. E. Schnapp / H.-J. Friehe, Prüfungskompetenz und Rechtsschutz bei Streitigkeiten über Amtshilfeverpflichtungen, NJW 1982, S. 1422 ff.

[80] Siehe auch die §§ 3-7 SGB X und 111-115 AO.

[81] Vgl. E. Denninger, Einführung in Probleme des Amtshilferechts, insbesondere im Sicherheitsbereich, JA 1980, S. 281 f.

[82] Eine Ausnahme bildet die Befugnis zum Schußwaffengebrauch (siehe aber § 9 Nr. 4, 5 UZwG).

[83] Es wird hier gewöhnlich von Amtshilfe oder einer besonderen Art von Amtshilfe gesprochen, obwohl die Vollzugshilfe das eigentlich nicht ist, da sie der Polizei gegenüber den Ordnungsbehörden als eigene Aufgabe obliegt (§ 4 II Nr. 2 VwVfG). Die Verpflichtung der Polizei zur allgemeinen Amtshilfe bleibt davon unberührt (vgl. G. Heise / R. Riegel, Anm. zu § 25 III des ME).

[84] Vgl. P. Badura, Das Verwaltungsverfahren, in : H.-U. Erichsen / W. Martens, Allgemeines Verwaltungsrecht, S. 351; N. Achterberg, Allgemeines Verwaltungsrecht, § 12, RdNr. 46 ff.; H. J. Wolff / O. Bachof, VWR II, § 77 VI; V. Götz, Allgemeines Polizei- und Ordnungsrecht, RdNr. 323, 360; G. Heise / R. Riegel, Anm. zu § 1 III ME; B. Drews u. a., S. 144 ff.

bb) Private

Nach Art. 33 IV GG ist die Ausübung hoheitsrechtlicher Befugnisse als ständige Aufgabe in der Regel Angehörigen des öffentlichen Dienstes zu übertragen, die in einem öffentlich-rechtlichen Dienst- und Treueverhältnis stehen. Das GG meint damit zwar nur die Beamten, schließt die Ausübung hoheitsrechtlicher Befugnisse durch behördliche Arbeiter und Angestellte sowie Private jedoch nicht völlig aus[85].

Private werden dann zu Prüfungen in Unternehmen herangezogen, wenn zur Ausübung einer sachgerechten Prüfungstätigkeit im Einzelfall eine spezielle Sachkunde oder besondere technische und betriebliche Einrichtungen erforderlich sind[86]. Bisweilen wird ihnen eine an sich staatliche Überwachungstätigkeit aber auch als Ganzes und auf Dauer übertragen[87]. Entscheidende Gesichtspunkte sind dabei Rationalisierung und Ökonomie der Aufgabenerfüllung[88]. Einzelpersonen oder juristische Personen des Privatrechts, die mit der hoheitlichen Wahrnehmung bestimmter Verwaltungsaufgaben im eigenen Namen betraut sind, werden als Beliehene oder beliehene Unternehmer bezeichnet.

Umstritten ist, ob bzw. wo Private, in erster Linie amtlich anerkannte Sachverständige, bei ihrer Prüfungstätigkeit hoheitliche Gewalt ausüben (dürfen), was nur bei einer Beleihung statthaft wäre, da dieser Personenkreis personell nicht in die Staatsverwaltung eingegliedert ist. Diese Frage hat entscheidende Bedeutung für eine sachgerechte Prüfungstätigkeit, verfahrensrechtliche Folgerungen und die Haftung.

Ob nun eine Beleihung vorliegt oder nicht, wird von den Vertretern der sog. Aufgabentheorie und denen der Rechtsstellungstheorie unterschiedlich beurteilt. Nach Auffassung beider Lehren ist jedoch die Übertragung der Befugnis zum Erlaß von Verwaltungsakten an einen privatrechtlichen Rechtsträger ein möglicher Gegenstand der Beleihung[89]. Diese Befugnis zum Erlaß von Verwaltungsakten ist es auch, an der sich die Diskussion um den amtlich anerkannten Sachverständigen als Beliehenen zum Großteil entzündet.

---

[85] Vgl. I. v. Münch, Grundgesetz-Kommentar, RdNr. 28, 31 zu Art. 33; P. Dagtoglou, Der Private in der Verwaltung als Fachmann und Interessenvertreter, S. 72 ff.; M. Benndorf, Zur Bestimmung der hoheitsrechtlichen Befugnisse gemäß Art. 33 Abs. 4 GG, DVBl. 1981, S. 23 ff.; BVerwG, Urteil. v. 20.9.1985, DÖV 1986, S. 198.

[86] Vgl. H.-W. Rengeling, Erfüllung staatlicher Aufgaben durch Private, S. 26; H. J. Wolff / O. Bachof, VWR II, § 104 Ia.

[87] So geschieht z. B. die Prüfung der überwachungsbedürftigen Anlagen aufgrund der nach § 24 I Nr. 4 GewO erlassenen Rechtsverordnungen, soweit dort nicht anders bestimmt, durch amtlich anerkannte Sachverständige, die in privatrechtlichen Überwachungsorganisationen vereinigt sind (§ 24c GewO).

[88] Vgl. F. Ossenbühl, Die Erfüllung von Verwaltungsaufgaben durch Private, in: VVDStRL 29, S. 146 ff.

[89] Vgl. U. Steiner, Der „beliehene Unternehmer“, JuS 1969, S. 70.

Literatur und Rechtsprechung setzen dabei regelmäßig an der Frage an, ob der Sachverständige aufgrund seiner Prüfungstätigkeit, also *danach*, Anordnungen gegenüber dem Geprüften treffen darf bzw. welcher Rechtsnatur diese sind[90]. Darauf kommt es jedoch nicht an, wenn Anordnungen *innerhalb der Prüfung selbst* eine Ausübung hoheitlicher Gewalt darstellen. Zuerst gilt es daher zu klären, ob der Sachverständige im Rahmen und zum Zwecke einer sachgerechten Prüfung selbst Anordnungen treffen darf, die als Verwaltungsakte zu qualifizieren sind.

Allein schon der technische Ablauf, vor allem einer Prüfung vor Ort, macht es erforderlich, daß der Prüfer während der Prüfung Auskünfte verlangt, bestimmte Räume betritt, möglicherweise die Unterstützung durch Arbeitskräfte und Maschinen benötigt usw. Dies alles kann nicht bereits vorher in ausreichendem Umfang abgesehen werden, so daß es oft unmöglich sein wird, eine entsprechende Anordnung zu treffen, wenn sie nicht eine rechtlich unzulässige „Blankovollmacht" sein soll. Man wird die Frage nach der Notwendigkeit von Anordnungen *während* einer Prüfung uneingeschränkt bejahen müssen. Ebenso kann nicht in Frage stehen, daß die Prüfer insoweit Hoheitsgewalt ausüben[91], wenn nicht jegliche Prüfungstätigkeit vom guten Willen des Betroffenen abhängig gemacht werden soll. Der Prüfende muß – zumindest punktuell – mit hoheitlichen Befugnissen ausgestattet sein[92], da der Geprüfte sonst allzu leicht die Möglichkeit hätte, die Prüfungstätigkeit zu blockieren. Notwendig folgt aus der Ausstattung der Sachverständigen und Prüfer mit einzelnen Hoheitskompetenzen ihre Qualifizierung als Beliehene mit Bezug und Beschränkung auf diese Kompetenzen[93], gleich ob sie auch zu weiterführende Anordnungen nach ihrer Prüfungstätigkeit berechtigt sind. Das Tätigwerden innerhalb der „Beobachtungsfunktion" ist streng von dem innerhalb der „Berichtigungsfunktion" zu unterscheiden[94]. Die Auffassung, die Anordnungsbefugnis der Sachverständigen und Prüfer sei hoheitlicher Natur, findet ihre Stütze nicht darin, daß die Prüfungsaufgabe und -tätigkeit eine staatliche sei, sie basiert vielmehr auf der Feststellung, daß die einschlägigen Rechtsvorschriften den Sachverständigen und Prüfern zur Gewährung der Lückenlosigkeit ihrer Prüftätigkeit einzelne, verstärkte Anordnungsbefugnisse verliehen haben[95].

---

[90] Vgl. nur H. P. Weber / F. Seitz, Der Sachverständige bei der Prüfung überwachungsbedürftiger Anlagen – ein Beliehener? GewArch 1980, S. 151 ff.; T. R. Meyer, in: R. v. Landmann / G. Rohmer, RdNr. 12 f. zu § 24c GewO; R. Stober, Wirtschaftsverwaltungsrecht I, 3. Aufl., RdNr. 598; BVerwG, Urteil v. 27.10.1978, BVerwGE 57, S. 55 ff.; VG Münster, Urteil v. 22.7.1966, NJW 1967, S. 171 ff.

[91] Vgl. dazu ausführlich § 5 der Arbeit.

[92] Vgl. P. Schiwy, Anm. zu § 21 III ChemG.

[93] Vgl. K. Hansmann, in: R. v. Landmann / G. Rohmer, RdNr. 47 zu § 52 BImSchG.

[94] Zur Unterscheidung verschiedener Stufen der Überwachung vgl. E. Stein, Die Wirtschaftsaufsicht, S. 17 f. m.w.N.

[95] Vgl. § 24b GewO und dazu E. Fuhr, GewO, Anm.4 zu § 24b, dagegen T.R. Meyer in: R. v. Landmann / G. Rohmer, RdNr. 12 zu § 24b GewO. Zur Interpretation solcher

Diese berechtigen zu Maßnahmen, die wegen ihrer unmittelbaren Rechtserheblichkeit gegenüber den Geprüften als Verwaltungsakte anzusprechen sind, was wiederum keinen Rückschluß auf die Rechtsnatur der technischen Überwachungsvereine zuläßt[96].

Soweit der hoheitliche Kompetenzbereich Beliehener reicht, handeln sie als Verwaltungsträger. Die Beleihung[97] mit hoheitlichen Aufgaben kann nur durch Gesetz oder auf Grund eines Gesetzes, in letzterem Fall durch Verwaltungsakt oder den bezüglich der Ausgestaltung der Rechte und Pflichten flexibleren, weniger formenstrengen und daher in mancher Beziehung vorteilhafteren verwaltungsrechtlichen Vertrag erfolgen[98]. Die Gegenstände der Beleihung können sowohl obrigkeitliche wie auch schlichthoheitliche Kompetenzen betreffen, wobei es sich allerdings immer um einzelne enumerative, allenfalls spezielle Zuständigkeiten handeln muß. Die Beleihung begründet zwischen der beleihenden juristischen Person des öffentlichen Rechts und dem Beliehenen ein Auftrags- und Treueverhältnis, dessen Rechte und Pflichten sich im einzelnen aus dem zugrundeliegenden Beleihungsakt, dem Gesetz, dem Inhalt der Bestallungsurkunde oder aus dem Vertrag ergeben. Der Beliehene ist Glied derjenigen juristischen Person des öffentlichen Rechts, die die Beleihung vorgenommen hat, und untersteht der Staatsaufsicht. Die Rechtsverhältnisse zwischen Beliehenen und zu Prüfen-

„Duldungsvorschriften" als Befugnisnorm § 5 II der Arbeit. H. P. Weber / F. Seitz, S. 155, verneinen den Schluß von der Duldungs- und Handlungsverpflichtung des Anlagenbetreibers nach § 24b GewO auf ein Durchsetzungsrecht des Sachverständigen zu Unrecht. Insbesondere läßt sich aus den Vorschriften des § 139b I S. 2 GewO einerseits und § 139b IV GewO andererseits nicht herauslesen, daß das Arbeitsschutzrecht zwischen Befugnissen der Aufsichtsbehörde und der Duldungsverpflichtung des Anlagenbetreibers differenziert. § 139 IV GewO stellt im Verhältnis zu Abs. 1 S. 2 derselben Vorschrift lediglich eine einschränkende Bestimmung in zeitlicher Hinsicht dar. Seine gesonderte Stellung verdankt der Abs. 4 lediglich der Tatsache, daß er aufgrund eines nachträglichen Antrags in den Entwurf der GewO von 1869 eingefügt wurde (vgl. G. Kahl, in: R. v. Landmann / G. Rohmer, RdNr. 38 zu § 139b).

[96] Vgl. V. Götz, Technischer Überwachungs-Verein und Verfassungsrecht, in: V. Götz / R. Lukes, Zur Rechtsstruktur der Technischen Überwachungs-Vereine, S. 32 ff.

[97] Von der Beleihung zu unterscheiden ist die nicht der Wirtschaftsüberwachung dienende Inpflichtnahme Privater zu sächlichen und persönlichen Dienstleistungen zugunsten des Staates, bei der dem Privatrechtssubjekt zwar von Staats wegen besondere Pflichten auferlegt, aber keine hoheitlichen Zuständigkeiten eingeräumt werden (vgl. H. P. Ipsen, Gesetzliche Indienstnahme Privater für Verwaltungsaufgaben, in: Um Recht und Gerechtigkeit, Festgabe für Erich Kaufmann, S. 141 ff; R. Stober, Wirtschaftsverwaltungsrecht I, S. 337 f). Auf die teilweise schwierigen Abgrenzungsprobleme kann hier nicht näher eingegangen werden.

[98] Vgl. H.-W. Rengeling, S. 26 ff. Daß es im Recht der überwachungsbedürftigen Anlagen an der gesetzlichen Grundlage für eine Beleihung fehlt, kann angesichts der § 24c I, 24b GewO nicht behauptet werden (so aber H. P. Weber / F. Seitz, S. 156). Eine Beleihung aufgrund von Unfallverhütungsvorschriften scheidet allerdings aus, da diese keine Wirkungen gegenüber der Allgemeinheit haben, mithin über eine Verpflichtung der Unternehmer und Versicherten hinaus keine Beleihung Dritter mit hoheitlichen Befugnissen aussprechen können (vgl. OVG Lüneburg, Urteil v. 15.12.1976, GewArch 1977, S. 222 f.).

den sind öffentlich-rechtlich, soweit sie auf öffentlich-rechtlichen Normen beruhen, ansonsten privatrechtlich. Als Glied der öffentlichen Verwaltung hat der Beliehene die Rechtsgebundenheit der Verwaltung, insbesondere die Grundrechte, zu beachten[99].

3. Ausweispflicht

Im Rahmen bestimmter Prüfungen, wie z. B. der Kontrolle hygienischer Zustände beim Verkauf von Frischfleisch bzw. -wurst, kann es durchaus sinnvoll sein, wenn der zu Prüfende nicht über den Prüfungsvorgang Bescheid weiß. Das ist immer dann zulässig, wenn der normale Geschäftsbetrieb des Betroffenen durch die Prüfungsmaßnahme nicht beeinträchtigt wird, z. B. wenn die Besichtigung eines Ladengeschäfts nicht über den Rahmen eines normalen Kundenbesuchs hinausgeht[100]. In diesen Fällen muß sich der Prüfungsberechtigte auch nicht als solcher zu erkennen geben.

Zum Schutze der Verpflichteten haben sich prüfungsberechtigte Personen zu Beginn der Prüfung jedoch auszuweisen[101], wenn bei der Prüfungsmaßnahme besonderen Duldungs- und Mitwirkungspflichten bestehen[102]. Diese bestehen nicht, solange sich der Prüfungsberechtigte nicht als solcher zu erkennen gibt, um mit der Aufnahme der Prüfungshandlungen ernsthaft zu beginnen[103].

4. Ablehnungsrechte der Verpflichteten

a) Gegen die Behörde

Daß die Behörde in vorausgegangenen Rechtsstreitigkeiten Rechtsansichten vertreten hat, die nicht die Billigung der Gerichte fanden, hindert sie nicht daran, die ihr im öffentlichen Interesse übertragenen Überwachungs- und Prüfungsaufgaben wahrzunehmen. Generell verliert eine Behörde ihr

---

[99] Vgl. W. Rudolf, Verwaltungsorganisation, in: H.-U. Erichsen / W. Martens, Allgemeines Verwaltungsrecht, S. 556; H. J. Wolff / O. Bachof, Verwaltungsrecht II, § 104.

[100] Auch die Entnahme sogenannter unauffälliger Proben wird im allgemeinen als zulässig erachtet (siehe unten § 11 III.2.).

[101] Vgl. H. Schönhals, S. 110; BayVGH, Urteil v. 6.3.1975, Nr. 28 VI 74 / M 36 VI 73, und vor allem § 198 AO, der, im Gegensatz zu den Rechtsgrundlagen des Wirtschaftsüberwachungsrechts, den allgemein geltenden Grundsatz der Ausweispflicht für Amtsträger, die außerhalb der Behörde Dritten gegenüber Amtshandlungen vornehmen, ausdrücklich regelt.

[102] Bei fernmündlichen Auskunftsverlangen muß dem Verpflichteten aufgegeben werden, gegebenenfalls kurz bei der verlangenden Behörde zurückzurufen, wenn er Zweifel an der Berechtigung des Anrufenden hat.

[103] Vgl. W. Schick, in: Hübschmann / Hepp / Spitaler, Anm. 1 ff. zu § 198 AO, die, abgesehen von steuerrechtlichen Besonderheiten, auch für behördliche Prüfungen im Wirtschaftsüberwachungsrecht gelten müssen.

Prüfungsrecht nicht, wenn sie gegen den zu Prüfenden einen Prozeß führt oder an anderen Prozessen, in denen der zu Prüfende klagt oder beklagt ist, als Intervenientin zur Unterstützung der Gegenseite teilnimmt und leitende Personen der Behörde über den zu Prüfenden ungünstige Gutachten in diesen Prozessen vorlegen. Auch ein nicht objektives Verhalten oder geschäftsschädigende Äußerungen von Prüfern bei Kunden des zu Prüfenden haben keine Verwirkung des behördlichen Prüfungsrechts zur Folge[104]. Es liegt in der Natur der Sache begründet, daß Behörden, die mit bestimmten Überwachungsfunktionen beauftragt sind, mit den der Überwachung Unterliegenden Meinungsverschiedenheiten haben. Dagegen können sich die Betroffenen, sofern die gegensätzliche Rechtsauffassung der überwachenden Behörde zu bestimmten Maßnahmen führt, an die Verwaltungsgerichte wenden und die getroffenen Maßnahmen anfechten. Ein Verwirken des behördlichen Überwachungs- und Prüfungsrechts durch das Verhalten der Behörde und ihrer Bediensteten scheidet aus, weil das nur bei persönlichen Rechten in Betracht kommt. Bei Rechten und Befugnissen, die im Interesse des Gemeinwohls ausgeübt werden müssen, ist eine Verwirkung nicht möglich[105].

b) Gegen die Person des Prüfenden

Die zuständige Behörde hat sicherzustellen, daß die Ausbildung des Prüfenden dem Prüfungsauftrag entspricht[106]. Die Verpflichteten sind jedoch nicht berechtigt, die Ausübung der Prüfungsrechte zu behindern, weil sie an der fachlichen Ausbildung oder den Fähigkeiten des Prüfenden zweifeln[107]. Vorschriften über die erforderliche Ausbildung von Amtswaltern richten sich in der Regel an den jeweiligen Dienstherrn[108] und begründen für Außenstehende kein Recht auf eine bestimmte Qualifikation des ihnen gegenüber tätig werdenden Amtswalters. Mit dem Erfordernis einer geordneten Verwaltungstätigkeit wäre es schwer vereinbar, wenn in jedem einzelnen Verwaltungsverfahren auf Verlangen eines Beteiligten geprüft werden müßte, ob der tätig werdende Amtswalter die erforderliche Qualifikation besitzt[109]. Wenn der Verpflichtete einen Prüfer lediglich im Hinblick auf dessen bisherige dienstliche Tätigkeit, und dort z. B. wegen wiederholter Beanstandungen, für befangen hält, ist das unbeachtlich[110]. Ist der Prüfende

---

104 Vgl. BVerwG, Beschluß v. 28.2.1969, GewArch 1969, S. 207 ff.

105 Vgl. ebenda.

106 Vgl. § 41 II S. 1 LMBG.

107 Vgl. K.-D. Rathke, S. 117.

108 Vgl. z. B. die VO über die fachlichen Anforderungen an die in der Lebensmittelüberwachung tätigen, nicht wissenschaftlich ausgebildeten Personen v. 16.6.1977, BGBl. I, S. 1002.

109 Vgl. OVG Münster, Urteil v. 25.4.1978, GewArch 1978, S. 367.

110 Vgl. W. Zipfel, RdNr. 30 zu § 41 LMBG.

örtlich und sachlich zuständig, so muß der Verpflichtete das hinnehmen. Fehler bei Ausübung der Prüfungstätigkeit können in einem späteren Beanstandungsverfahren geltend gemacht werden[111].

Neben Bedenken hinsichtlich seiner Qualifikation könnten auch noch andere Gründe, wie z. B. persönliche Meinungsverschiedenheiten, den Ausschluß eines Amtswalters für den zu Prüfenden wünschenswert machen.

Es sind jedoch allen Vorschriften, die für den Staatsbürger öffentliche Lasten oder öffentlich-rechtliche Verpflichtungen anderer Art begründen, die Unparteilichkeit der öffentlichen Verwaltung sowie die Zumutbarkeit ihrer Handlungen als allgemeine Grundsätze immanent. Der Staatsbürger kann deshalb im Grundsatz kein Ablehnungsrecht haben, um sich auszusuchen, wer seinen Fall bearbeitet[112]. Eine Ablehnung wegen Befangenheit, wie sie im Gerichtsverfahren nach § 406 ZPO gegenüber Sachverständigen möglich ist, kommt im Rahmen behördlicher Prüfungen ebensowenig in Betracht wie es kein dem § 42 ZPO entsprechendes Recht zur Ablehnung von Personen gibt, die im Verwaltungsverfahren für eine Behörde tätig werden sollen[113]. Im Rahmen des § 21 VwVfG handelt es sich um ein verwaltungsinternes Verfahren [114], das dem Verfahren der richterlichen Selbstablehnung nach § 48 ZPO vergleichbar ist und dem Verfahrensbeteiligten zwar das Recht gibt, Befangenheitsgründe geltend zu machen, ihm aber kein eigenes förmliches Ablehnungsrecht an die Hand gibt[115].

Aus dem Grundsatz, daß die Unparteilichkeit der öffentlichen Verwaltung gewährleistet sein muß, folgt jedoch ein Recht des Staatsbürgers darauf, daß ihm gegenüber nur solche Bedienstete der öffentlichen Verwaltung tätig werden, die ihm in jeder Beziehung unbefangen, d. h. auch ohne Belastung der persönlichen Beziehungen, gegenübertreten[116]. Ein Ablehnungsrecht ist dem Bürger in all denjenigen Ausnahmefällen einzuräumen, in denen Amtshandlungen für ihn gerade dadurch schlechthin unzumutbar werden, daß sie von einer bestimmten Person vorgenommen werden[117]. Voraussetzung dafür ist allerdings, daß überhaupt die Möglichkeit einer unzulässigen Beeinflussung der Amtshandlung durch den Amtswalter besteht. Ansonsten ist dessen Ablehnung wegen Besorgnis der Befangenheit gegen-

---

111 Vgl. K.-D.Rathke, S. 117 f.

112 Vgl. Hessischer VGH, Urteil v. 29.5.1969, JZ 1971, S. 258.

113 Vgl. ebenda.

114 Vgl. dazu F. L. Knemeyer, Geheimhaltungsanspruch und Offenbarungsbefugnis im Verwaltungsverfahren, NJW 1984, S. 2247 ff.

115 Vgl. OVG Münster, Urteil v. 25.4.1978, GewArch 1978, S. 367 f.; F. Kopp, VwVfG, RdNr. 2 zu § 21.

116 Vgl. P. Badura, S. 333 f.; H. J. Wolff / O. Bachof, Verwaltungsrecht III, § 156 IIIe.

117 Vgl. Hessischer VGH, Urteil v. 29.5.1969, JZ 1971, S. 258; W. Zipfel, RdNr. 30 zu § 41 LMBG.

standslos. Die Frage, ob dem Bürger zugemutet werden kann, einen ihm gegenüber ausgesprochen feindlich gesinnten öffentlichen Bediensteten zu einer Amtshandlung in seinem Haus zu empfangen, ohne daß die Möglichkeit einer unzulässigen Beeinflußung dieser Amtshandlung besteht oder sie nicht geltend gemacht wird, hat, wenn überhaupt, nur im Rahmen der durch Art. 13 GG gewährleisteten Unverletzlichkeit der Wohnung einen rechtserheblichen Bezug[118].

Im übrigen hat ein Betroffener die Möglichkeit, schikanöses oder anderweitig nicht vertretbares Auftreten von Prüfern der aufsichtsführenden Behörde im Wege einer Dienstaufsichtsbeschwerde bekannt zu machen[119].

III. Rechtsverhältnis zwischen Behörde und Verpflichteten

Eine Betrachtung des Rechtsverhältnisses zwischen den Beteiligten ist erforderlich, da sich die Beziehung zwischen Bürger und Staat in vielen Bereichen im Grundsatz gewandelt hat bzw. sich im Umbruch befindet. Allgemein geht die Tendenz weg von dem klassischen, eingriffsbezogenen Über- bzw. Unterordnungsverhältnis dahin, Bürger und Staat – in ein Rechtsverhältnis eingebunden – mehr gleichgeordnet, d. h. sowohl gleichberechtigt als auch gleichverpflichtet nebeneinanderzustellen. Eingeleitet wurde diese Entwicklung durch das Sozialrecht und dort vor allem durch die Referate zum zweiten Beratungsgegenstand auf der Staatsrechtslehrertagung in Bern 1969[120]. Fortgeführt wurde sie von O. Bachof, der dem Rechtsverhältnis im gesamten Verwaltungsrecht eine „zentrale" Stellung einräumt und verdeutlicht, daß der Verwaltungsakt eine Momentaufnahme innerhalb sich entwickelnder Beziehungen ist, während das Rechtsverhältnis selbst das viel umfassendere Institut darstellt[121]. Dies gilt auch für das

---

[118] Vgl. ausführlich zu Fragen des Unbefangenheitsprinzips in der Verwaltung P. Dagtoglou, Anmerkung zum Hessischen VGH, Urteil v. 29.5.1969, JZ 1971, S. 259, und derselbe, Befangenheit und Funktionenhäufung in der Verwaltung, in: Festgabe für Ernst Forsthoff zum 65. Geburtstag, S. 65 ff.

[119] Vgl. K.-D. Rathke, S. 117 f.

[120] Vgl. VVDStRL 28, 1970, die Referate von W. Henke (insbes. S. 156 ff.) und W. Rüfner (insbes. S. 212 ff.) zum Thema „Die Rechtsformen der sozialen Sicherung und das Allgemeine Verwaltungsrecht" und den Aussprachebeitrag von U.Scheuner, ebenda, S. 232.

[121] Vgl. O. Bachof, Die Dogmatik des Verwaltungsrechts vor den Gegenwartsaufgaben der Verwaltung, in VVDStRL 30, 1972, S. 230 ff. Hervorzuheben ist, daß das Rechtsverhältnis durchaus nicht eine Alternative zum Verwaltungsakt darstellt bzw. diesen als Handlungsform der Verwaltung ablösen soll, sondern an Stelle des „Verwaltungshandelns", gleich welcher Form, an die erste Stelle der Verwaltungsrechtsdogmatik treten sollte (vgl. W. Henke, Besprechung zu N. Achterberg, Allgemeines Verwaltungsrecht, NVwZ 1983, S. 535). Die Lehre vom Rechtsverhältnis orientiert sich an der umfassenderen Grundkategorie der jeweiligen Gesamtrechtsbeziehung zwischen Verwaltung und Bürger und weist dadurch den Handlungsformen einen anderen Stellenwert in der Verwaltungsrechtsdogmatik zu, ohne sie jedoch zu ver-

Gebiet der Wirtschaftsüberwachung als klassischem Teil der Eingriffsverwaltung. Innerhalb eines gewandelten Staatsverständnisses und in einer Zeit immer komplizierter werdender wirtschaflicher und technischer Abläufe, die auch einen Wandel in der Überwachungspraxis hervorgerufen haben, ist es unbedingt erforderlich, die Verantwortlichkeit von Unternehmen und deren Mitarbeitern zu stärken, die immer auch eine Frage der Freiheit ist. Dem trägt eine Sichtweise der Staat-Bürger-Beziehung, die sich auf das Verfahren und die Handlungsformen der Verwaltung beschränkt, nicht genügend Rechnung. Insbesondere über die einzelnen Gegenstände des besonderen Verwaltungsrechts hinausgehende Fragen bedürfen deshalb allgemein einer Betrachtung des Rechtsverhältnisses zwischen Bürger und Verwaltung[122]. Zudem bewirkt die Betrachtung des Überwachungsverhältnisses als Rechtsverhältnis eine Abkehr von einer punktuellen hin zu einer dauerhaften Sichtweise der Beziehung, die mit einer Aufwertung unternehmerischer Verantwortlichkeit verbunden ist[123].

1. Allgemeines und besonderes Rechtsverhältnis

Betrachtet man die Beziehungen zwischen Bürger und Staat, so ist zunächst zu unterscheiden zwischen dem „allgemeinen Rechtsverhältnis" zwischen beiden, das jeden der Rechtsordnung Unterworfenen sowohl in die Pflicht nimmt als auch mit bestimmten Rechten ausstattet und denjenigen Rechts- und Pflichtverhältnissen, die früher wegen ihrer starken Stellung der einen Seite als Gewaltverhältnisse[124] bezeichnet wurden und auch heute noch durch eine deutliche, rechtlich gesicherte Überlegenheit des einen Partners gekennzeichnet sind[125]. Dazwischen liegt die Vielfalt der, im Gegensatz zum allgemeinen Rechtsverhältnis, durch gesteigerte Rechte und Pflichten ausgezeichneten „normalen" Verwaltungsrechtsverhältnisse, zu denen auch das „überwachungsrechtliche" Rechtsverhältnis zählt[126]. Bestehen zwischen bestimmten Verwaltungsträgern und Bürgern bestimmte

---

drängen (vgl. H. Bauer, Informelles Verwaltungshandeln im öffentlichen Wirtschaftsrecht, VerwArch 1987, S. 257, Fn. 96). Insgesamt zum Verwaltungsrechtsverhältnis auch P. Häberle, Das Verwaltungsrechtsverhältnis – eine Problemskizze, in : derselbe, Die Verfassung des Pluralismus, 1980, S. 248 ff.; N. Achterberg, Allgemeines Verwaltungsrecht, S. 290 ff., und derselbe, Die Rechtsordnung als Rechtsverhältnisordnung.

[122] Vgl. H. P. Bull, Allgemeines Verwaltungsrecht, S. 278.

[123] Vgl. C. Mayr, Aufsichtsverhältnisse als Verwaltungsrechtsverhältnisse, 1984, S. 46 f., 101 f.

[124] Zu Recht betont W. Henke, Das subjektive Recht im System des öffentlichen Rechts, S. 624, und bereits vorher, Das subjektive öffentliche Recht, S. 50 ff., daß es im Rechtsstaat kein „Gewaltverhältnis", sondern nur Rechtsbeziehungen zwischen Staat und Bürger gibt (vgl. auch H. P. Bull, S. 143 ff).

[125] Dies sind regelmäßig personenbezogene Rechtsverhältnisse mit besonders intensiver Bindung, wie z. B. das Beamten-, Soldaten-, Richterverhältnis oder das Fürsorgeverhältnis bei Heimaufenthalt.

[126] Vgl. H.P. Bull, S. 278 ff.

Rechte und Pflichten, handelt es sich um ein besonderes Rechtsverhältnis mit relativen Rechten.

Zum allgemeinen Rechtsverhältnis mit seinen absoluten Rechten sind im öffentlichen Recht die Grundrechte mit dem substantiellen Gehalt „Freiheit und Eigentum" zu rechnen, zu seinen Grundprinzipien gehört der Vorbehalt des Gesetzes. Es ist von solcher Allgemeinheit, daß es nicht als Rechtsverhältnis im Sinne des Prozeßrechts (§ 43 VWGO) anerkannt wird. Besondere Rechtsverhältnisse mit relativen Rechten unter bestimmten Partnern sind neben denen der Grundrechte, wenn sie durch faktisches Handeln verletzt wurden, die des Verwaltungsrechts, soweit es Beziehungen zwischen Behörden und Bürgern und damit Rechte und Pflichten, ob gesetzlicher oder vertraglicher Art, zum Gegenstand hat[127].

2. Materielles und formelles Überwachungsrechtsverhältnis (Prüfungsrechtsverhältnis)

a) Unterscheidung und Entstehung

Eine Besonderheit des Überwachungsrechtsverhältnisses, die es vom allgemeinen Rechtsverhältnis und anderen Rechtsverhältnissen unterscheidet, ist die Art seiner Entstehung.

Das allgemeine Rechtsverhältnis verbindet die Mitglieder der rechtlich geordneten Gesellschaft. Es wird durch das Bestehen einer Rechtsordnung begründet und entsteht durch Geburt, in der Regel mit Erwerb der Staatsbürgerschaft, ohne irgendwelches Zutun, nur dadurch, daß sich jemand innerhalb einer Rechtsordnung bewegt, und es betrifft ausnahmslos jeden.

Eine Vielzahl von Verwaltungsrechtsverhältnissen, die einen bestimmten Kreis von Rechtssubjekten betreffen, wird entweder durch Gesetz, Verwaltungsakt oder Vertrag begründet.

Das besondere Rechtsverhältnis[128] im Rahmen des Wirtschaftsüberwachungsrechts gründet immer auf einem Gesetz. Es entsteht mit dem Vorliegen von objektiven Tatbestandsmerkmalen, die keine Willensäußerung enthalten[129]. Es kann im Verborgenen bleiben, latent, wie das allgemeine, oder sogleich sichtbar werden, wenn mit Anzeige oder Beantragung einer Erlaubniserteilung einer Verpflichtung aus diesem Rechtsverhältnis nachgekommen wird. Im Unterschied zum allgemeinen Rechtsverhältnis ist aber

---

[127] Vgl. W. Henke, Das subjektive Recht ..., S. 624.

[128] Vgl. dazu auch Trzaskalik in: Hübschmann u. a., RdNr. 2 f. zu § 211 AO.

[129] Vgl. J. Martens, S. 45. Wenn der Autor kurz darauf (S. 50) meint, ein Prozeßrechtsverhältnis entstehe – „ebenso wie ein Verwaltungsrechtsverhältnis – nicht schon auf Grund objektiver Tatbestandsmerkmale", beruht dies wohl auf einer Verwechslung zwischen Verwaltungs- und Verfahrensrechtsverhältnis.

beim besonderen Rechtsverhältnis immer der Akt bereits vollzogen, der dort aus dem allgemeinen Rechtsverhältnis ein besonderes macht, das nun hier durch die Verwirklichung eines gesetzlichen Tatbestandes entsteht, der das allgemeine Rechtsverhältnis des Bürgers zum Staat bereits so weit konkretisiert, daß seine Erfüllung gegebenenfalls Strafe, Geldbuße oder anderweitiges Verwaltungshandeln nach sich zieht. Die rechtliche Beziehung wird durch die Erfüllung des Tatbestandes sozusagen „ausgelöst". Es kommt zu einer Berührung zwischen Staat und Bürger, die jedoch erst durch Rechtsanwendung sichtbar und u. U. auch erst dann für den Bürger spürbar wird; ebenso, wie erst durch Rechtsanwendung, z. B. behördliches Tätigwerden zum Zwecke einer Prüfung, zu diesem materiellen Überwachungsrechtsverhältnis ein formelles Überwachungsrechtsverhältnis hinzukommen kann, das hier Prüfungsrechtsverhältnis genannt werden soll.

Das Prüfungsrechtsverhältnis kann auf zweierlei Art entstehen: Zum einen, wenn bekannt ist oder Tatsachen die Annahme rechtfertigen, daß ein überwachungsrechtlich relevanter Tatbestand in Frage steht. Dann geht die Initiative von der Behörde aus. Die Entstehung des Prüfungsrechtsverhältnisses erfolgt durch das aufgrund der einschlägigen Rechtsgrundlage gestellte Prüfungsverlangen in Form eines Verwaltungsaktes[130]. Es hat verfahrensrechtlichen Charakter, weil es nicht dazu dient, die konkreten Rechte und Pflichten in einem materiellen Verwaltungsrechtsverhältnis festzustellen, sondern nur dazu, ihre Einhaltung zu kontrollieren bzw. zu prüfen, ob überhaupt ein solches entstanden ist[131]. Jedenfalls stellt es ein

[130] Die (Prüfungs-)Tätigkeit der Behörde ohne direkte Inanspruchnahme des Bürgers erfolgt im allgemeinen Rechtsverhältnis auf der Grundlage der behördlichen Aufgabenzuweisung. Ein besonderes Rechtsverhältnis kann sich aber auch hier ergeben, z. B. mit Erfüllung datenschutzrechtlicher Tatbestände. Zu den Anforderungen an die Ausgestaltung eines Prüfungsverlangens vgl. § 5 II.2.b)ba).

[131] Im Rahmen des Steuerrechts kann es z. B. fraglich sein, ob für Z im Jahre 1978 überhaupt eine Einkommenssteuerschuld entstanden ist. Ist dies nicht der Fall, fehlt es an einem Steuerschuldverhältnis. Dennoch kann Z verpflichtet sein, Bücher und Aufzeichnungen zu führen (§ 140 ff. AO), eine Steuererklärung abzugeben (§ 149 f. AO) sowie Aufzeichnungen, Bücher, Geschäftspapiere und andere Unterlagen dem Finanzamt auf Verlangen zur Einsicht und Prüfung vorzulegen (§ 97 AO). Im Steuerrecht spricht man in diesem Zusammenhang von einem Steuerpflichtverhältnis, das vom Steuerschuldverhältnis zu unterscheiden ist. Diese Unterscheidung ergibt sich aus den verschiedenen Pflichtenlagen, die das Steuerrecht statuiert. Danach bestehen bereits bestimmte Verhaltenspflichten, bevor die Steuerschuld entstanden ist und auch unabhängig davon, ob eine solche Schuld überhaupt entstehen wird. Kommt es zur Entstehung einer Steuerschuld, so geht das bereits vorher bestehende Steuerpflichtverhältnis in das Steuerschuldverhältnis über, entsteht keine Steuerschuld, beschränken sich die Rechtsbeziehungen zwischen dem Steuerpflichtigen (§ 33 I AO) und dem Finanzamt auf die Verhaltenspflichten, die der Begründung eines Steuerschuldverhältnisses vorausgehen (vgl. J. Martens, S. 47 f., m.w.N.). Auch im Wirtschaftsüberwachungsrecht ist unbestritten, daß die jeweiligen Prüfungsbestimmungen auch dann greifen, wenn festgestellt werden soll, ob überhaupt Tatbestände eines Gesetzes verwirklicht wurden (vgl. dazu oben I.). Man darf sich bei diesem Vergleich nicht durch die „Etiketten" irritieren lassen: Kern des Steuerrechtsverhältnisses ist das Steuerschuldverhältnis während im Wirtschaftsüberwachungsrecht das Gewicht

Rechtsverhältnis für sich dar und kein „Vor-Verhältnis“[132], insbesondere, da sich erst durch eine Prüfung herausstellen kann, daß kein materielles Überwachungsrechtsverhältnis vorliegt[133] und weil die Rechte und Pflichten innerhalb eines Prüfungsrechtsverhältnisses für sich allein ein (gesondertes) Rechtsverhältnis bestimmen.

Die zweite Möglichkeit besteht darin, daß jemand seiner Anzeigepflicht nachkommt oder eine Erlaubnis beantragt, der Anstoß also vom Bürger ausgeht. Auch dann unterliegt derjenige den einschlägigen Prüfungsvorschriften[134] und die Behörde hat innerhalb des so entstandenen Prüfungsrechtsverhältnisses die Pflicht, die erforderlichen Handlungen vorzunehmen. Auch hier kann ein materielles Überwachungsrechtsverhältnis bereits vorliegen, wenn die Anzeige bzw. die Erlaubnis wirklich nötig ist, oder auch nicht, wenn sich herausstellt, daß überhaupt kein überwachungspflichtiger Tatbestand erfüllt wird, mithin Anzeige- bzw. Erlaubnispflicht nicht bestehen.

Als Ergebnis läßt sich festhalten, daß innerhalb des Wirtschaftsüberwachungsrechts sowohl ein materielles Überwachungsrechtsverhältnis zwischen Behörde und Bürger bestehen kann, ohne daß ein Prüfungsrechtsverhältnis besteht, als auch der umgekehrte Fall denkbar ist, nämlich: das Be- bzw. Entstehen eines Prüfungsrechtsverhältnisses, ohne daß notwendigerweise ein materielles Überwachungsrechtsverhältnis vorliegt. Ebenso ergibt sich aus der Trennung zwischen materiellem Überwachungsrechtsverhältnis und Prüfungsrechtsverhältnis, daß der innerhalb einer Prüfung Verpflichtete nicht generell in die Rechte und Pflichten des materiell Verpflichteten eintritt bzw. mit diesem identisch sein muß. Seine Pflichten beschränken sich auf das im Prüfungsverlangen Geforderte, seine Rechte auf das pflichtgemäße Tätigwerden der Behörde und das Vorgehen gegen diesen Verwaltungsakt[135]. Genauso verhält es sich mit Schuldverhältnis und Pflichtverhältnis im Steuerrecht.

Dieses Ergebnis legt eine dogmatisch voneinander losgelöste Betrachtung der innerhalb dieser systematisch voneinander unabhängigen Rechtsverhältnisse bestehenden Rechte und Pflichten nahe bzw. rechtfertigt eine Aus-

---

auf dem Pflichtverhältnis (materiellen Überwachungsrechtsverhältnis) liegt und Schuldverhältnisse keine Bedeutung haben. Das Pflichtverhältnis im Steuerrecht entspricht hier also dem formellen Prüfungsrechtsverhältnis im Wirtschaftsüberwachungsrecht.

[132] H. P. Bull, S. 281.

[133] Die Behörde muß (in diesem Ausnahmefall) ex ante (!) objektive Anhaltspunkte haben, daß überwachungspflichtige Tatbestände erfüllt werden, mithin ein materielles Überwachungsrechtsverhältnis vorliegt. Sonst wäre ihre Prüfungstätigkeit unzulässig (vgl. auch oben I. und § 4 I.)

[134] Vgl. P. Gieseke u. a., RdNr. 9 zu § 21 WHG.

[135] Vgl. H. Wenzig, Die Auskunftsperson im Außenprüfungsverfahren, StuW 1983, S. 246.

einandersetzung mit dem einen unter weitgehender Vernachlässigung des anderen. Zudem legt es nahe, behördliche Prüfungen als eigenständiges Rechtsinstitut anzuerkennen und entsprechend zu behandeln. Daß in der Praxis das Verhältnis zwischen Behörde und Bürger als Ganzes rechtliche Relevanz haben muß, steht dem nicht entgegen[136].

b) Art und Inhalt

Formelles wie materielles Überwachungsrechtsverhältnis sind verhaltensbezogene Rechtsverhältnisse, in denen der Bürger nur teilweise in Anspruch genommen wird[137]. Wie alle Rechtsverhältnisse enthalten sie Rechte und Pflichten der Beteiligten. Neben den aus der jeweiligen Entstehungsgrundlage resultierenden Hauptpflichten haben dabei auch Nebenpflichten Bedeutung, wie sie sich z. B. aus den Grundsätzen von Treu und Glauben ergeben[138]. Rechte und Pflichten stellen sich dabei nicht nur als Gegenstücke zueinander dar, sondern entspringen der gemeinsamen Mitverantwortung für ein Zusammenwirken innerhalb des gemeinsamen „Verhältnisses"[139].

Prüfungen sind unter Rücksichtnahme auf die Belange des Betroffenen möglichst so durchzuführen, daß dessen Ansehen keine Einbußen erleidet. So sind z. B. Kontrollen möglichst nicht im Beisein von Kunden vorzunehmen, denn allein die Tatsache einer behördlichen Prüfung kann bei außenstehenden Dritten den Eindruck erwecken, daß mit dem Betrieb etwas nicht in Ordnung sei. Rückfragen bei Kunden, Lieferanten und sonstigen Dritten sollten, soweit überhaupt zulässig [140], erst erfolgen, wenn der Betroffene zur erforderlichen Sachaufklärung nicht hinreichend beitragen kann bzw. nicht gewillt ist[141].

---

[136] Diese von W. Henke, Die Rechtsformen ..., S. 159, für das Sozialrecht aufgestellte Forderung, hat hier ebenso Gültigkeit (vgl. auch J. Martens, S. 46 f.).

[137] Vgl. H.-P. Bull, S. 283.

[138] Vgl. für die mit behördlichen Prüfungen zusammenhängenden Rechte und Pflichten die entsprechenden Abschnitte dieser Arbeit. R. Schiedermayr, S. 698, leitet aus der in Form des Überwachungsverhältnisses bestehenden besonderen Beziehung zwischen der Apotheke und ihrer Überwachungsbehörde zu Recht auch einen Auskunftsanspruch des Apothekenleiters gegenüber dieser ab. Auch der BayVGH, Urteil v. 11.5.1983, BayVBl. 1985, S. 631, stellt fest, daß sich ein Auskunftsanspruch seitens des Bürgers insbesondere aus einer vorhandenen öffentlich-rechtlichen Beziehung ergeben kann. Die Auskunftspflicht stelle sich dann als Nebenpflicht zu einem zwischen Behörde und Bürger bestehenden Rechtsverhältnis dar.

[139] Vgl. C. Mayr, S. 48.

[140] Vgl. auch oben I.2.b).

[141] Vgl. F. Janssen, S. 196 f.

c) Beendigung

Die Beendigung eines materiellen Überwachungsrechtsverhältnisses hängt vom Einzelfall und dort vor allem von der Art und Dauer der Gefahren ab, die mit einer Tätigkeit oder durch die Zusammensetzung von Stoffen einhergehen, und ist insoweit gesetzlich geregelt. Wie eine gewerbliche Tätigkeit auf Dauer angelegt sein muß, um als solche zu zählen, so erstreckt sich auch das materielle Überwachungsrechtsverhältnis zumeist über einen längeren Zeitraum, der u.U. über den Zeitpunkt der Beendigung einer wirtschaftlichen Tätigkeit hinausreicht. In der Regel endet es jedoch, wenn die einschlägigen Tatbestände nicht mehr erfüllt werden[142]. Das Prüfungsrechtsverhältnis ist selten derart auf Dauer angelegt. Es endet regelmäßig mit Vollendung eines in sich abgeschlossenen Prüfungsvorgangs bzw. -verfahrens und entsteht aus Anlaß weiterer, anderer bzw. neuer Prüfungen gesondert wieder.

Obwohl die einschlägigen Rechtsvorschriften dies nicht ausdrücklich festlegen, erscheint es aus praktischen wie aus Gründen der Rechtssicherheit für die Beteiligten sinnvoll und erforderlich, wenn dem Betroffenen das Prüfungsergebnis förmlich mitgeteilt wird, auch wenn die Prüfung keinen Anlaß zu Beanstandungen gegeben hat[143]. Der Bürger darf über den Ausgang einer Prüfung und der damit verbundenen Beendigung dieses – zweiseitigen – Rechtsverhältnisses nicht im Unklaren gelassen werden.

§ 4 Die Zulässigkeit behördlicher Prüfungen im Einzelfall

I. Informationsnot (Erforderlichkeit i.w.S.)[1]

Bei den Behörden der staatlichen Verwaltung ist infolge ihrer typischen Aufgaben ein großer Bedarf an Informationen vorhanden. Hier gilt es zu klären, inwieweit Prüfungsbefugnisse dazu dienen können, ihn zu befriedigen.

Vor allem wegen des Grundsatzes der Gesetzmäßigkeit allen Verwaltungshandelns erscheint die Frage nach den besonderen Informationsbedürfnissen, die behördliche Prüfungsmaßnahmen rechtfertigen, leicht beantwortbar. Nicht zuletzt wegen des Eingriffscharakters der Prüfungs-

---

[142] Z. B. im Falle einer stillgelegten Abfallbeseitigungsanlage.

[143] Vgl. R. Schiedermair / J. Pieck, RdNr. 60 zu § 64 AMG; H. Schönhals, S. 174; E. Benk, S. 184; Bund für Lebensmittelrecht und Lebensmittelkunde e.V., Leitfaden für die lebensmittelrechtliche Praxis, S. 63 f. Unter Umständen kann, vor allem bei umfangreicheren Prüfungen, auch eine Abschlußbesprechung angebracht sein. Vgl. auch die § 201, 202 AO.

[1] Vgl. unten, Fn. 64.

maßnahmen[2] sollten sich diese Informationsbedürfnisse, und damit die Zulässigkeit von Prüfungen, eindeutig aus den einschlägigen Rechtsgrundlagen ergeben. Das jedoch ist nicht der Fall.

1. Gesetzgeberische Spielräume

In den Prüfungsbefugnisse enthaltenden Rechtsgrundlagen sind deren Anknüpfungspunkte zumeist sehr weit gehalten.

So ist dort im Rahmen einer behördlichen Aufgabenzuweisung von Prüfungsbefugnissen im Zusammenhang mit der „Erfüllung ihrer (der Behörde) Aufgaben“[3], der „Durchführung der Überwachungsaufgaben“[4], der „Durchführung des Gesetzes“[5] und ähnlichem die Rede[6].

Dies hat einerseits Sinn, da Rechte zur Informationsbeschaffung, wie sie Prüfungsbefugnisse im Kern darstellen, notgedrungen weit gespannt und unbestimmt gehalten sein müssen[7]. Andererseits gilt es angesichts der erheblichen Rechtsbeeinträchtigungen, mit denen behördliche Prüfungen verbunden sind, Grenzen zu finden, um behördlicher Willkür vorzubeugen und den Betroffenen die Möglichkeit eines effektiven verwaltungsgerichtlichen Rechtsschutzes zu verschaffen. Dies läßt sich mit einem unbegrenzten Informationsbeschaffungs- und Prüfungsrecht seitens der Behörden nicht vereinbaren. Die Prüfungsbefugnisse müssen Eingrenzungen unterworfen werden.

2. Einengungsversuche und Kritik

Vor allem im Zusammenhang mit wettbewerbsrechtlichen Prüfungen wurde vorgeschlagen, die Anforderungen an deren Zulässigkeit an das Vorliegen von Voraussetzungen wie einen „begründeten Anlaß zu Ermittlungen“[8], den „Verdacht des Vorliegens eines Tatbestandes, der das Eingreifen der Behörde rechtfertigt“, oder die „Notwendigkeit zur Vorbereitung einer Entscheidung“[9] zu knüpfen.

---

[2] Vgl. dazu § 5 II. 2a).

[3] § 7 I GerätesicherheitsG, 14 III S. 1 KriegswaffenG.

[4] § 55 I GüKG.

[5] § 31 I SprengG, § 22 I GastG, § 13 I ASiG, § 52 I BImSchG.

[6] Selbst Konkretisierungsversuche mittels Verwaltungsvorschrift ändern hier nur wenig; vgl. nur: AVV zum Gesetz über technische Arbeitsmittel, abgedruckt in H. Schmatz / M. Nöthlichs, Kz.1304, insbesondere die Erläuterungen zu § 1 der AVV, S. 53 ff.

[7] Vgl. H. Krüger, Auskunftspflicht und Betriebsprüfung in der Regelung des GWB, DB 1958, S. 71, und auch die Entscheidung des BayObLG v. 6.12.1962, GewArch 1963, S. 29.

[8] Vgl. F. Hermanns, Ermittlungsbefugnisse ..., S. 98; WuW / E / OLG, Beschluß des Kammergerichts v. 12.1.1960, 322 (323).

[9] Vgl. E. Forsthoff, Die Verfahrensvorschriften im Kartellgesetz, in: Festschrift für

Diese und andere Kriterien[10] erscheinen jedoch untauglich, vor allem, wenn die Behörde nicht genötigt sein soll, einen Verdacht dem Betroffenen gegenüber näher zu begründen[11]. Es ist der Feststellung zuzustimmen, daß auf diese Art und Weise nur ein unbestimmter Rechtsbegriff durch einen anderen, ebenso unbestimmten, ersetzt wird[12]. Zu einer Einengung von Prüfungsbefugnissen in der Praxis können diese Versuche nichts beitragen.

3. Lösungsmöglichkeit

Es erscheint zur Einengung der Zulässigkeitsvoraussetzungen notwendig, Sinn und Zweck behördlicher Prüfungen und die Ratio des Gesamtgesetzes, innerhalb derer die Behörde nach pflichtgemäßem Ermessen zu entscheiden hat, heranzuziehen[13].

Die wichtigste Eingrenzung behördlicher Prüfungsbefugnisse findet durch die sie enthaltende Rechtsgrundlage statt. Die Behörde darf von ihren Prüfungsbefugnissen nur insoweit Gebrauch machen, als dies zur sachgemäßen Erfüllung der ihr durch diese übertragenen Überwachungsaufgaben notwendig ist[14]. So sind z. B. behördliche Prüfungen nach § 4 II PfandleihVO durch deren gewerberechtlichen Zweck begrenzt, mithin nicht im Rahmen der Erforschung strafbarer Handlungen als Maßnahme auf dem Gebiet des Strafprozeßrechts zulässig[15]. Eine Prüfung kann jedoch vorgenommen werden, wenn der Verdacht besteht, daß ein Gewerbe in vor-

---

R. Isay, S. 100; G. Kopperschmidt, a.a.O., 1951, S. 14; WuW / E / OLG, Beschluß des Kammergerichts v. 18.6.1971, 1189 (1190); neuerdings D. R. Lupberger, a.a.O., S. 173 ff., der einen „Anfangsverdacht" im strafprozessualen Sinne für erforderlich hält.

[10] Vgl. dazu ausführlich H.-J. Wieckmann, S. 33 ff.

[11] So das BVerwG in seinem Urteil v. 13.12.1956 zu § 55 GüKG, BVerwGE 4, S. 203 (205).

[12] Vgl. H.-J. Wieckmann, S. 38.

[13] Vgl. BVerwG, Urteil v. 5.6.1959. BVerwGE 8, S. 336 (338); BT-Drs. 3 / 1285, S. 260 zu § 41 AWG; K. Hanebuth, S. 126; R. Schiedermair / J. Pieck, RdNr. 22 zu den § 18 / 19 ApoG; F. Reischauer / J. Kleinhans, Kreditwesengesetz, RdNr. 2 zu § 44 KWG; G. Kopperschmidt, S. 101; zum Verwaltungsermessen H.-U. Erichsen / W. Martens, Das Verwaltungshandeln, in: Dieselben, Allgemeines Verwaltungsrecht, S. 190 ff.

[14] Insbesondere im Zusammenhang mit § 46 GWB entwickelte sich eine Auseinandersetzung darüber, ob die dort verankerten Prüfungsbefugnisse auch bei der „Aufgabe" der Verfolgung von Ordnungswidrigkeiten zur Verfügung stünden, was jedoch nunmehr von der h. M. zu Recht abgelehnt wird (vgl. nur D. R. Lupberger, S. 156 ff. der, S. 147 f., zugleich eine Nachbesserung der Gesetzesformulierung insoweit verlangt, daß der Verwendungszweck der erhobenen Daten bereichsspezifisch und präzise bestimmt und auf das Verwaltungsverfahren begrenzt ist).

[15] Vgl. BVerwG, Urteil v. 2.3.1971, BVerwGE 37, S. 283 (289 ff.); OVG Münster, Urteil v. 20.5.1969, GewArch 1969, S. 248 ff. Ebenso kann es im Rahmen eines Steuerstrafverfahrens nicht zulässig sein, daß die Steuerfahndung unter Bezugnahme auf die § 93, 208 AO Auskünfte einfordert. Für das Strafverfahren gelten die Vorschriften der StPO (§ 404 AO). Die Rechte und Pflichten der Steuerpflichtigen und der Finanzbehörde im Besteuerungsverfahren und im Strafverfahren richten sich nach den für

schriftswidriger und zugleich strafbarer Weise ausgeübt wird[16]. Unzulässig sind auch Prüfungen zur Sicherung zivilrechtlicher Ansprüche oder zu rein wissenschaftlichen Zwecken[17]. Das Prüfungsrecht umfaßt nicht die rein persönlichen Verhältnisse der Betriebsleiter, der Betriebsinhaber, der Arbeitnehmer, der Aktionäre und Gesellschafter und ebensowenig Fragen, die für allgemein wichtige öffentliche Zwecke, wie z. B. Raumordnung, Landesplanung, Umweltschutz usw., von Bedeutung sein können[18]. Dort, wo dies nicht ausdrücklich aus dem Gesetzestext hervorgeht, ergibt es sich aus dem Grundsatz der Gesetzmäßigkeit der Verwaltung[19] bzw. aus dem Wesen der Zuständigkeit[20]. Letzteres beinhaltet, daß die einer Behörde zur Verfügung stehenden Mittel, zu denen auch Prüfungsbefugnisse zählen, ausschließlich für den bestimmten Zweck verwendet werden dürfen, zu dem sie gerade dieser Behörde an die Hand gegeben wurden. Verfassungsrechtlich findet dieser Grundsatz in Art. 2 I GG die materiellrechtliche, in Art. 19 IV GG die verfahrensrechtliche Rechtfertigung[21]. So entspricht es auch der einhelligen Meinung in Literatur und Rechtsprechung, daß den Behörden eine Befugnis, bei den in Frage kommenden Unternehmen nach Gutdünken Prüfungen vorzunehmen, somit ein allgemeines Ausforschungsrecht, nicht gegeben ist[22].

---

das jeweilige Verfahren geltenden Vorschriften (§ 393 I S. 1 AO). Auch wenn die Steuerbehörde ausdrücklich – in diesem Fall erst im nachhinein! – klarstellt, daß sie nicht versuchen werde, das Auskunftsersuchen mit Zwangsmitteln durchzusetzen, kann diese eindeutige Rechtslage nicht umgangen werden. Tatsächlich bleibt es den Steuerfahndern, die im Steuerstrafverfahren die Stellung der Polizei als Hilfsbeamte der Staatsanwaltschaft einnehmen, unbenommen, ebenso wie der Polizei im allgemeinen Ermittlungsverfahren, im Rahmen ihrer Pflicht gem. § 163 StPO Straftaten zu erforschen und Dritte um Auskünfte zu ersuchen. Auf die § 93, 208 AO können sie sich dabei jedoch nicht berufen, unbeschadet dessen, daß sie tatsächlich keine weitergehenden Rechte in Anspruch nehmen, als ihnen gem. § 404 AO unter Zugrundelegung der gesetzlichen Bestimmungen der StPO zustehen würden. Es ist im Interesse der Rechtssicherheit der Beteiligten keinesfalls unerheblich, ob die Behörde sich bei ihrem Ersuchen auf Bestimmungen der AO oder der StPO bezieht (a. A. das OLG Hamm, Beschluß v. 4.6.1985, NJW 1986, S. 2961 f.). Vgl. auch K. Hanebuth, a.a.O., S. 125; H. Mösbauer, Immissionsschutzrecht ..., S. 21; P. Gieseke u. a., Wasserhaushaltsgesetz, RdNr. 22 zu § 21 WHG; E. Hoffmann / A. Seitter, RdNr. 1, 2 zu § 22 GastG, dazu BT-Drs. 5 / 1652, S. 7; H. Würdinger, Das Auskunftsrecht gegenüber Unternehmen und Unternehmenszusammenschlüssen innerhalb internationaler Gemeinschaften, in: E. v. Caemmerer (Hrsg.), Arbeiten zur Rechtsvergleichung, S. 20; H.-J. Wieckmann, S. 40; OLG Düsseldorf, Beschluß v. 2.2.1983, GewArch 1983, S. 154 (155).

[16] Vgl. OLG Hamm, Urteil v. 2.12.1975, GewArch 1976, S. 97. Zur Frage, inwieweit erlangte Informationen dann im Strafverfahren verwendet werden dürfen, siehe unten § 8.

[17] Vgl. W. Zipfel, RdNr. 14 zu § 42 LMBG.

[18] Vgl. W. Obernolte / W. Danner, Anm. 2b zu § 3 EnWG.

[19] Vgl. E. Forsthoff, S. 99.

[20] Vgl. H. Krüger, S. 71; W. Gleiss, Das Auskunftsrecht der Wirtschaftsverwaltung, S. 147.

[21] Vgl. H. Mösbauer, Immissionsschutzrecht ..., VerwArch 1981, S. 28.

[22] Vgl. ebenda, S. 26, und derselbe, Der verwaltungsrechtliche Überwachungsauf-

Die Bedeutung der Ratio des Gesamtgesetzes wie des Regelungsgrundes behördlicher Prüfungen kommen am Beispiel des Gewerberechts besonders gut zum Ausdruck.

Dort ist es sowohl für die genehmigungspflichtigen als auch für die nicht genehmigungspflichtigen erlaubnisfreien Betriebe anerkannt, daß die durch das Verlangen von Auskünften ausgeübten Überwachungsmaßnahmen nicht voraussetzen, daß ein begründeter Verdacht auf vorliegende Rechtsverstöße besteht. Die zuständige Behörde hat vielmehr nicht nur das Recht, sondern auch die Pflicht, sich durch Auskunftseinholung Kenntnis der überwachungsbedürftigen Tatsachen zu verschaffen, auch wenn im Einzelfall kein besonderer Anlaß im Sinne des Verdachts auf Vorliegen einer Rechtswidrigkeit gegeben ist; denn die Überwachung dient auch dem Zweck, Nachlässigkeiten und Mängel erst gar nicht aufkommen zu lassen und etwaige Mängel aufzudecken[23]. Ebensowenig wie man die zu beobachtenden Geschäftsvorgänge kaum von vornherein gesetzlich eingrenzen oder festlegen kann[24], darf die behördliche Prüfungstätigkeit vom Vorliegen konkreter Anlässe abhängig sein. Dies muß, neben den Auskünften, natürlich auch für die anderen Prüfungsmaßnahmen gelten, soweit sie auf Grund der Beschaffenheit des Überwachungsgegenstandes bzw. der benötigten Informationen notwendig sind. Die einzige Ausnahme von diesem Grundsatz stellen die Fälle dar, in denen die Behörde nicht weiß, ob überhaupt überwachungspflichtige Tatbestände im Sinne der einschlägigen Rechtsvorschrift erfüllt werden. Hier müssen ihr zunächst immer darauf hindeutende objektive Anhaltspunkte vorliegen, um eine Prüfung zu rechtfertigen[25].

Insbesondere darauf, ob ein Verdacht ausreichend oder dringend im Sinne des Strafrechts ist, kann es regelmäßig nicht ankommen[26]. Strafrecht und

---

trag im Immissionsschutzrecht, NVwZ 1985, S. 460; W. Hahn, S. 67; G. Roth, VerwArch 1966, S. 225; G. Feldhaus, Bundesimmissionsschutzrecht, Anm.7 zu § 52 BImSchG; WuW / E / BGH, Urteil v. 15.12.1960, 425 (426); OVG Berlin, Urteil v. 18.3.1982, GewArch 1982, S. 279 (280). Zu den Grenzen der Auskunftspflicht im Zivilrecht vgl. G.Lüke, Der Informationsanspruch im Zivilrecht, JuS 1986, S. 5 f. Wiederholt hat der BGH betont, daß es eine allgemeine, nicht aus besonderen Rechtsgründen abgeleitete Auskunftspflicht in der deutschen Rechtsordnung nicht gibt (Urteile v. 22.1.1957, NJW 1957, S. 669 und v. 8.4.1981, NJW 1981, S. 1733).

[23] Vgl. VG Berlin, Urteil v. 3.11.1978, GewArch 1979, S. 203 f. mit Verweis auf das BVerwG, Urteile v. 5.6.1959, BVerwGE 8, S. 336 (338) und v. 28 2.1969, GewArch 1969, S. 207 (208); BVerwG, Urteil v. 2.3.1971, BVerwGE 37, S. 283 (287); OLG Frankfurt, Urteil v. 22.10.1958, BB 1958, S. 1279; grundsätzlich ebenso das OVG Berlin, Urteil v. 18.3.1982, GewArch 1982, S. 279 f.; OLG Oldenburg, Urteil v. 14.4.1953, DVBl. 1953, S. 640; E. Michel / W. Kienzle, Das Gaststättengesetz, RdNr. 3a zu § 22 GastG; R. Nirk, Das Kreditwesengesetz, S. 35. Die hier deutlich zu Tage tretende Präventivfunktion gewerblicher Prüfungen klingt bei F. Janssen, S. 195 f., an. Trotzdem steht dort durch die Betonung des Zusammenhangs der §§ 35 und 38 GewO der Sanktionsgedanke im Vordergrund.

[24] Vgl. G. Breit, Staatsaufsicht über Privatunternehmungen, S. 63.

[25] Vgl. BVerwG, Beschluß v. 15.7.1983, 7 C 13.81, S. 4 f. und oben § 3 I.2a).

Wirtschaftsüberwachungsrecht als materielles Polizeirecht unterscheiden sich insoweit grundlegend. Aus ihren verschiedenen Regelungsgründen folgen auch völlig unterschiedliche Anforderungen an die Einleitung von Ermittlungen bzw. Prüfungsmaßnahmen[27]. Die StPO kennt verschiedene Arten des Verdachts vom „dringenden" über den „hinreichenden" bis zu dem die geringsten Anforderungen stellenden „einfachen" Tatverdacht, der, außer für die Beschlagnahme von Gegenständen (§ 94 ff. StPO) und für die Durchsuchung bei Tätern, Teilnehmern und Hehlern (§ 102 StPO), auch für die Einleitung des Ermittlungsverfahrens nach § 160 I StPO erforderlich ist[28]. Bereits dieser muß auf konkreten Tatsachen gründen[29].

Ein regelmäßiges Anknüpfenmüssen an konkrete Tatsachen im Sinne des Strafverfahrensrechts würde das Wirtschaftsüberwachungsrecht, was behördliche Prüfungen betrifft, zu großen Teilen überflüssig machen, zumindest aber diesem Institut vieles von seiner Wirkung nehmen. Strafrechtliche Eingriffsbefugnisse dagegen werden nie auch zu präventiven Zwecken, also ohne Vorliegen der geringsten Stufe des „einfachen" Tatverdachts, verwendet werden dürfen, da dies eine nicht hinnehmbare Generalklausel in der StPO bedeuten würde[30].

Sinn und Zweck behördlicher Prüfungen, die ja zu einem großen Teil darin zu sehen sind, daß „neue", bisher nicht dagewesene Mißstände, seien sie nun zufallsbedingt oder auf den Erfindungsreichtum der Betroffenen zurückzuführen, aufgedeckt werden sollen, machen es unumgänglich, an den Anlaß der Prüfungen keine zu hohen Anforderungen zu stellen[31] – bedarf es doch selbst zum Nachweis eines klar umrissenen Tatbestandes mit den entsprechenden Verdachtsmomenten eines gewissen Spielraums hinsichtlich Art und Umfang der zu ergreifenden Maßnahmen. Allerdings sind hier je nach Rechtsgrundlage und Umständen des Einzelfalles Unterschiede zu machen. Diese kommen jedoch mehr als beim Anlaß selbst bei Art, Umfang und Häufigkeit der Prüfungen zur Geltung. Generell ist heute der

---

26 Vgl. BVerwG, Urteil v. 5.6.1959, BVerwGE 8, S. 336 (338). Ebensowenig setzt der Prüfungsanspruch des Wirtschaftsüberwachungsrechts die Feststellbarkeit eines rechtswidrigen Eingriffs in ein Schutzrecht voraus, wie das etwa beim Auskunfts- und Rechnungslegungsanspruch des gewerblichen Rechtsschutzes der Fall ist (vgl. W. Tilmann, Der Auskunftsanspruch, in: 25 Jahre Bundespatentgericht, Bundespatentgericht (Hrsg.), S. 305).

27 Vgl. dazu Th. J. Meyer, S. 98 ff.

28 Vgl. E. Henneberg, Übergang vom Besteuerungsverfahren zum Strafverfahren, BB 1970, S. 1129.

29 Vgl. Th. Kleinknecht / K. Meyer, Strafprozeßordnung, RdNr. 4 zu § 160 StPO.

30 Vgl. R. Riegel, Bemerkungen zum Musterentwurf eines einheitlichen Polizeigesetzes des Bundes und der Länder, BayVBl. 1977, S. 684; neuerdings M. Kniesel, Neue Polizeigesetze contra StPO? ZRP 1987, S. 379 f.

31 Vgl. F. Hermanns, S. 98; W. Ludwig / A.Cordt / J. Stech / H. Odenthal, Recht der Elektrizitäts-, Gas- und Wasserversorgung, 2b, dd zu § 3 EnWG; H. Mössbauer, Immissionsschutzrecht ..., S. 21.

präventiven Funktion von Prüfungen mehr Bedeutung beizumessen, als der repressiven[32]. Auch der Verwaltung muß in erster Linie daran gelegen sein, ordnungsgemäße Zustände vorzufinden[33]. Dieser präventiven Funktion wird jedoch nur Rechnung getragen, wenn neben dem Zeitpunkt[34] auch der Anlaß einer Maßnahme für den Betroffenen nicht vollständig bestimmt bzw. bestimmbar ist[35]. Engt man diese Kriterien zu sehr ein, indem man die mit einer präventiven Wirkung notwendigerweise verbundene Unbestimmtheit zu beseitigen trachtet, wird die Präventivfunktion an sich in Frage gestellt. Der päventive Gesichtspunkt des Auswahlermessens gibt genügend Anlaß für fast jede Prüfung[36].

Die Behörde darf somit nicht gezwungen sein, einen Verdacht auf Rechtsverletzung zu offenbaren oder zu begründen[37]. Ganz im Gegensatz dazu kann es auf einen Verdacht überhaupt nicht ankommen[38]. Die Behörde muß das Recht haben, schlechthin, also ohne ein spezielles auslösendes Moment[39], Prüfungen vorzunehmen, die zur Aufklärung eines konkreten, der Überwachung unterliegenden Tatbestandes beitragen können. Innerhalb dieses Rahmens genügt es, wenn die zu ermittelnden Angaben und Daten den Ausgangspunkt für weitere Feststellungen und Entschließungen der Behörde bilden können[40]. Der Zweck von Prüfungen würde ausgehöhlt werden, wenn an ihren Anlaß bzw. ihre Notwendigkeit die gleichen Maßstäbe angelegt würden wie an die Darlegung des Rechtsbruches selbst[41]. Ein Blick auf die Regelungen des BDSG bestätigt dies.

Das BDSG macht in seinem dritten Abschnitt über die Datenverarbeitung nichtöffentlicher Stellen für eigene Zwecke eine behördliche Prüfung von einer begründeten Darlegung des Betroffenen abhängig, daß er bei der Verarbeitung seiner personenbezogenen Daten in seinen Rechten verletzt worden sei (§ 30 I). In seinem vierten Abschnitt über die geschäftsmäßige

---

[32] Andernfalls nähert man sich wieder der eingangs (§ 1 I.) erwähnten Rahmenaufsicht an.

[33] Vgl. G. Mörtel / R. Metzner, Gaststättengesetz, RdNr. 6 zu § 22 GastG; WuW / E / OLG, Beschluß des Kammergerichts v. 29.1.1971, 1160 (1164). Die Aussage eines Vertreters des BKartA verdeutlicht, daß Angaben u. U. gerade die Grundlage für die Einstellung weiterer Untersuchungen liefern können.

[34] Vgl. dazu § 6.

[35] Vgl. BVerwG, Urteil v. 2.3.1971, BVerwGE 37, S. 283 (291).

[36] Vgl. R. Wenzig, Die Prüfungshandlungen, StBp. 1981, S. 119.

[37] Vgl. F. Janssen, S. 196.

[38] Vgl. E. Hocke u. a., Anm. zu § 44 AWG.

[39] Vgl. H. Mössbauer, Immissionsschutzrecht ..., S. 21.

[40] Vgl. WuW / E / OLG, Beschluß des Kammergerichts v. 29.1.1971, 1160 (1164); in diesem Sinne auch der BayVGH, Urteile v. 6.3.1975, Nr. 28 VI 74 / M 36 VI 73 und v. 25.3.1983, GewArch 1983, S. 330 f.; Obernolte / Danner, Anm. 2 zu § 3 EnWG. Zu diesem Ergebnis kommt – modifiziert für das GWB – auch A. Reuter, Kartellbehördliche ..., S. 45 ff.

[41] Zutreffend das Kammergericht, Beschluß v. 15.12.1960, WuW / E / OLG, 1160 (1163) zu § 46 GWB.

Datenverarbeitung nichtöffentlicher Stellen für fremde Zwecke fehlt eine derartige Anforderung am entsprechenden Ort (§ 40). Damit wird der unterschiedlichen Gefahrenträchtigkeit des Regelungsgegenstandes dieser beiden Abschnitte Rechnung getragen[42]. Während man im dritten Abschnitt eine reine Anlaßüberwachung vorfindet, liegt der Schwerpunkt des vierten Abschnitts auf der laufenden Kontrolle; einer Funktion also, die behördlichen Prüfungen in der Regel zukommt. Man kann hier davon ausgehen, daß der Gesetzgeber bewußt auf den Nachweis eines „begründeten Anlasses" oder etwas Ähnliches verzichtet hat, um eine zweckmäßige Überwachungstätigkeit durch die zuständige Behörde zu gewährleisten.

Bei alledem ist jedoch zu beachten, daß jedem Prüfungsverlangen die Informationsnot der Behörde als subjektives Element innewohnen muß. Ist das nicht der Fall, sei es weil die Behörde die benötigten Informationen auf andere Art und Weise erhalten hat oder sie gar nicht mehr braucht, entfällt ein rechtlich schützenswertes Interesse an der Prüfung[43].

Zwar sind die Bedenken Forsthoffs[44] berechtigt, eine Prüfungsmaßnahme nur damit zu begründen, daß sie zur Erfüllung des Gesetzeszwecks notwendig ist. Die mit solcher Unbestimmtheit verbundene Schwierigkeit einer verwaltungsgerichtlichen Überprüfung läßt sich jedoch durch die oben (2.) angeführten Versuche nicht aus dem Wege räumen. Es erscheint doch sehr zweifelhaft, ob in der Praxis ein Schutz vor unzulässigen Ausforschungsversuchen erreicht werden würde; nicht zuletzt, weil es den Behörden kaum schwerfallen dürfte, einen im Rahmen der jeweiligen Rechtsvorschrift bleibenden begründbaren Anlaß oder Verdacht zu finden, der Prüfungsmaßnahmen rechtfertigt. „Daß nach der Lebenserfahrung ein Verstoß erwartet werden kann" bedarf keiner besonderen Begründung mehr[45]. Diese ist in dem besonderen Anlaß für die spezialgesetzlichen Regelung der einschlägigen Rechtsgebiete unter Einbeziehung einer Prüfungsregelung bereits enthalten bzw. kommt in ihm und dem Gesamtzusammenhang des Gesetzes zum Ausdruck[46]. Durch die Verpflichtung zur Abgabe einer Begründung im Einzel-

---

[42] Vgl. H.-G. Woerthge, Die Prinzipien des Datenschutzrechts und ihre Realisierung im geltenden Recht, S. 181, 201.

[43] Vgl. T. Hellmann, Materiellrechtlicher Auskunftsanspruch und prozessuale Auskunftspflicht, S. 48.

[44] S. 99 f.

[45] So die Forderung Th. J. Meyers, S. 131 an die Zulässigkeit von Auskunftsverlangen nach § 46 GWB. Später stimmt der Autor dann auch Aussagen zu, nach denen „ein Auskunftsersuchen einer Kartellbehörde den „Stempel der Unsinnigkeit" auf der Stirn tragen muß, um in Gefahr zu geraten, vom Gericht aufgehoben zu werden" bzw., daß es zum Erlaß eines rechtmäßigen Auskunftsverlangens lediglich „vertretbarer Gesichtspunkte" bedarf und der Kartellbehörde „ein relativ weitgehender Beurteilungsspielraum zusteht".

[46] Verhältnismäßigkeitserwägungen im Rahmen der hier behandelten Erforderlichkeit von Prüfungen i.w.S. hat der Gesetzgeber bereits angestellt, der Gesetzesanwender ist hier nicht mehr aufgerufen.

fall wäre weder dem Rechtsschutzbedürfnis der Betroffenen gedient, noch einer zweckmäßigen Verwaltungstätigkeit entsprochen.

Richtungsweisende Bedeutung kommt daher § 44 I Nr.1 KWG zu, wonach das Bundesaufsichtsamt für Kreditwesen ausdrücklich befugt ist, auch ohne besonderen Anlaß Prüfungen vorzunehmen. Bezeichnenderweise wird im Zusammenhang mit dieser durch das Zweite KWG-Änderungsgesetz eingeführten Regelung auf den erzieherischen Effekt von Prüfungen hinsichtlich einer ordnungsgemäßen Führung der Bankgeschäfte verwiesen (Präventivfunktion)[47]. Erstmals Beachtung fanden auch die Folgen für das Ansehen des betroffenen Unternehmens nach außen, falls Prüfungen nur aus besonderem Anlaß zulässig sein sollten. Jede publikwerdende Prüfung müßte so zu einem nicht zu unterschätzenden Vertrauensverlust des Unternehmens bei Kunden und Geschäftspartnern führen[48]. Ebensowenig könnte das Zustandekommen eines guten Verhältnisses zwischen Behörde und Unternehmen gefördert werden. Eher sind negative Folgen für die Kooperationsbereitschaft der Betroffenen zu befürchten.

Auch die Nennung einer materiellen Rechtsvorschrift i.V.m. der Befugnisnorm für die Prüfung ist nicht erforderlich[49]. Dies würde keinen verstärkten Schutz für die Betroffenen bewirken, der Überwachungserfolg würde jedoch unter Umständen gefährdet[50].

Sinnvoll erscheint es allein, im Rahmen der speziellen Anforderungen an Prüfungen, der Art und Weise ihrer Durchführung wie ihres Umfangs[51], ihrer Formerfordernisse und Verfahrensvorschriften, klare Verhältnisse zu schaffen und so dem Schutzbedürfnis der Betroffenen gerecht zu werden. Dazu muß generell auch gehören, wie im GWB (§ 46 VI, VII) zwingend vorgeschrieben, den Zweck anzugeben[52], dem eine Prüfung dienen soll. Was den Zweck angeht, können Gründe nämlich schon dann von dessen Anführung nicht absehen, wenn man dem Verpflichteten kraft des Grundsatzes des mildesten Mittels das Recht zugesteht, ein weniger belastendes Mittel anzubieten; denn ein solches Angebot kann von vornherein nicht gemacht werden, wenn der Zweck nicht genannt ist, den zu errreichen taugliche Mittel gesucht werden[53].

---

[47] Vgl. F. Reischauer / J. Kleinhans, RdNr. 13 f. zu § 44 KWG.

[48] Vgl. die Begründung zum RegE der KWG-Novelle 1976, BT-Drs. 7 / 3657, S. 16 zu § 44 KWG; I. L. Bähre, KWG-Kommentar, Anm. 2 zu § 44 KWG.

[49] A.A. der BGH, Beschluß v. 15.12.1960, WuW / E / BGH, 425 (426) = BGHZ 34, S. 42ff.(45); zustimmend E. Stein, Die Wirtschaftsaufsicht, S. 149, Fn. 80.

[50] Vgl. Oberfinanzdirektion Hamburg, zitiert nach OVG, Hamburg, Urteil v. 2.4.1976, OVG Bf.I 44 / 74.

[51] Deren Bedeutung betont schon das OVG Münster, Urteil v. 20.5.1969, GewArch 1969, S. 248 (250).

[52] Vgl. die entsprechende Forderung E. Forsthoffs, S. 100. Gegebenenfalls kann es sich dabei aber durchaus lediglich um eine Routinekontrolle handeln.

[53] Vgl. H. Krüger, S. 73.

Zunächst jedoch sind noch allgemeine Grundsätze des Verwaltungshandelns zu beachten.

II. Rechtsstaatliche Grundanforderungen

Es ist nicht möglich, die Grenzen von Duldungs- und Mitwirkungspflichten seitens der Verpflichteten bei behördlichen Prüfungen gesetzlich genau festzulegen[54]. Wegen ihres Eingriffscharakters unterliegen Prüfungsverlangen jedoch den besonderen rechtsstaatlichen Anforderungen, die für die Bestimmung und den Einsatz staatlicher Maßnahmen entwickelt worden sind[55]. Eine der wichtigsten kommt im Grundsatz der Verhältnismäßigkeit und seinen Ausgestaltungen zum Ausdruck[56].

1. Geeignetheit

Das BVerfG sieht ein Mittel als geeignet an, wenn mit seiner Hilfe der gewünschte Erfolg gefördert werden kann. Zum einen ist es nicht schon dann ungeeignet, wenn der angestrebte Erfolg nicht voll erreicht werden kann. Zum anderen wird nicht verlangt, daß das Mittel den Zweck im Zeitpunkt der Entscheidung auch tatsächlich fördert, da eine Beurteilung ex ante vorzunehmen ist. Überträgt man dies auf behördliche Prüfungsmaßnahmen, sind diese danach zu beurteilen, ob sie zunächst einmal geeignet sind, dem angestrebten Erfolg zu dienen[57].

---

[54] Eine dem § 65 I, II SGB-AT ähnliche Vorschrift findet sich woanders nicht.

[55] Vgl. H. Krüger, S. 72.

[56] Die Ausführungen zu II. stützen sich im Grundsätzlichen auf die umfassende Arbeit von E. Grabitz, Der Grundsatz der Verhältnismäßigkeit in der Rechtsprechung des Bundesverfassungsgerichts, AöR 1973, S. 568 ff. Dort finden sich neben weiteren Nachweisen auch die entsprechenden zur Rechtsprechung des Bundesverfassungsgerichts. Zu Recht weist Grabitz, S. 569 ff., auf die unterschiedlichen Terminologien i.V.m. dem Grundsatz der Verhältnismäßigkeit hin; die hier verwendete lehnt sich an ihn an. Zutreffend sind auch seine Bemerkungen zur unterschiedlichen logischen Struktur der Begriffe Geeignetheit auf der einen und Erforderlichkeit bzw. Verhältnismäßigkeit (Proportionalität) auf der anderen Seite. Ersterer kann nur unter qualitativen Gesichtspunkten betrachtet werden, während letztere eine quantitative Beziehung zwischen feststehendem Zweck und verschiedenen Mitteln bzw. das Zweck-Mittel-Verhältnis an sich betrachten. Dem trägt die Gliederung in 1. „Geeignetheit“ und 2. „Verhältnismäßigkeit“ Rechnung. Daß es bei Grabitz‘ Thematik in erster Linie um die verfassungsgerichtliche Überprüfung gesetzgeberischer Maßnahmen geht, hindert eine Übertragung des dort Gesagten auf das Handeln der Exekutive nicht (a.A. wohl Hahn, S. 40, Fn. 62). Vgl. zu diesem Abschnitt auch die umfassende Darstellung von M. Ch. Jakobs, Der Grundsatz der Verhältnismäßigkeit. Mit dem hier Behandelten eng verbunden ist die Frage nach dem Verhältnis der Prüfungsmittel untereinander. Sie wird in § 12 erörtert.

[57] Für die Beurteilung der Rechtmäßigkeit eines Verwaltungsaktes ist die Rechtslage zur Zeit seines Erlasses maßgebend. Änderungen derselben, die nach dem Erlaß eingetreten sind, haben außer Betracht zu bleiben (BVerwG, Beschluß v. 19.11.1953, BVerwGE 1, S. 35 (36)). Gleiches gilt auch für die Sachlage (vgl. H.-U. Erichsen / W. Martens, S. 208; BayVGH, Urteil v. 6.3.1975, Nr. 28 VI 74 / M 36 VI 73).

Ob das im nachhinein, vor allem aber aus der subjektiven Sicht des Betroffenen der Fall ist, muß dahingestellt bleiben[58]. Auch der Behörde muß ein Recht auf Irrtum zugestanden werden[59]. Eine Rechtswidrigkeit von Prüfungsmaßnahmen läßt sich jedenfalls daraus, daß die erlangten Informationen sich bei ihrer Auswertung als untauglich[60] erweisen, nicht herleiten[61]. Nur wenn unter Berücksichtigung eines der Behörde zustehenden Beurteilungsspielraums Maßnahmen von vornherein, d. h. im Zeitpunkt der Anordnung, ungeeignet erscheinen, dem angestrebten Zweck zu dienen, sind sie in diesem Zusammenhang rechtswidrig[62].

Prüfungsmaßnahmen müssen also im Zeitpunkt ihrer Anordnung geeignet sein, den zulässigerweise angestrebten Zweck zu fördern[63].

2. Verhältnismäßigkeit

a) Erforderlichkeit (i.e.S.)[64]

Ein von der Behörde eingesetztes Mittel ist nur dann erforderlich, wenn nicht ein anderes, gleich wirksames, aber die Rechte des Betroffenen nicht oder doch weniger einschränkendes Mittel hätte gewählt werden können[65].

---

[58] Vgl. AG Bad Segeberg, Beschluß v. 11.10.1977, GewArch 1978, S. 380.

[59] Vgl. W. Zipfel, RdNr. 29 zu § 41 LMBG; Maass', in: E. v. Caemmerer, S. 62, Problem, daß man im Auskunftsrecht nicht so genau weiß, was eigentlich erforderlich ist, um einen Tatbestand wirklich festzustellen, stellt sich somit nicht hier, sondern unter 2b).

[60] „Untauglich" muß hier so verstanden werden, als eine Maßnahme auch zur Entlastung des Betroffenen nichts beitragen kann.

[61] Vgl. I. Bähre / M. Schneider, S. 452.

[62] Dies scheint Matthies, in: E. v. Caemmerer, S. 180 f., zu übersehen, wenn er meint, nicht erforderliche Informationen brauche man lediglich nicht zu verwerten.

[63] So stellt das von H.-J. Wieckmann, S. 40 f., und A. Reuter, Kartellbehördliche ..., S. 75 ff., im Anschluß an die Rechtsprechung des Kammergerichts dargestellte Prinzip des „schlüssigen Verfolgungskonzepts" eine aus allgemeinen Grundsätzen ableitbare Selbstverständlichkeit dar.

[64] Zutreffend stellt W. Hahn, S. 40, Fn. 62, fest, daß die Erforderlichkeitsprüfung im Sinne der Rechtsprechung des BVerfG dann notwendig ist, wenn sich im Rahmen der bei möglichen Grundrechtseingriffen immer anzustellenden Überprüfung an Hand des Verhältnismäßigkeitsgrundsatzes und bei Bejahung der gesetzesspezifischen Erforderlichkeit einer Prüfungsmaßnahme (i.w.S. , vgl. I.), die Frage nach den eventuellen Alternativen direkter behördlicher Prüfungsmaßnahmen stellen sollte. Im Gegensatz zu anderen Rechtsinstituten ist diese „doppelte Erforderlichkeitsprüfung" bei behördlichen Prüfungen in jedem einzelnen Fall erneut durchzuführen. So findet bei der Subsumtion eines Sachverhalts unter den Tatbestand des § 1 GastG mit der Rechtsfolge des § 2 I vor allem auch wegen der Abs. 2, 3 und 4 des § 2 diese Erforderlichkeitsprüfung nur einmal, analog der hier unter I. abgehandelten, statt. Die Erlaubnispflicht an sich wird bei Vorliegen der Tatbestandsvoraussetzungen nicht in jedem einzelnen Fall in Frage gestellt. Im Rahmen behördlicher Prüfungen muß dies jedoch bei der derzeitigen Ausgestaltung ihrer Rechtsgrundlagen geschehen. Das Feststehen eines Informationsbedürfnisses allein genügt als Zulässigkeitskriterium nicht. In diesem Sinne auch E. Langen, Kommentar zum Kartellgesetz, Erläuterungen zu § 46 GWB, IV-1c.

Gleich wirksam ist ein Mittel nur dann, wenn es den verfolgten Zweck überhaupt und mindestens in der gleichen Intensität zu erreichen geeignet ist wie ein anderes[66].

Im Zusammenhang mit behördlichen Prüfungen ist dies vor allem dann von Bedeutung, wenn es nicht unbedingt sachnotwendig ist – sei es mit einem Auskunftsverlangen oder anderen Prüfungsbefugnissen – in den unmittelbaren Bereich des Unternehmens und natürlicher Personen einzudringen. Stellt sich dieses Problem z. B. bei einer Prüfung im Rahmen der §§ 22 i.V.m. 15 III Nr. 1 GastG nicht, mag es bei der Ermittlung von Marktanteilen im Rahmen wettbewerbsrechtlicher Prüfungen durchaus zu Tage treten. In letzterem Fall muß die Behörde stets überprüfen, ob die notwendigen Informationen nicht auch ohne die Inanspruchnahme eines Unternehmens, z. B. aus amtlichen Statistiken, zu entnehmen sind. Ist dies der Fall, so ist es grundsätzlich unzulässig, „direkt“ zu ermitteln[67]. Allgemein wird heute innerhalb rechtlicher Sonderbeziehungen ein präparatorischer Informationsanspruch gewährt, wenn ein Hauptanspruch plausibel ist und sich der Gläubiger nicht selbst die zur Rechtsverfolgung notwendigen Kenntnisse verschaffen kann[68].

Ein „indirektes“ Vorgehen der Behörde kann jedoch nicht erwartet werden, wenn sein Erfolg nur durch eine mit großen Schwierigkeiten zu erreichende bzw. gar nicht vorhandene Bereitschaft anderer Stellen zur Weitergabe von Informationen in Frage gestellt würde[69]. Ebenso kann die Dringlichkeit der Sache eine direkte Inanspruchnahme des Unternehmens erfordern[70]. Zulässig muß auch die Überprüfung bereits vorhandener Informationen sein, soweit der Verdacht besteht, daß diese falsch oder fehlerhaft sein könnten[71]. Die Ausschöpfung anderer Informationsquellen braucht auch nicht so weit zu gehen, daß die Behörde gezwungen wäre, eigene kostenträchtige und zeitraubende Untersuchungen anzustellen, wenn der Betroffene selbst ohne große Schwierigkeiten und Mühe weiterhelfen kann. Dem stünde der auch im Rechtsverhältnis des Verwaltungsrechts bedeutende Grundsatz von Treu und Glauben entgegen[72].

---

[65] Vgl. für den gerichtlich durchsetzbaren Auskunftsanspruch im Privatrecht T. Hellmann, S. 36.

[66] Für die Anwendung im Einzelfall vgl. OVG Berlin, Urteil v. 18.3.1982, GewArch 1982, S. 279 f.

[67] Vgl. WuW / E / OLG, Beschluß des Kammergerichts v. 18.6.1971, 1189 (1190); OVG Nordrhein-Westfalen, Urteil v. 28.11.1980, DÖV 1981, S. 543 (544); PrOVG, Urteile v. 2.3.1900, PROVGE 37, S. 427 ff. und v. 3.5.1910, PrOVGE 56, S. 295 (297); K. Hansmann, in: R. v. Landmann / G. Rohmer, RdNr. 49 zu § 52 BImSchG.

[68] Vgl. R. Stürner, Strafrechtliche Selbstbelastung und verfahrensförmige Wahrheitsermittlung, NJW 1981, S. 1760 m.w.N.

[69] Vgl. BVerwG, Urteil v. 7.2.1957, NJW 1957, S. 643 f.

[70] Vgl. A. Reuter, Kartellbehördliche ..., S. 96.

[71] Vgl. WuW / E / OLG, Beschluß des Kammergerichts v. 18.6.1971, 1189.

Der allgemeine ordnungsrechtliche Grundsatz, daß Maßnahmen von Behörden nicht lediglich den Zweck haben dürfen, die ihnen obliegenden Überwachungsaufgaben zu erleichtern, muß dabei allerdings gewahrt bleiben[73].

b) Proportionalität

Im Grundsatz der Proportionalität kommt zum Ausdruck, daß eine Maßnahme den Betroffenen nicht übermäßig belasten und für ihn nicht unzumutbar sein darf[74]. Mittel und Zweck dürfen nicht außer Verhältnis zueinander stehen[75]. Sie sind gegeneinander abzuwägen. Bei dieser Güterabwägung hat die Behörde dem öffentlichen Interesse an der Erreichung eines bestimmten Zwecks das Interesse der Betroffenen an Verschonung von Eingriffen in ihre Rechtssphäre gegenüberzustellen[76]. Dabei wird das öffentliche Interesse in erster Linie von der Beschaffenheit des sich aus der jeweiligen Rechtsgrundlage ergebenden Schutzgutes und der Wahrscheinlichkeit des Schadenseintritts bestimmt. Die Belastungen der Betroffenen sind an Art und Intensität des Eingriffs in ihre Rechtssphäre, mithin am Maßstab der Grundrechte zu messen. Stehen die mit einer an sich notwendigen Prüfungsmaßnahme verbundenen Belastungen der Betroffenen in einem nicht unerheblichen Mißverhältnis zu den erwartbaren positiven Wirkungen der-

---

[72] Vgl. WuW / E / OLG, Beschluß des Kammergerichts v. 29.1.1971, 1160 (1164); W. Blum, S. 129.

[73] Vgl. BVerwG, Urteil v. 20.6.1969, BVerwGE 32, S. 204 (206). Zu weitgehend H.-J. Wieckmann, S. 44, der Auskunftsverlangen in der Regel für rechtsmißbräuchlich hält, wenn die verlangten Informationen den Behörden mit geringerem zeitlichen bzw. finanziellen Aufwand zugänglich sind, als dem in Anspruch genommenen Unternehmen. Hieraus müßte man auch schließen, daß Auskunftsverlangen im umgekehrten Fall immer gerechtfertigt wären. Dies ist jedoch nicht unbedingt so.

[74] Vgl. dazu die i.V.m. behördlichen Prüfungen ergangenen Beschlüsse des BVerwG v. 28.2.1969, GewArch 1969, S. 207 (208) und v. 5.6.1959, BVerwGE 8, S. 336 ff.

[75] Es ist ebenso geläufig wie ungenau, hier vom Verhältnis Zweck und Mittel zu sprechen, wie das auch Grabitz, S. 575 ff., im Anschluß an das BVerfG tut. Es sind Fälle vorstellbar, in denen dieses Verhältnis gleich, die Wirkung des Mittels als einer der Variablen jedoch verschieden ist und man das Mittel eventuell einmal als unzulässig zurückweisen muß, während es im anderen Fall statthaft ist. Will die Behörde z. B. einen bestimmten Maschinentyp gem. § 7 i.V.m. 3 Gerätesicherheitsgesetz überprüfen, kann dies beim Einführer A, der zehn Maschinen diesen Typs auf Lager hat, zulässig sein, während es bei B, der nur eine Maschine hat, die zudem bereits verkauft ist und alsbald abgeholt werden soll, unzulässig sein könnte, soweit der Behörde die Prüfung eben auch bei A oder woanders möglich wäre. Die Fälle des A und des B unterscheiden sich jedoch nicht durch das Verhältnis von Zweck und Mittel, sondern durch die im Einzelfall gezeitigte Wirkung des Mittels, ausgedrückt in Grad und Dauer der jeweiligen Berührung von Rechtsgütern, auf die es demnach entscheidend ankommen muß (vgl. auch M. Ch. Jakobs, Der Grundsatz der Verhältnismäßigkeit, S. 14 ff. (25)). So auch A. Reuter, Informale Auskunftsbitten der Kartellbehörden – Praxis contra legem? WuW 1986, S. 96, der informale Auskunftsersuchen als gegenüber formalen Auskunftsverlangen milderes Mittel i.S. d. Verhältnismäßigkeitslehre ablehnt, weil beide Verfahrensformen sich in ihrer Wirkung entsprechen.

[76] Vgl. E. Wohlfahrt, in: E. v. Caemmerer, S. 46, Leitsatz 2.

selben, muß die Behörde auf diese Maßnahme verzichten[77]. So kann z. B. ein Mißbrauch vorliegen, wenn dieselbe Auskunft mehrfach verlangt wird oder der Betriebsablauf eines Unternehmens wegen unnötig mehrmaliger Prüfungen vor Ort nachhaltig gestört wird. Ein Mißbrauch ist aber nicht schon darin zu sehen, daß nach Einsichtnahme in die Bücher eine Zusammenstellung über Dinge verlangt wird, über die, wenn auch nur nach Ansicht der Behörde, in diesen Büchern nichts enthalten war oder die nicht Gegenstand der seinerzeitigen Einsicht waren[78].

Als Richtschnur läßt sich festhalten: Je empfindlicher die Prüfungsmaßnahme in die Rechtsstellung des Betroffenen einschneidet, desto stärkeres Bedürfnis muß an der Verfolgung der Interessen des Gemeinwohls bestehen, desto stärker ist aber auch der Begründungszwang der Behörde.

Wann eine Maßnahme dem Erfordernis der Proportionalität entspricht, läßt sich somit abstrakt kaum sagen. Dazu bedarf es einer Konkretisierung, die sich stets im Hinblick auf den Einzelfall vollzieht und demgemäß durch die seiner Eigenart entsprechenden Sachstrukturen bestimmt wird.

§ 5 Rechtsform des Verwaltungshandelns

Hier gilt es zu klären, in welcher Art und Weise die Überwachungsbehörde den Verpflichteten gegenübertreten muß, wenn sie Prüfungen vornehmen will, d. h. vor allem, wie Prüfungsverlangen von ihrer Rechtsnatur her einzuordnen sind.

Einer Erörterung bedarf in diesem Zusammenhang vor allem auch die Frage, inwieweit im Rahmen behördlicher Prüfungen Raum für sogenannte informelle, nicht auf die einschlägigen Vorschriften gestützte Prüfungsersuchen bzw. -bitten ist und wie diese einzuordnen sind: eine Frage von besonderer Bedeutung, da mit der Wahl der Handlungsform die Bestimmung der rechtlichen Regelungen bezüglich Verfahren, Form, Verbindlichkeitsgrad, Rechtsschutz und Haftung einhergeht, nach welchem das Verwaltungshandeln und das Handeln der Betroffenen sich zu richten haben und nach welchem sie rechtlich gewürdigt werden[1].

---

[77] Vgl. A. Gern, Güterabwägung als Auslegungsprinzip des öffentlichen Rechts, DÖV 1986, S. 462 ff. und die ausführlichen Erörterungen von F. Hansen-Dix, Die Gefahr im Polizeirecht, im Ordnungsrecht und im Technischen Sicherheitsrecht sowie die Standardwerke zum allgemeinen Polizei- und Ordnungsrecht.

[78] Vgl. BayObLG, Urteil v. 6.12.1962, GewArch 1963, S. 29.

[1] Vgl. F. Ossenbühl, Die Handlungsformen der Verwaltung, JuS 1979, S. 681 ff.

I. Informelles Prüfungsersuchen

Als informell[2] muß behördliches Verhalten im Zusammenhang mit Überprüfungen im Unternehmen dann gelten, wenn dabei auf die rechtlich vorgegebenen Handlungsformen verzichtet wird, d. h. die Behörde rechtlich nicht geregelte Tathandlungen an Stelle von rechtlich geregelten Verfahrenshandlungen wählt, die jedoch zur Herbeiführung des beabsichtigten Erfolges in den von der Rechtsordnung bereitgestellten öffentlich-rechtlichen Handlungsformen hätte erfolgen können[3].

Solche Vorgehensweisen scheinen, zumindest auf der ersten Stufe behördlicher Prüfungsbefugnisse[4], dem Verlangen nach Auskunft gängige Praxis zu sein[5].

Werden informelle Handlungsweisen gewählt, so geschieht das gewöhnlich, um den rechtlichen Regelungen formeller Handlungsweisen und den Kontrollen der Gerichte aus dem Wege zu gehen, weil die rechtliche Regelung im Einzelfall als zu starr, zu umständlich, zu zeit- und kostenträchtig, konfliktbeladen oder sonstwie unzweckmäßig erscheint[6].

Als Gründe für die Beantwortung informeller Auskunftsersuchen könnten aus Unternehmenssicht angeführt werden: die Herstellung bzw. Wahrung eines guten Verhältnisses zur Behörde, die Zwangsmöglichkeit im Hintergrund verbunden mit der Tatsache, daß man sich nicht gerne zwingen läßt, die Unmöglichkeit von Sanktionen[7] und die Möglichkeit ein weiteres Vor-

---

[2] Zu Recht hat J. Isensee, Besprechung zu H. Schulze-Fielitz, Der informale Verfassungsstaat, DVBl. 1986, S. 955, darauf hingewiesen, daß die in diesem Zusammenhang sich einbürgernde Wortkreation „informal" ein Mißgriff ist, weil „informal" nicht, wie es sprachlogisch sein müßte, die (kontradiktorische) Verneinung von „formal" (= inhaltsleer, formbezogen) sein soll. Der (konträre) Gegenbegriff zu „formal" ist „material" im bisherigen, durch Kant sanktionierten Sprachgebrauch, während ungeschriebene, nicht-rechtliche Regeln, um die es hier geht, als „informell" bezeichnet werden müssen.

[3] Vgl. E. Bohne, Informales Verwaltungs- und Regierungshandeln als Instrument des Umweltschutzes, VerwArch 1984, S. 344.

[4] Zum Verhältnis der Prüfungsbefugnisse zueinander vgl. § 12.

[5] Vgl. H.-J. Wieckmann, S. 141 ff.; K. Liekefett, Das informelle Auskunftsersuchen des Bundeskartellamtes, DB 1975, S. 339 ff.; P. Schiwy, Anm. zu § 21 II ChemG; W. Hahn, S. 39; D. Hoffmann, Zur Bedeutung von § 46 GWB im Verwaltungs- und Ordnungswidrigkeitenverfahren, in: Forschungsinstitut für Wirtschaftsverfassung und Wettbewerb e.V. Köln (Hrsg.), Rechtsfragen der Ermittlung von Kartellordnungswidrigkeiten, S. 9; A. Reuter, Informale ..., S. 94, und derselbe, Kartellbehördliche ..., S. 130; Immenga / Mestmäker, GWB, RdNr. 3 zu § 46 GWB, und R.Wenzig, Die Auskunftsperson ..., S. 354 f., bezüglich der steuerrechtlichen Außenprüfung.

[6] Vgl. E. Bohne, S. 346. Zur Problematik und rechtlichen Erfassung informeller Verhaltensweisen vgl. neuerdings auch H. Bauer, S. 241 ff.

[7] Der regelmäßig in die Ordnungswidrigkeitenvorschriften der einschlägigen Rechtsgrundlagen aufgenommene Tatbestand des Nichterteilens einer Auskunft wird bei informellen Auskunftsersuchen nicht erfüllt; so die h. M., vgl. K. Liekefett, S. 340; W. Hahn, S. 39; A. Reuter, Informale ..., S. 96; WuW / E / OLG, Beschluß des Kammergerichts v. 18.6.1971, 1189 (1190); a.A., jedoch ohne Begründung, P. Schiwy, Anm. zu § 21 II ChemG.

gehen der Behörde eventuell verhindern zu können. Als Nachteil kann man einen gewissen moralischen Druck zur Beantwortung der Fragen nicht in Abrede stellen[8]. Andere Argumente[9] müssen auf Grund der Freiwilligkeit in der Beantwortung solcher Fragen zurücktreten.

Als Vorteil für die Behörde läßt sich das schon erwähnte gute Verhältnis zu den Unternehmen anführen. Es kann jedenfalls nicht angehen, Schwierigkeiten behördlicherseits, das in den einschlägigen Vorschriften nur allgemein umrissene Auskunftsrecht im Einzelfall anzuwenden bzw. die Gefahr einer gerichtlichen Kontrolle bei einem formellen Auskunftsverfahren[10], als Vorteil bzw. Rechtfertigungsgrund für informelles Vorgehen heranzuziehen. Solcher Probleme, die die Gefahr des Mißbrauchs behördlicher Befugnisse offenkundig werden lassen, darf die Behörde sich nicht entledigen, indem sie sich auf „rechtsfreies" Gebiet zurückzieht.

Vor allem wird die Problematik informeller und formeller Auskunftsverfahren im "Spannungsfeld zwischen Rechtsstaatlichkeit und Effizienz" angesiedelt[11]. Die durch § 46 GWB auferlegten „hinderlichen Verfahrenserfordernisse"[12] stellen dabei den einen Pol dar, § 10 S. 2 VwVfG mit der Maxime der Einfachheit und Zweckmäßigkeit des Verwaltungsverfahrens und den darin eingeschlossenen Geboten der Raschheit und Sparsamkeit den anderen. In diesem Dilemma nun greifen die Behörden zu „informalen Recherchetechniken"[13], deren Kennzeichen nicht nur die Formlosigkeit ist, sondern auch das Einverständnis der Betroffenen, verbunden mit einem Eigeninteresse an möglichst guter Aufklärung der Behörde[14].

Auch Verfechter einer informellen Vorgehensweise sehen zunächst den Vorrang der gesetzlichen Regelung, mithin eine Sperrwirkung der § 46 und 54 GWB hinsichtlich informeller Auskunftsverfahren[15]. Dann wird jedoch versucht, die rechtliche Erheblichkeit von Gründen, die für informelle Verfahren sprechen, herauszuarbeiten, um so die Sperrwirkung der § 46 und 54 GWB zu brechen. Solche Gründe sollen die Ressourcenersparnis, die integrierende Wirkung und die Möglichkeit der Festlegung gemeinsamer Handlungsziele darstellen. Ihnen ist gemeinsam, daß sie der „Systemerhaltung

---

8 Nach E. Stein, Die Wirtschaftsaufsicht, S. 149, üben Bitten um „freiwillige" Auskünfte, speziell unter Berücksichtigung des § 46 GWB, der strengere Anforderungen an Form und Bestimmtheit stellt als vergleichbare Vorschriften, einen zu großen sozialen Druck aus, als daß sie zugelassen werden könnten, ohne das Gesetz zu umgehen.

9 Vgl. K. Liekefett, S. 340 f.; H.-J. Wieckmann, S. 141 ff.

10 Vgl. K. Liekefett, S. 341.

11 Vgl. A. Reuter, Informale ..., S. 95, 100 ff.; Kartellbehördliche ..., S. 156 ff., 198 ff.

12 Derselbe, Informale ..., S. 93.

13 Ebenda S. 94.

14 Vgl. ebenda S. 94.

15 Vgl. ebenda S. 98 f.

und Systemverwirklichung"[16] dienen. Hier muß die Erörterung der Zulässigkeit informellen Vorgehens ansetzen.

Zunächst sind, was die reine Handhabung eines Auskunftsverlangens betrifft, kaum Effizienzvorteile durch ein informelles Vorgehen zu erreichen. Es ist zutreffend, daß für die Landeskartellbehörden bei ihrer Tätigkeit die personellen Anforderungen des § 48 III GWB nicht einschlägig sind und im übrigen auch bundeskartellamtliche Maßnahmen nach den § 38a IV und 23 VI GWB einer solchen Restriktion nicht unterliegen[17]. Die Notwendigkeit einer schriftlichen Einzelverfügung (§ 46 VI S. 2 GWB) ist der Effizienz des Verfahrens kaum abträglich; ohnehin sollten die Anforderungen des § 46 VI S. 2 GWB selbstverständlich sein.

Ungeachtet dessen lassen sich aber auch durch das in unserem Rechtssystem verankerte Gebot der Effizienz der Verwaltung, gleich ob nun aus § 10 S. 2 VwVfG oder über Art. 20 GG hergeleitet, informelle Vorgehensweisen bei Auskunftsverlangen rechtlich nicht begründen.

Wie W. Schick zutreffend bemerkt, hat der Begriff der Effizienz eine sehr vordergründige Anziehungskraft („Wer wird gegen so etwas Gutes schon etwas haben wollen?"[18]). In der Ökonomie ist er mit dem Rationalprinzip (ökonomischen Prinzip) identisch[19], für die Rechtswissenschaft jedoch blieb er bislang ungeklärt. Gerade aber diese Verwurzelung in der Ökonomie macht die Übertragbarkeit der Grundsätze effizienten Handelns auf die nach völlig anderen Grundsätzen verfahrende Rechtswissenschaft problematisch.

Nun wird aus der grundrechtlichen Verwurzelung des Sparsamkeitsgebotes und seiner daraus folgenden „Dynamik auf verfassungsrechtlicher Ebene"[20] gefolgert, daß dort, wo das Sparsamkeitsgebot mit gegenläufigen Verfassungsgeboten – insbesondere Rechtsstaatlichkeit und Freiheitssicherung – zusammentrifft, dieser Zwiespalt durch eine wechselseitige Optimierung zu lösen sei[21].

Folgte man dieser Ansicht, würde daraus resultieren, daß der Verwaltung, in welchem Zusammenhang auch immer sie tätig wird, die Pflicht auferlegt ist, eine Abwägung zwischen den ihr vom Gesetzgeber vorgegebenen Rechtsgrundlagen und Handlungsformen und ihrer „Effizienz" vorzuneh-

---

[16] Ebenda S. 99; derselbe, Kartellbehördliche ..., S. 166, 194.

[17] Vgl. Derselbe, Informale ..., S. 101.

[18] W. Schick, Außen-(Betriebs-)prüfung, Effizienz und Rechtsstaat, BB 1986, S. 139.

[19] Vgl. H. C. Recktenwald, Wörterbuch der Wirtschaft, Stichworte Effizienz, Wirtschaftlichkeit.

[20] A. Reuter, Kartellbehördliche ..., S. 203.

[21] Ebenda S. 204: „Je weniger bedeutungsvoll also der Rechtsstaats-, Grundrechts-, Demokratie-, etc. -„Gehalt" gesetzlicher Formen ist, desto eher kann informales Verfahren unter dem Gesichtspunkt der „Sparsamkeit" gerechtfertigt sein".

men und diesen Zwiespalt im Einzelfall zu entscheiden. Damit aber begibt sie sich in einen Bereich, der ihr nicht zusteht:

Ist Effizienz an sich kein tragendes Element unserer Rechtsordnung, so kann es keinesfalls der Verwaltung zugestanden oder aufgegeben werden, sie in einem derart grundsätzlichen Sinne zu einem solchen zu erheben. Das Effizienzprinzip kann für das Handeln der Exekutive nur insoweit eine Rolle spielen, als innerhalb der vom Gesetzgeber vorgegebenen Rechtsgrundlagen Spielraum für eine Verhaltensoptimierung nach seinen Grundsätzen besteht.

Eine Entscheidung in Form einer Nichtberücksichtigung gesetzten Rechts steht der Verwaltung jedenfalls nicht zu[22].

Die Zulässigkeit informeller Vorgehensweisen bei behördlichen Prüfungen ist auch schon deshalb bedenklich, weil der verfassungsmäßig verankerte Grundsatz der Gesetzmäßigkeit allen Verwaltungshandelns hier unzulässigerweise umgangen wird. Dies um so mehr, als diese Praktiken ja nicht aus der Not geboren wurden. Vielmehr hat der Gesetzgeber der Verwaltung, gerade zum Zwecke dieser besonderen Art der Informationsbeschaffung, die einen Eingriff in die grundrechtlich geschützte Sphäre der Betroffenen darstellt[23], mit den einschlägigen Vorschriften die entsprechenden Mittel an die Hand gegeben. Rechtlich abgesicherte Gründe für ihre Nichtanwendung gibt es nicht. Es darf deshalb nicht auf Verwunderung stoßen, wenn hier Gedanken an „Kungelei, Heimlichkeiten und rechtlich oder ethisch nicht ganz einwandfreie Praktiken“[24] aufkommen, weil eine klare Rechtsgrundlage nicht nur außer acht gelassen, sondern bewußt umgangen wird.

Als schlicht rechtswidrig eingestuft werden muß vor diesem Hintergrund ein informelles Auskunftsersuchen mit dem Hinweis, daß das Unternehmen bei Nichtbeantwortung mit einem formellen Auskunftsverlangen rechnen müsse[25]. Dies um so mehr, wenn mangels präziser Fragestellung oder wegen Art und Umfang der erbetenen Auskünfte ein formelles Auskunftsverlangen gar nicht möglich wäre[26]. Daß Behörden bei Prüfungsverlangen sich nicht willkürlich irgendwelcher Rechsgrundlagen bedienen dürfen, um dann im Streitfalle anzuführen, sie hätten die Durchsetzung ihres Verlangens mit Zwangsmitteln nie ins Auge gefaßt, sollte ohnehin selbstverständlich sein[27].

---

[22] Vgl. ausführlich zur Effizienzfunktion des Verwaltungsverfahrens J. Held, Der Grundrechtsbezug des Verwaltungsverfahrens, S. 55 ff.

[23] Vgl. dazu die Erörterungen an den entsprechenden Stellen im dritten Abschnitt der Arbeit.

[24] E. Bohne, S. 343.

[25] Vgl. K. Liekefett, S. 341.

[26] Vgl. H.-J. Wieckmann, S. 142 f.

[27] Vgl. den Beschluß des OLG Hamm v. 4.6.1985, NJW 1986, S. 2961 f., und die Ausführungen dazu in § 4, Fn. 15.

Auch die von Reuter[28] ins Feld geführte „anhörungsgleiche Wirkung" informeller Auskunftsersuchen kann bei näherer Betrachtung als Vorteil informellen Vorgehens nicht überzeugen. Für den Wegfall der Anhörung[29] im Fall von Auskunftsverlangen nach § 46 I Nr. 1 GWB sind auch aus dem GWB keine Gründe ersichtlich. § 53 I GWB beschränkt zwar die Gelegenheit zur Stellungnahme auf die in § 51 II GWB genannten Beteiligten, setzt jedoch für seine Einschlägigkeit voraus, daß das Auskunftsverlangen in einem förmlichen Verfahren i.S.d. § 51 ff. GWB stattfindet. Betrachtet man das Verfahren nach § 46 GWB als eigenständiges Vorermittlungsverfahren[30], sind die Vorschriften des VwVfG und hier speziell dessen § 28 einschlägig. Eine Anhörung hat also grundsätzlich stattzufinden.

Schließlich sind sowohl eine integrierende Wirkung informeller Auskunftsbitten als auch die Festlegung gemeinsamer Handlungsziele durch den Auftrag der Behörde begrenzt, der nun einmal in der Überwachung besteht. Soweit derartige Gesichtspunkte zum Tragen kommen, ist ihnen innerhalb des bestehenden Verfahrensrechts, z. B. im Wege der Anhörung, genügend Entfaltungsmöglichkeit eingeräumt, ohne daß es des Rückgriffs auf informelle Praktiken bedarf. Zudem muß die Tauglichkeit des vielbeschworenen guten Verhältnisses zwischen Behörde und Unternehmen als Argument für informelles Vorgehen bezweifelt werden. Gerade wenn die Behörde nicht von vornherein mit Hoheitsgewalt auftritt, müssen Ausnahmen von einer solchen Praxis die Beziehungen um so nachhaltiger stören. Es erscheinen dann Verhältnisse denkbar, in denen die Behörde entweder gar nicht mehr zu formellen Mitteln greift oder wo ein Unternehmen, weil es solchen nicht ausgesetzt werden will, jeder Bitte nachkommt – jeweils aus Rücksicht auf die wechselseitig guten Beziehungen. Damit jedoch wäre keinem von beiden gedient.

Gerade auch wegen des Routine- bzw. Präventivcharakters behördlicher Prüfungen erscheint es sinnvoller, wenn sich das Verhältnis zwischen den Beteiligten derart gestaltet, daß die Behörde die Rechte und das Rechtsschutzbedürfnis[31] der Unternehmen respektiert und, umgekehrt, von den Unternehmen Prüfungen durch die Behörde als vom Gesetzgeber zugewiesene Aufgabe akzeptiert werden, die eben keine besonderen Mißtrauensmomente oder ähnliches voraussetzt.

---

[28] Informale ..., S. 100; Kartellbehördliche ..., S. 207, vgl. auch S. 106 ff.

[29] Weitergehend zur Anhörung unten II.2b)bb).

[30] Vgl. dazu unten 2a).

[31] Zwar hat die spezifische Handlungsform behördlichen Tätigwerdens heute keine Bedeutung mehr für die Eröffnung des Rechtsweges. Die VWGO macht jedoch in ihren § 68 ff. die Zulässigkeit einer Klage vor dem Verwaltungsgericht von besonderen Sachentscheidungsvoraussetzungen abhängig. Diese begrenzen die Möglichkeit des verwaltungsgerichtlichen Rechtsschutzes und kennzeichnen die Sonderstellung, die der Verwaltungsakt auch heute noch innehat (vgl. H. U. Erichsen / W. Martens, S. 159). Zu Recht wird somit auf die Bedenklichkeit einer Freistellung der Wahl des Verwaltungshandelns hingewiesen (vgl. P. Schiwy, Anm. zu 21 III ChemG).

Untrennbar damit verbunden ist ein von Anfang an auf rechtlich gesichertem Boden verlaufendes Vorgehen der Behörde.

Vor allem jedoch vor dem Hintergrund von Sinn und Zweck behördlicher Prüfungen erscheint eine informelle Vorgehensweise nicht am Platze, da hierdurch das Erreichen des Regelungszieles zumindest in Frage gestellt, wenn nicht gar verhindert wird. Reuters bezüglich solcher Auskunftsbitten formulierte Aussage[32] ließe sich noch erweitern: Informelle Prüfungsbitten sind nicht nur kein im Vergleich zu formellen Prüfungsverlangen milderes Mittel, sie stellen ein grundsätzlich wesensverschiedenes „aliud" zu diesen dar. Den Vorteilen auf Seite der Unternehmen stehen nämlich die entsprechenden Nachteile auf Seite der Überwachungsbehörden gegenüber. Da Auskünfte falsch, nicht fristgerecht oder unvollständig erteilt werden können, ohne daß die Gefahr einer Sanktion besteht, wird es leicht möglich, die Behörde auf eine „falsche Fährte" zu locken[33]. Zudem erscheint es unter dem Gefahrenabwehraspekt behördlicher Prüfungen wichtig, im Bedarfsfall möglichst schnell und problemlos Zwangsmittel anwenden zu können, was bei informellem Vorgehen nicht möglich ist.

Eine besondere „Systemfunktionalität" informeller Vorgehensweisen im Sinne der Verwirklichung und Erhaltung eines (und wenn ja welchen?) Systems[34] läßt sich somit nicht feststellen.

Schließlich ist es nur natürlich, wenn Mitarbeiter einer Behörde zu denjenigen, mit denen sie von Amts wegen zu tun haben, auch Beziehungen pflegen, die mit dem spezifischen, hier von der behördlichen Prüfungsaufgabe bestimmten Verhältnis zwischen ihnen und dem Unternehmen, nichts oder nur am Rande zu tun haben. Sei es nun, daß diese Beziehungen zwischen Angestellten der Behörde und solchen des Unternehmens rein privater Natur sind, sei es daß die Behörde das Unternehmen um Rat nachsucht oder dergleichen[35]. Da die Behörden am allgemeinen Leben der Gesellschaft und am Rechtsverkehr teilnehmen, kann ihnen die Möglichkeit nicht bestritten werden, Fragen zu stellen. Und sie dürfen auch Antwort darauf erwarten,

---

[32] Vgl. Informale ..., S. 96.

[33] Das von Reuter, ebenda S. 94, unterstellte Eigeninteresse der Unternehmen an möglichst guter Aufklärung der Behörde kann aus ganz natürlichem Grund, nämlich dem Verhältnis Überwachender-Überwachter, in einer Vielzahl von Fällen so nicht gesehen werden. Für eine Gewähr „richtiger" Informationen, deren Notwendigkeit auch Reuter, Kartellbehördliche ..., S. 256, sieht, reicht es jedenfalls nicht aus. Dafür, daß Informationen richtig, und damit wohl auch vollständig und fristgerecht, zu erteilen sind, muß Reuter abermals den Weg über die Grundrechte beschreiten: „Da nur *richtige* Information dem Gesetzesvollzugssystem nützt und Erteilung falscher Informationen Grundrechtsmißbrauch (?? d. Verf.) und nicht mehr Gebrauch ist, gilt: Wer Fragen informal beantwortet muß dies sachlich richtig tun" (ebenda). Auf welchem Wege dies den Betroffenen verdeutlicht bzw. nähergebracht und mit dem notwendigen Druck versehen werden soll, bleibt jedoch offen.

[34] Vgl. oben, Fn. 16.

[35] Vgl. R. Wenzig, Die Auskunftsperson ..., S. 355.

„ohne daß gleich der Jurist kommt und diese Maßnahme, nur wegen der Eigenschaft als Behörde, als behördlichen Druck und deshalb Verwaltungsakt und -verfügung bezeichnet“[36].

Gerade diese Fragen müssen auch, entgegen der Auffassung Liekefetts[37], über den Rahmen hinausgehen dürfen, welcher der Behörde durch eine Rechtsvorschrift materiell gezogen ist[38]. Gerade dort, wo auf Grund des Gegenstandes von Anfragen bzw. Bitten um Auskunft oder Unterstützung ein formelles Vorgehen nicht möglich ist, weil es dafür keine Rechtsgrundlage gibt, hat die informelle Kommunikation zwischen Behörde und Unternehmen ihren Platz und ihre Bedeutung. Außerhalb des ursprünglich das Verhältnis zwischen Behörde und Unternehmen bestimmenden Überwachungsverhältnisses ist es auch nicht von so großer Tragweite, wenn Auskünfte falsch, unvollständig oder nicht fristgerecht erteilt werden[39]. Hier, wo die Freiwilligkeit[40] der Zusammenarbeit offensichtlich sein muß, bedarf es auch keines besonderen Rechtsschutzes für das Unternehmen.

Daran anschließend erscheint auch ein besonderer Hinweis auf die Freiwilligkeit der gewünschten Zusammenarbeit nicht unbedingt erforderlich[41]. Systematisch sinnvoller erscheint es, wenn die Behörde stattdessen die Unfreiwilligkeit zu erkennen gibt, wenn sie mit hoheitlichen Mitteln vorgehen muß[42].

Auch wird die Wortbedeutung von „informell“ in ihr Gegenteil verkehrt, wenn man die Zulässigkeit informeller Auskunftsersuchen etwa an die Beachtung der folgenden Hinweispflicht knüpfen wollte:

> „Sie werden darauf hingewiesen, daß die Beantwortung der gestellten Fragen vollständig freiwillig ist, und Ihnen aus deren Nichtbeantwortung keinerlei Rechtsnachteile erwachsen. Im übrigen werden Auskünfte hinsichtlich der Fragen x, y und z von Ihnen auch im Wege eines formellen Auskunftsersuchens gem. § 46 GWB – um das es sich bei diesem Schreiben nicht handelt – nicht verlangt werden können“[43].

Eine an derartige Bedingungen geknüpfte „informelle“ Kommunikation wird bald zum Erliegen kommen.

---

[36] G. Wacke, Das Recht der Polizei auf Auskünfte, Die Polizei 1962, S. 210.

[37] Vgl. S. 340.

[38] So auch A. Reuter, Kartellbehördliche ..., S. 251.

[39] Soweit derartige Kriterien auf informeller Ebene überhaupt Bedeutung haben.

[40] Auf das Verhältnis von Freiwilligkeit und Grundrechten (Grundrechtsverzicht) im Falle informeller Kommunikation soll hier nicht eingegangen werden (vgl. dazu A. Reuter, Kartellbehördliche ..., S. 206 ff).

[41] Zu beachten ist aber § 9 II BDSG, falls Daten gespeichert werden sollen.

[42] Wie die Behörde das tut, bleibt ihr überlassen, soweit Formfreiheit besteht (Ausnahme § 46 GWB), unter Umständen genügt konkludentes Verhalten (vgl. F. Kopp, VwVfG, RdNr. 9 zu § 35).

[43] In dieser Weise vorgeschlagen von H.-J. Wieckmann, S. 144.

Zusammenfassend bleibt festzuhalten, daß für nicht auf die einschlägigen Vorschriften gestützte Auskunftsersuchen, die in die Kategorie des schlichten Hoheitshandelns einzuordnen sind[44], im Rahmen der im Zusammenhang mit behördlichen Prüfungen stehenden behördlichen Aufgabenstellung sowohl aus praktischen wie aus rechtlichen Gründen kein Platz ist. Es gibt keinen Grund und auch keine Berechtigung, den vom Gesetzgeber bereits weit gefaßten Rahmen für behördliche Prüfungen auf diese Art und Weise noch weiter ausdehnen zu wollen. Handelt die Behörde dem Unternehmen gegenüber in Erfüllung der ihr obliegenden Prüfungsaufgabe, so hat sie von den ihr an die Hand gegebenen Befugnissen Gebrauch zu machen; und zwar so, daß der Betroffene dies erkennen kann. Daß dies nicht nur für Auskunftsverlangen gilt, sondern auch für die anderen Formen behördlicher Prüfungsbefugnisse gelten muß, liegt auf der Hand.

Der Raum für informelles Handeln der Behörde ist eher dort anzusiedeln, wo auf Grund der erlangten Informationen Feststellungen gemacht werden, die Anlaß zu Beanstandungen geben. Inwieweit hier nicht sofort hoheitliche Maßnahmen notwendig sind, sondern eine Beratung oder andere informelle Regelungsmöglichkeiten[45] zwischen Behörde und Unternehmen zulässig und am Platze wären, ist jedoch eine Frage für sich, die hier nicht erörtert zu werden braucht.

II. Formelles Verwaltungshandeln

Nachdem sich eine außerhalb behördlicher Befugnisse und unternehmerischer Pflichten angesiedelte behördliche Prüfungstätigkeit nirgendwo ableiten läßt, ist zu klären, wie sich das behördliche Vorgehen in Ausübung der einschlägigen Befugnisse unter Inanspruchnahme unternehmerischer Pflichten zu vollziehen hat, und dabei zunächst, worauf sich eben diese Befugnisse stützen bzw. woraus sich die Pflichten ergeben.

1. Rechtsgrundlagen

a) Aufbau der einschlägigen Vorschriften

Der Aufbau der einschlägigen Vorschriften folgt im wesentlichen drei Regelungsmustern.

Zum einen wird der Verwaltung die Befugnis erteilt, Auskünfte zu verlangen, Grundstücke und Betriebsräume zu betreten sowie Proben zu entnehmen. Gleichzeitig werden den Betroffenen die entsprechenden Duldungs- und Mitwirkungspflichten auferlegt[46].

---

[44] Vgl. F. Ossenbühl, Die Handlungsformen ..., S. 685.
[45] Vgl. R. Schiedermair, S. 698.

Zum anderen wird lediglich der Behörde die Befugnis erteilt, die entsprechenden Maßnahmen zu ergreifen, ohne daß den Verpflichteten nochmals Duldungs- und Mitwirkungspflichten auferlegt werden[47].

Als drittes Regelungsmuster hat der Gesetzgeber nur den Verpflichteten Duldungs- und Mitwirkungspflichten auferlegt, ohne die entsprechenden Befugnisse der Behörde nochmals ausdücklich klarzustellen[48].

Ein Unterschied liegt also in den Adressaten der jeweiligen Befugnisse bzw. Pflichten. Im Falle des ersten Regelungsmusters sind Verwaltung und Verpflichtete, beim zweiten nur die Verwaltung, beim dritten wiederum nur die Verpflichteten vom Gesetzgeber angesprochen.

b) Folgen für behördliche Befugnisse und unternehmerische Pflichten

Für Behörden wie Betroffene ist es, nicht zuletzt unter dem Aspekt Durchsetzbarkeit, von Bedeutung, woraus bzw. wann sich für die einen die Befugnis zur Vornahme von Prüfungsmaßnahmen und für die anderen eine konkrete Pflicht zur Duldung und Mitwirkung ergibt.

ba) Die Entstehung unternehmerischer Pflichten

Anhand der einschlägigen Vorschriften wird deutlich, daß die Adressierung von Normen nicht das einzige und auch nicht das grundsätzliche Abgrenzungskriterium[49] zwischen den die Bürger unmittelbar verpflichtenden Normen und solchen sein kann, die eine Ermächtigung an die Verwaltung darstellen sollen.

Richtet sich eine Norm an den Bürger direkt, kommt ihrer Tatbestandsseite und deren Bestimmtheit eine herausragende Bedeutung zu. Die Tatbestandsseite der hier behandelten Vorschriften genügt jedoch in ihrer Bestimmtheit weder rechtsstaatlichen noch sachlichen Anforderungen, um eine Pflicht unmittelbar aus ihr abzuleiten. Allein dadurch, daß den Betroffenen bei der „Durchführung der Überwachung"[50] Pflichten zur Duldung bzw. Mitwirkung bei Auskunftsverlangen, Einsichtnahmen in Unterlagen,

---

[46] Z. B. § 73 III, IV i.V.m. V TierSG; 7 II GerätesicherheitsG; 30 III BDSG; 46 II WaffG; 54a PBefG; 41 III, 42 I i.V.m. 43 LMBG; 19 AtomG; 14 III, IV i.V.m. V KriegswaffenG; 22 I, 23 I i.V.m. 24 BtMG; 31 II SprengG; 16 III TierSchG; 55 I Nr. 2, 3, 4 i.V.m. II GüKG; 23 II, III PflSchG; 21 II, III ChemG; § 46 I i.V.m. II GWB.

[47] Z. B. § 16 II TierSchG; 44 I Nr. 1, II KWG; 3b II FleischbeschauG; 14 III WirtschaftssicherstellungsG; 7 I S. 1 GerätesicherheitsG; 3 EnWG; 44 AWG.

[48] Z. B. § 46 I WaffG; 14 I WirtschaftssicherstellungsG; 21 WHG; 52 II, III, VI BImSchG; 11 IV AbfG; 23 I PflSchG; 30 II BDSG; 31 I SprengG; 73 II TierSG.

[49] So H. C. Arbeiter, Die Durchsetzung gesetzlicher Pflichten, S. 16.

[50] Vgl. zu anderen Formulierungen oben § 4 I.1.

Besichtigungen und Probeentnahmen erwachsen sollen, ist über das konkrete Was, Wann, Wie und Wo nichts ausgesagt. So kann auch eine bloße Aktualisierung der jeweiligen Norm, ein „wiederholendes Insgedächtnisrufen", nicht zu einer Verpflichtung führen[51]. Diese kann sich nur durch eine mit ihr verbundene Konkretisierung seitens der Behörde ergeben, die damit einen konstitutiven Akt vornimmt, der für den Einzelfall die Pflicht begründet[52]. Die Verpflichtung setzt voraus, daß die Behörde von dem Betroffenen etwas Konkretes verlangt und daß sich dieser darüber klar werden kann, ob sich das Verlangen auch im Rahmen der gesetzlichen Grundlagen bewegt; denn einem unzulässigen Verlangen braucht er jedenfalls so lange nicht nachzukommen, als es nicht zumindest formal und vorläufig bindend ist[53].

Bei der Auskunft liegt die Notwendigkeit eines konkretisierenden Tätigwerdens der Behörde auf der Hand[54], da Auskunft immer nur erst auf eine Frage hin erteilt werden kann, was sie von der Mitteilung unterscheidet. Aber auch die übrigen den Betroffenen auferlegten Pflichten genügen den Anforderungen des Rechtsstaates nicht, um ohne ein konkretisierendes Tätigwerden der Verwaltung wirksam zu werden[55]. Dessen Notwendigkeit ergibt sich im übrigen aus der Natur der Sache, da der Vorbehalt des Gesetzes bei der Regelung behördlicher Prüfungsbefugnisse an sachstrukturelle Grenzen stößt[56]. Bei behördlichen Prüfungen handelt es sich nämlich inso-

---

[51] Vgl. F. Janssen, S. 198. Wenn G. Mörtel / R. Metzner, RdNr. 8 zu § 22 GastG meinen, die Behörde könne die gesetzlichen Pflichten „im Einzelfall durch gesetzeswiederholenden Verwaltungsakt konkretisieren", so ist das ein Widerspruch in sich. Ebensowenig ist vorstellbar, wie jemand den kraft Gesetzes bestehenden Rechtspflichten zuwiderhandeln, und so den Tatbestand des § 28 I Nr. 11 GastG erfüllen soll, ohne daß vorher ein Verwaltungsakt erlassen worden wäre.

[52] So zutreffend das BayObLG, Beschlüsse v. 6.5.1985, BayVBL. 1985, S. 698, und v. 29.4.1987, GewArch 1987, S. 376, sowie der BGH, Urteil v. 20.5.1985, NJW 1985, S. 3032. Vgl. auch E. Rehbinder u. a., RdNr. 16, 27 zu § 22 ChemG. Zunächst, was die Konkretisierung betrifft, überzeugend in diesem Sinne W. Ernst in: W. Ernst / W. Zinkahn / W. Bielenberg, Bundesbaugesetz, RdNr. 13 zu § 126 BBauG. Ernsts Auffassung, daß nicht die nach § 126 I S. 2 erforderliche Benachrichtigung die Duldungspflicht des Abs.1 entstehen läßt, ist allerdings abzulehnen. Gerade hier folgt aus den von Ernst selbst genannten Gründen eine konkrete Verpflichtung des Betroffenen erst durch eben diese Benachrichtigung (vgl. dazu auch den BayVGH, Urteil v. 25.3.1986, BayVBl. 1986, S. 369 f.); widersprüchlich auch G. Mörtel / R. Metzner, RdNr. 3 und 8 zu § 22 GastG. Das VG Augsburg, Urteil v. 15.3.1974, GewArch 1974, S. 343 (344), geht fehl, wenn es meint, daß es zur Begründung der Auskunfts- und Duldungspflicht nach § 17 I, II HwO keiner Konkretisierung im Einzelfall durch Verwaltungsakt bedürfe, mithin den Betroffenen diese Pflicht „allgemein unmittelbar kraft Gesetzes" obläge; ebenso F. Sieder / H. Zeitler, Wasserhaushaltsgesetz, RdNr. 23 zu § 21 WHG und auch R. Wenzig, Die Prüfungshandlungen, StBp. 1981 S. 80, 1982 S. 49, der Prüfungsverlangen dort als rechtsfeststellende Verwaltungsakte qualifiziert wissen möchte.

[53] Vgl. F. Janssen, S. 198.

[54] So auch H. C. Arbeiter, S. 103.

[55] Vgl. F. Janssen, S. 198 f.

[56] Vgl. F. Ossenbühl, Der Vorbehalt des Gesetzes und seine Grenzen, in: V. Götz / H. H. Klein / C. Starck, Die öffentliche Verwaltung zwischen Gesetzgebung und richterlicher Kontrolle, S. 33 ff.

weit um regelungsfeindliche Sachverhalte[57], als ihr Ziel nicht erreichbar wäre, wenn die jeweiligen Pflichten der Betroffenen an konkrete, vom Gesetzgeber exakt vorbestimmte Tatbestände gebunden wären, da somit die notwendige Flexibilität der Verwaltung behindert würde.

Es ist deshalb notwendig, zwischen allgemeinen und konkreten Pflichten zu unterscheiden. Während letztere den Bürger direkt verpflichten und ein Tätigwerden der Verwaltung nur noch in Form der Aktualisierung bzw. Durchsetzung der Pflicht in Betracht kommt, ist bei den allgemeinen Pflichten, um die es sich hier im Falle des ersten und dritten Regelungsmusters handelt, eine konstitutive Tätigkeit der Verwaltung erforderlich, um die konkrete Pflicht zu begründen[58]. Im Falle des zweiten Regelungsmusters ist dies anders gar nicht möglich.

Für die Klassifizierung einer Norm, als den Bürger unmittelbar verpflichtend, ist somit, neben ihrer Adressierung, vor allem der Grad ihrer Bestimmtheit von Bedeutung[59].

---

[57] Ebenda, S. 34.

[58] Vgl. im Zsh. mit Art. 83 BayBO den BayVGH, Urteil v. 10.4.1986, BayVbl. 1987, S. 21 (22).

[59] Das BVerfG hält bei der Prüfung der Zulässigkeit der Verfassungsbeschwerde die Duldungspflicht des § 17 II S. 2 HwO für unmittelbar kraft Gesetzes bestehend und damit die Verfassungsbeschwerde für zulässig, obwohl sie ein Tätigwerden der Handwerkskammer voraussetzt. Da die tatsächliche Ausübung des Rechts zum Betreten des Betriebes und zur Vornahme der Prüfung oder Besichtigung im Ermessen der Kammer stehe und sie jederzeit auch formlos (?) Beauftragte in den Betrieb entsenden könne, beschwere die Duldungspflicht die Beschwerdeführer unmittelbar. Sie könnten nicht darauf verwiesen werden, erst den Verwaltungsrechtsweg zu beschreiten, noch darauf, die Besichtigung zunächst zu verweigern und damit den Tatbestand einer Ordnungswidrigkeit zu erfüllen, die ein Ordnungswidrigkeitenverfahren nach sich ziehen kann (Beschluß v. 31.10.1971, BVerfGE 32, S. 54 (62 f.)). Die Möglichkeit einer jederzeitigen formlosen Prüfung ist aus den oben (I.) genannten Gründen abzulehnen. Die Zulässigkeit einer unmittelbar gegen das Gesetz gerichteten Verfassungsbeschwerde hat das BVerfG mit guten Gründen in besonders gelagerten Fällen, wie dem hier gegebenen, ausnahmsweise vor Erlaß des unmittelbar in die Rechtssphäre eingreifenden Vollziehungsaktes bejaht, wenn das Gesetz die Normadressaten bereits gegenwärtig zu später nicht mehr korrigierbaren Entscheidungen zwingt oder schon jetzt zu Dispositionen veranlaßt, die sie nach dem späteren Gesetzesvollzug nicht mehr nachholen können (vgl. BVerfG, Urteil v. 15.12.1983, BVerfGE 65, S. 1 (36 f.) m.w.N.). Demnach steht die Rechtsprechung des BVerfG den hier angestellten Überlegungen nicht entgegen, da ihrzufolge die unmittelbare Betroffenheit im Rahmen der Zulässigkeitsprüfung zur Verfassungsbeschwerde und die unmittelbare Verpflichtung zu einem Handeln oder Dulden staatlicher Maßnahmen zu unterscheiden sind bzw. nicht notwendig zusammenfallen.

Zur Unterscheidung zwischen generellen und individuellen, abstrakten und konkreten Anordnungen unter dem Gesichtspunkt der Abgrenzung zwischen Rechtssatz und Einzelakt und den Folgen für deren verfahrensmäßige Behandlung vgl. die umfassende Darstellung von T. Jaag, Die Abgrenzung zwischen Rechtssatz und Einzelakt.

bb) Behördliche Befugnisse

Bei der Gestattung von bzw. der Mitwirkung bei behördlichen Prüfungen handelt es sich um öffentlich-rechtliche Leistungspflichten[60]. Eine Prüfungsmaßnahme muß sich deshalb in hoheitlicher Form vollziehen, wozu die Verwaltung einer Befugnis bedarf. Im Falle des ersten und zweiten Regelungsmusters ist dies unproblematisch, da sich die Befugnis unzweideutig aus dem Gesetz ergibt. Fraglich könnte somit allenfalls sein, worauf die Behörde im Falle des dritten Regelungsmusters, bei der den Betroffenen nur allgemein Mitwirkungs- und Duldungspflichten auferlegt sind, Maßnahmen stützen kann.

Welche Verwirrung unbedachte, in diesem Fall zusätzlich uneinheitliche Gesetzesformulierungen hervorrufen können, zeigt sich in den Kommentierungen zu § 52 BImSchG, der hier beispielhaft für das dritte Regelungsmusters herangezogen werden soll.

Dort vertritt K. Hansmann[61] die Ansicht, daß die Überwachungsbehörde eine unselbständige Anordnung zur Erfüllung der Pflichten aus § 52 erlassen, und diese Anordnung gegebenenfalls mit den Mitteln des Verwaltungszwanges durchsetzen kann, falls sich ein Betroffener weigert, seinen Pflichten nachzukommen. Die Befugnisnorm dafür stelle der Abs. 1 des § 52 dar. Dies ist abzulehnen.

Zunächst geht Hansmann davon aus, daß es einer förmlichen Handlung der Behörde erst bedürfe, wenn ein Betroffener sich weigert, seinen Pflichten aus § 52 nachzukommen.

Von einer Weigerung kann man jedoch erst sprechen, wenn dem Betroffenen vorher eine konkrete Pflicht auferlegt wurde. Wie bereits erläutert, ist dies jedoch weder im Falle der Abs. 2, 3 und 6 des § 52 BImSchG bereits durch Gesetz geschehen, noch durch schlichthoheitliches Handeln in Form von Bitten etc. möglich[62]. Das Entstehen einer konkreten Verpflichtung für den Betroffenen setzt bereits eine Verfügung durch die Behörde voraus.

Des weiteren ist die Ablehnung der § 17 und 24 BImSchG sowie der polizei- und ordnungsrechtlichen Generalklausel als Befugnisnorm gerechtfertigt, nicht aber der Rückgriff auf § 52 I BImSchG zu diesem Zweck. Dieser liefert keine Anhaltspunkte für eine Befugnisnorm[63] und würde ebenso wie die Vorgenannten einen Umweg darstellen.

Rechtsgrundlage für eine Verfügung können hier nur die Vorschriften sein, aus denen die Verwaltungsakte ihre inhaltliche Aussage entnehmen,

---

[60] Vgl. H. P. Ipsen, Diskussionsbeitrag, in: E. v. Caemmerer (Hrsg.), S. 108.
[61] In: R. v. Landmann / G. Rohmer, RdNr. 19 zu § 52 BImSchG.
[62] Vgl. H. Jarass, Bundes-Immissionsschutzgesetz, RdNr. 3 zu § 52 BImSchG.
[63] Ebenda, RdNr. 5 zu § 52 BImSchG.

die pflichtbegründenden Normen selbst[64]. Das sind die Abs. 2, 3 und 6 des § 52 BImSchG, und zwar ohne daß es einer Erörterung der Frage bedarf, ob die Statuierung einer Pflicht durch eine Rechtsvorschrift der Behörde das Recht gibt, diese Pflicht durch Verwaltungsakt verbindlich festzustellen, zu konkretisieren bzw. sie auf diesem Wege durchzusetzen[65]. Das ist im Falle des § 52 BImSchG und der ebenso aufgebauten Vorschriften nicht entscheidend. Hier ist nämlich regelmäßig eine allgemeine Pflicht des Normadressaten gegenüber einer bestimmten Behörde statuiert, woraus sich die Befugnis der Behörde zu ihrer Geltendmachung durch Konkretisierung im Wege einer Anordnung ergibt[66]. Innerhalb des besonderen Rechtsverhältnisses zwischen Bürger und Staat hat diese Befugnis zumindest auch den Aspekt eines relativen subjektiven Rechtes der Verwaltung gegenüber dem Bürger, der für ein rechtsstaatliches Verwaltungsrecht der Entscheidende ist[67].

Ebenso ist eine Trennung zwischen unselbständigen und selbständigen Verfügungen hier problematisch, trägt jedoch zu einer Untermauerung der gefundenen Ergebnisse bei[68]. Soweit durch behördliche Anordnung bestimmte Pflichten begründet (z. B. Stillegung einer Anlage) oder bestehende allgemeine Pflichten konkretisiert (z. B. solche aus den § 5 und 22 BImSchG) werden sollen, kommen als Rechtsgrundlage nur die besonderen Eingriffsermächtigungen der § 12, 17, 20, 21, 24 und 25 BImSchG in

[64] Vgl. H. C. Arbeiter, S. 122.

[65] Vgl. dazu m.w.N. L. Osterloh, Erfordernis gesetzlicher Ermächtigung für Verwaltungshandeln in Form des Verwaltungsakts, JuS 1983, S. 280 ff.

[66] Vgl. H. Jarass, RdNr. 7 zu § 62 BImSchG; ebenso G. Feldhaus, Anm.4 zu § 52 BImSchG, und wohl auch H. C. Arbeiter, S. 103, der zu demselben Ergebnis kommt, wenn er eine gesetzliche Auskunftsverpflichtung in dem Sinne ausgelegt wissen will, daß dort eine Konkretisierung (!) durch Verwaltungsakt zulässig sei. Wenn er bezüglich gesetzlicher Duldungspflichten, wie der Pflicht zur Duldung des Betretens und Besichtigens meint, daß diese ohne Bedenken direkt vollstreckt werden dürfen, widerspricht er jedoch seinem eigenen System. Weder ist bei diesen Maßnahmen der Zusammenfall von Anordnung und Vollzug in ihrem Wesen begründet (ebenda, S. 111; vgl. dazu auch unten zu Anhörung und sofortiger Vollziehung), noch ergibt sich aus dem Wortlaut des Gesetzes eine konkrete Verpflichtung des Betroffenen. Schon gar nicht läßt sich der Umfang der Verpflichtung zweifelsfrei aus dem Gesetz entnehmen, was nach Arbeiter (ebenda, S. 137 ff.) unbedingte Voraussetzung dafür ist, daß eine Pflichtnorm Grundlage für einen Verwaltungsakt sein kann. Im Gegenteil ist immer eine Konkretisierung der allgemeinen Pflicht nötig, worin ein eigenständiger materieller Eingriff liegt. Von einem „neuen" Eingriff zu sprechen ist verfehlt, da die allgemeine Pflicht, die man mangels Verpflichtungscharakter besser auch anders bezeichnen sollte, gar keinen Eingriff darstellt, weshalb sie auch nur ausnahmsweise Gegenstand einer gerichtlichen Auseinandersetzung sein kann (vgl. oben Fn. 58).

[67] Zur Unterscheidung von allgemeinen und besonderen Rechtsverhältnissen und von absoluten und relativen subjektiven Rechten vgl. W. Henke, Das subjektive Recht ..., S. 621 ff., für das Verwaltungs- und derselbe, Juristische Systematik ..., S. 1 ff., für das Verfassungsrecht; J. Schapp, Das subjektive Recht im Prozeß der Rechtsgewinnung, S. 154 ff., sowie § 3 III.

[68] Vgl. zum Folgenden K. Hansmann, in: R. v. Landmann / G. Rohmer, RdNr. 19 f. zu § 52 BImSchG; zur Problematik selbstständiger und unselbstständiger Verfügungen in diesem Bereich auch H. Jarass, RdNr. 5 zu § 52 BImSchG.

Betracht. Hierbei handelt es sich nach Hansmann um selbständige Verfügungen.

Unselbständige Verfügungen dienen der rechtsverbindlichen Aktualisierung bestehender konkreter Pflichten[69]. Ob solche generell auf Grundlage des § 52 I BImSchG durchgesetzt werden können, kann in unserem Zusammenhang dahingestellt bleiben. Es ist jedoch auch hier darauf zu verweisen, daß es sich bei den in § 52 II, II und VI BImSchG festgeschriebenen Pflichten um solche allgemeiner, nicht konkreter Art handelt, was von Hansmann übersehen wird. Ein Vergleich mit den oben beispielhaft als Grundlage selbständiger Verfügungen genannten Vorschriften des BImSchG bestätigt dieses Ergebnis.

Folglich handelt es sich bei den Verfügungen, die ein Prüfungsverlangen zum Gegenstand haben, um solche selbständiger Art, für deren Erlaß in § 52 II, III und VI BImSchG auch die besondere Ermächtigung gegeben ist. Selbständig sind sie, da sie die Konkretisierung einer allgemeinen Pflicht darstellen, auch wenn sie nicht auf der polizei- bzw. ordnungsbehördlichen Generalklausel beruhen.

Eine Unterscheidung zwischen unselbständigen (abhängigen) und selbständigen (unabhängigen) Verfügungen, rein formal danach, ob sie auf ein Spezialgesetz oder die polizei- bzw. ordnungsbehördliche Generalklausel gestützt sind[70], erscheint wenig sinnvoll. Es wäre eher angebracht, eine solche Klassifizierung an Hand dessen vorzunehmen, ob mit der Verfügung eine konkrete Pflicht lediglich aktualisiert (unselbständige Verfügung) oder eine allgemeine Pflicht konkretisiert wird und die Verfügung an sich eine konstitutive Wirkung hat (selbständige Verfügung). So verfährt letztlich auch Hansmann, ordnet jedoch die Pflichten aus § 52 II, III und VI BImSchG unzulässigerweise als nicht konkretisierungsbedürftig ein.

c) Zusammenfassung und Kritik

Bei einer über die genannten Beispiele hinausgehenden Durchsicht der einschlägigen Vorschriften ist festzustellen, daß deren unterschiedliche Formulierung, und um mehr handelt es sich nicht, vom Gesetzgeber nicht bewußt vorgenommen wurde. Ein sachlicher Grund für die verschiedenen Regelungstechniken ist nicht ersichtlich. Allen Vorschriften ist gemein, daß sie behördliche Prüfungen ermöglichen sollen. Den Behörden werden die erforderlichen Befugnisse eingeräumt und den Betroffenen die entsprechenden Pflichten (allgemeiner Art!) auferlegt.

---

[69] Z. B. aus § 3 der 8. BImSchVO oder aus § 53 I BImSchG i.V.m. § 1 der 5. BImSchVO oder aus einem Verwaltungsakt.

[70] So das gängige Vorgehen im allgemeinen Polizei- und Ordnungsrecht (vgl. B. Drews u. a., S. 410 ff.; V. Götz, Allgemeines ..., S. 223).

Sind neben den Befugnissen der Verwaltung, sozusagen als Bekräftigung, die entsprechenden allgemeinen Pflichten der Betroffenen nochmals erwähnt, so ist dies überflüssig und ohne konstitutive Wirkung[71].

Auch der Wahl zwischen dem zweiten und dritten Regelungsmuster kommt keine rechtliche Bedeutung zu. Beide ergänzen einander sowohl rechtssystematisch wie sachlogisch zu einem Ganzen, so daß sich bei Nennung des einen Teils die des anderen erübrigt[72].

Dennoch sollte der Gesetzgeber, gleichgültig ob er sich eines Tages für eine einheitliche, behördliche Prüfungen betreffende, Regelung entscheidet oder gelegentlich einer Bereinigung des geltenden Rechts, eine Vereinheitlichung der einschlägigen Vorschriften vornehmen. Klare Befugnisnormen für die Verwaltung unter Weglassung unnötigen Ballastes böten sich hier an.

2. Das Prüfungsverlangen in Form des Verwaltungsaktes

a) Gegenmeinungen und Kritik

Vereinzelt wird in Rechtsprechung und Literatur die Auffassung vertreten, bei einem auf die einschlägigen Vorschriften gestützten Prüfungsverlangen handle es sich nicht um einen Verwaltungsakt im Sinne des Verwaltungsverfahrensgesetzes.

So meint das OLG Düsseldorf[73], das staatliche Gewerbeaufsichtsamt bediene sich mit einem auf § 13 I S. 1 ASiG gestützten Auskunftsverlangen lediglich eines ihm zugestandenen Beweismittels i.S.v. § 26 VwVfG zwecks Prüfung der Frage, ob gegebenenfalls eine behördliche Anordnung gem. § 12 I ASiG zu treffen sei.

Wie das Gericht in seiner Urteilsbegründung zutreffend bemerkt, kann das Auskunftsverlangen zwar der Kontrolle dienen, ob ein Arbeitgeber seinen Pflichten aus den § 2 II und 5 II ASiG nachkommt. Entgegen der Auffassung des Gerichts dient es jedoch nicht lediglich der Vorbereitung eines möglichen Verwaltungsverfahrens nach § 12 I ASiG[74].

---

[71] Vgl. E. Rehbinder u. a., RdNr. 6 zu § 21 ChemG; zum Übermaß der Gesetzgebung U. Scheuner, Die Aufgabe der Gesetzgebung in unserer Zeit, DÖV 1960, S. 603. Dies gilt natürlich nicht, soweit den Betroffenen weitergehende, über den Rahmen der Befugnis hinausreichende Pflichten auferlegt werden.

[72] Vgl. E. Radek, Das neue Chemikaliengesetz, S. 99; W. Zipfel, RdNr. 4 ff. zu § 43 LMBG; zum gleichen Ergebnis kommt auch P. Heckel, S. 168.

[73] Beschluß v. 2.2.1982, GewArch 1983, S. 154 ff.

[74] Der Hinweis darauf, daß eine behördliche Maßnahme die nachfolgende Endentscheidung lediglich vorbereiten soll, ist ein gängiges Argument gegen den Verwaltungsaktcharakter der betreffenden Maßnahme (vgl. M. Eichberger, Die Einschränkung des Rechtsschutzes gegen behördliche Verfahrenshandlungen, S. 133 m.w.N.).

Daß dies nur zum Teil richtig sein kann, ergibt sich schon aus dem vom Gericht selbst gebrauchten Begriff der „Kontrolle", der die Möglichkeit beinhaltet, daß danach nichts mehr geschieht bzw. zu geschehen hat, kurz gesagt: gar kein „besonderes Verwaltungsverfahren" im Sinne des Gerichtes mehr stattfindet. So deutet bereits die Tatsache, daß behördliche Prüfungen nicht zwangsläufig in ein gesondertes Verwaltungsverfahren münden müssen, auf deren Eigenständigkeit und damit auf Prüfungsverlangen als selbständige, in der Hauptsache vorgenommene Verwaltungsakte hin. Und selbst wenn Prüfungsverlangen bzw. die als Ergebnis einer Prüfung gewonnenen Informationen der Vorbereitung eines (gesonderten!) Verwaltungsverfahrens oder als Beweismittel i.S.d. § 26 VwVfG dienen sollten, handelt es sich bei den Verlangen selbst um Verwaltungsakte. Auch um behördliche Verfahrenshandlungen[75] handelt es sich nämlich nicht, obwohl eine derartige Einordnung wegen § 44a S. 2 1. Alt. VWGO unerheblich wäre, zumindest was die Möglichkeit des Rechtsbehelfes gegen sie betrifft[76].

Bei Prüfungsverlangen handelt es sich eindeutig um selbständige Rechtsbeeinträchtigungen zu Lasten der Betroffenen, die eine abgeschlossene Regelung darstellen[77].

Weiterhin verdienen Rechtsprechung und Literatur zu § 17 HwO Beachtung, in denen in besonderem Maße die Auffassung vertreten wird, Prüfungsverlangen stellten keinen Verwaltungsakt dar[78].

So entschied das VG Augsburg[79], daß die Ankündigung der Handwerkskammer, zu einem bestimmten Termin in den Geschäftsräumen eines Gewerbetreibenden Prüfungen und Besichtigungen gem. § 17 II HwO vornehmen zu wollen, keinen Verwaltungsakt darstelle und von dem Betriebsinhaber daher nicht mit der Anfechtungsklage angegriffen werden könne.

Das Gericht führt dazu aus, Auskunftsersuchen nach § 17 I sowie Ankündigungen und Durchführungen von Prüfungen und Besichtigungen nach

---

[75] Vgl. dazu P. Badura, S. 370; F. Kopp, VWGO, RdNr. 1 ff. zu § 44a.

[76] Vgl. J. Held, S. 202 ff., 248 f.; H. Hill, Das fehlerhafte Verfahren und seine Folgen im Verwaltungsrecht, S. 43 ff. insbes. 48 ff.

[77] Dem steht auch die Rechtsprechung des BVerwG nicht entgegen, die besagt, daß behördliche Maßnahmen, die lediglich der Vorbereitung einer durch einen späteren Verwaltungsakt zu treffenden Regelung dienen oder eine solche Regelung erst in Aussicht stellen, vor den Verwaltungsgerichten nicht angefochten werden können, da es sich dort immer um solche Maßnahmen handelt, die keine selbstständige Rechtsbeeinträchtigung des Betroffenen darstellen (vgl. BVerwG, Beschlüsse v. 12.5.1961, DVBl. 1961, S. 735 f., und v. 8.2.1956, MDR 1957, S. 57 f.).

[78] Vgl. G. Honig, S. 188; E. Eyermann / L. Fröhler, Handwerksordnung, RdNr. 3 zu § 17 HwO; H. Kolbenschlag / H. Lessmann / R. Stücklen, Die Deutsche Handwerksordnung, Anm. 17 zu § 17 HwO; eher zweifelnd A. Siegert / H.J. Musielak, Das Recht des Handwerks, RdNr. 9 zu § 17 HwO; VG Augsburg, Urteil v. 15.3.1974, GewArch 1974, S. 343 ff.; BayVGH, Beschlüsse v. 31.8.1962, BayVBl. 1962, S. 123, und v. 14.4.1960, in: H. Kolbenschlag / K. Lessmann, Taschenlexikon handwerksrechtlicher Entscheidungen (THwE), Nr. 62.

[79] A.a.O., Fn. 78.

§ 17 II HwO seien Handlungen der Handwerkskammer ohne eigene unmittelbare Rechtserheblichkeit, die daher nicht die rechtliche Qualität von Verwaltungsakten hätten[80]. Es handle sich dabei allenfalls um Maßnahmen zur Aufklärung des Sachverhalts, mit denen noch nicht in die Rechtssphäre des gewerblichen Unternehmens eingegriffen werde, mithin nur um solche, die erst der Vorbereitung künftiger Verwaltungsakte der Handwerkskammer bzw. anderer zuständiger Behörden zu dienen bestimmt wären.

Dies ist schon deshalb nicht vertretbar, da es sich bei Prüfungen, wie schon aus § 9 II BDSG zu schließen, um Eingriffsmaßnahmen handelt; denn die im Rahmen behördlicher Prüfungen gewonnenen Daten werden gesammelt und verarbeitet im Sinne der Datenschutzgesetze[81]. Zudem versucht das VG Augsburg seine Meinung mit unpassenden Zitaten zu untermauern[82]:

Es verweist auf ein Urteil des BVerwG[83], in dem dieses feststellt, daß eine Erklärung der Handwerkskammer, die noch nicht die feste Absicht der Eintragung in die Handwerksrolle zum Ausdruck bringt, sondern zunächst der Klärung dienen soll, ob die Voraussetzungen für eine solche Eintragung vorliegen, weder mit einer Anfechtungs- noch einer Feststellungs- oder Unterlassungsklage angegriffen werden kann.

Unabhängig davon, daß eine „Erklärung" in diesem Zusammenhang zur Klärung der interessierenden Frage nichts beitragen kann, ist dem im Ergebnis zuzustimmen. Die Erklärung einer möglichen Eintragung hat in der Tat keine unmittelbare Rechtswirkung, welche Wesensmerkmal eines jeden Verwaltungsaktes ist[84].

Ansonsten wird in der Urteilsbegründung jedoch unzureichend zwischen eben dieser Erklärung der Handwerkskammer und der zusammen mit ihr zugestellten Aufforderung zur Ausfüllung eines umfangreichen Fragebogens[85] unterschieden. Nur so ist die Feststellung des Gerichtes erklärbar, daß das Schreiben der Handwerkskammer keinen anfechtbaren Verwaltungsakt enthielte. Daß bereits die Aufforderung zur Ausfüllung eines Fragebogens – als eine Form der Auskunftserteilung – einen Eingriff in die rechtlich geschützte Sphäre des Klägers und insoweit auch einen Verwal-

---

[80] Vgl. auch das OVG Koblenz, Beschluß v. 29.11.1958, THwE Nr. 203. In seinem Urteil v. 29.12.1959, THwE Nr. 206, verneint dasselbe Gericht das Vorhandensein konkreter rechtlicher Beziehungen zwischen den Parteien im Falle von Auskunftsverlangen seitens der Handwerkskammer.

[81] Vgl. R. Riegel, Zur Frage der Auskunftspflicht nach Allgemeinem Polizeirecht, DÖV 1978, S. 505, und derselbe, Bemerkungen ..., BayVBl. 1977, S. 683 f. Zum Geltungsbereich und der allgemeinen Anwendbarkeit des BDSG im Rahmen behördlicher Prüfungen vgl. § 7 II.4.

[82] Vgl. E. Michel / W. Kienzle, RdNr. 6 zu § 22 GastG, Fn. 16a.

[83] Beschluß v. 11.1.1963, GewArch 1963, S. 10 f.

[84] Vgl. BVerwG, Beschluß v. 17.4.1959, DVBl. 1959, S. 582.

[85] Ein Fragebogen ist abgedruckt bei G. Honig, S. 188 f.

tungsakt darstellt, kann nicht zweifelhaft sein. Gegen diese Aufforderung hätte auch der Kläger sich mit seiner Klage wenden müssen, um möglicherweise zum Erfolg zu kommen.

Wenn nun aber bereits die Auskunftspflicht, als „mildestes Mittel" behördlicher Prüfungsbefugnisse, „im Sinne der rechtsstaatlichen Theorie und geltenden Verfassung (Art. 20 III GG) einen Eingriff in den Freiheitsbereich des Bürgers enthält"[86], muß das für die übrigen Prüfungsbefugnisse, wie Einsichtnahme in Unterlagen, Betreten von Grundstücken und Räumen sowie Probeentnahme, um so mehr gelten[87].

Ebenso ist, entgegen der Meinung des VG, bei der Anforderung von Fahrtauglichkeitsgutachten gegenüber Fahrerlaubnisbewerbern, die Rechtslage eine andere. Ein Vergleich bringt grundsätzliche Unterschiede, nicht Gemeinsamkeiten, zutage.

Nach § 13 III FahrlVO kann die Erlaubnisbehörde die Vorlage eines amts- oder fachärztlichen Zeugnisses oder eines eignungstechnischen Gutachtens einer Untersuchungsstelle verlangen, wenn Tatsachen bekannt werden, die Bedenken gegen die geistige oder körperliche Eignung des Fahrlehrers begründen. Ähnliche Bestimmungen finden sich in § 12 I StVZO für die Erteilung und in § 3 II StVZO für die Entziehung der Fahrerlaubnis. Den Vorschriften ist gemeinsam, daß die in das pflichtgemäße Ermessen der Verwaltungsbehörde gestellte Anforderung eines ärztlichen Zeugnisses etc. der „Vorbereitung einer Entscheidung" dient, was § 3 II StVZO ausdrücklich hervorhebt.

Insoweit ist die Argumentation des VG Augsburg schlüssig. Sie übersieht jedoch den entscheidenden Unterschied der § 13 III FahrlVO und 3 II, 12 I StVZO zu § 17 I, II HwO und den vergleichbaren Vorschriften. Dieser liegt darin, daß die Aufforderung zur Duldung einer ärztlichen Untersuchung im Verkehrsrecht sich an den Betroffenen als eine unselbstständige Nebenverpflichtung wendet, die lediglich eine schon nach allgemeinen Rechtsgrundsätzen bestehende Mitwirkungspflicht an der Aufklärung des Sachverhalts konkretisiert, während die Pflicht zur Mitwirkung bei behördlichen Prüfungen im Wirtschaftsüberwachungsrecht eine selbstständige öffentlich-rechtliche Pflicht darstellt[88].

Der Unterschied zwischen beiden Arten von Pflichten wird an den Folgen ihrer Nichtbeachtung deutlich:

Kommt der Betroffene selbstständigen öffentlich-rechtlichen Pflichten, wie sie z. B. Anordnungen nach § 17 I, II HwO begründen, nicht nach, so

[86] G.Wacke, S. 162; vgl. auch BVerfG, Beschluß v. 13.1.1981, BVerfGE 56, S. 37 (41 f.).

[87] Zum Verhältnis der Prüfungsbefugnisse zueinander vgl. ausführlich § 12.

[88] Vgl. BayVGH, Beschluß v. 15.12.1967, BayVBl. 1968, S. 403 f.

kann er dazu gezwungen werden. Daß spätestens hier von einem Eingriff in die Rechts- bzw. Interessenssphäre des Betroffenen gesprochen werden muß, ist offensichtlich. Die Mitwirkungspflicht aber stellt eine nicht vollstreckbare Verfahrensanordnung dar, die, wie die Bezeichnung sagt, nicht vollziehbar ist. Mit ihr wird daher auch nicht unmittelbar in Persönlichkeitsrechte eingegriffen[89]. Entsprächen nun die sich auf Grund behördlicher Prüfungsbefugnisse ergebenden Pflichten für die Betroffenen den beschriebenen unselbstständigen Nebenverpflichtungen im Verkehrsrecht, so liefen sie praktisch leer.

Mag es auch im Straßenverkehrsrecht zulässig und sinnvoll sein, aus der (unberechtigten) Weigerung eines Führerscheininhabers bzw. -antragstellers, sich untersuchen zu lassen, für diesen nachteilige Schlüsse zu ziehen, die unter Umständen zur Versagung oder Entziehung der Fahrerlaubnis führen[90], wäre eine ähnliche Folgerung bei Verweigerung behördlicher Prüfungen im Wirtschaftsüberwachungsrecht aus Verhältnismäßigkeitserwägungen bedenklich und sachlich kaum vertretbar[91]. Völlig ausgeschlossen wäre eine solche Vorgehensweise immer dann, wenn z. B. das Versagen oder die Entziehung einer Erlaubnis zur Gewerbeausübung nicht in Betracht kommt und dort, wo die Behörde mangels – vor allem der verwehrten – Informationen nicht weiß, wogegen sie welche Art von Maßnahmen ergreifen könnte. Die Behörde kann nicht immer bei Nichtbefolgung ihres Verlangens eine Beweiswürdigung vornehmen, die zu einer in den Rechtsstatus des Betroffenen eingreifenden Maßnahme führt. Auch aus diesem Grund handelt es sich bei einem Prüfungsverlangen grundsätzlich nicht um die einer eigentlichen Entscheidung vorausgehende und diese vorbereitende Maßnahme, deren Voraussetzungen nicht selbständig, sondern nur mit der das Verfahren abschließenden Entscheidung überprüfbar sein müssen[92]. Vor allem aber verbieten die überwachungsrechtlichen Aufgaben und Verantwortlichkeiten der Behörde Entscheidungen ohne zureichende Kenntnis des Sachverhalts, weil sie regelmäßig nicht sachgemäß, rechtswidrig und „unjuristisch“[93] wären.

Die entscheidenden Argumente gegen die Verneinung der Verwaltungsaktsqualität und der Möglichkeit des verwaltungsgerichtlichen Vorgehens gegen Prüfungsverlangen bestehen somit im Eingriffscharakter und in der

---

[89] Vgl. ebenda, S. 404, und das BVerwG, Urteil v. 28.11.1969, BayVBl. 1970, S. 256; F. Kopp, VwVfG, RdNr. 37 zu § 35.

[90] Vgl. BayVGH, Beschluß v. 15.12.1967, BayVbl. 1968, S. 403.

[91] A. A. wohl P. Heckel. S. 245, und W. Reiß, Gesetzliche Auskunftsverweigerungsrechte bei Gefahr der Strafverfolgung in öffentlichrechtlichen Verfahren, NJW 1982, S. 2541. Ebensowenig vergleichbar ist die Lage im Steuerrecht, wo bei Schweigen des Steuerpflichtigen eine nachteilige Schätzung zulässig ist (vgl. Engelhardt, in: Hübschmann u. a., RdNr. 47 ff. zu § 393 AO).

[92] Vgl. BVerwG, Urteil v. 28.11.1969, a.a.O., S. 256.

[93] A. Reuter, Informale ..., S. 93.

Eigenständigkeit dieser Maßnahmen, die vor allem auch einen Ausschluß aus verfahrensökonomischen Gründen[94] unmöglich machen.

b) Der Verwaltungsakt

Die vorangegangene Darstellung macht deutlich, daß es sich bei einem behördlichen Prüfungsverlangen um die Regelung eines Einzelfalles auf dem Gebiet des öffentlichen Rechts handelt, die eine unmittelbare Rechtswirkung nach außen hin entfaltet und einen Eingriff in die Rechtssphäre des Einzelnen bzw. des Unternehmens darstellt. Prüfungsverlangen erfüllen somit die Anforderungen, die § 35 VwVfG an das Vorliegen eines Verwaltungsaktes stellt[95].

Das Zustandekommen und die rechtlichen Wirkungen dieses Verwaltungsaktes richten sich nach den einschlägigen und an sich unproblematischen Vorschriften des VwVfG. Auf diese soll deshalb hier nur insoweit eingegangen werden, wie im Zusammenhang mit der Erörterung behördlicher Prüfungsbefugnisse von besonderer Bedeutung.

ba) Inhalt und Regelungswirkung

Den Betroffenen muß ermöglicht werden, die Rechtmäßigkeit des Prüfungsverlangens nachzuprüfen[96]. Da dieses Verlangen nicht nur im Wortlaut seiner Rechtsgrundlage Rückhalt finden muß, sondern auch in deren Einbindung, z. B. in den Bereich des Gewerberechts mit seinen spezifischen Grundsätzen, und zusätzlich die Verhältnismäßigkeitsregeln beachtet werden müssen, ist eine Verfügung ungenügend, die nicht erkennen läßt, ob sie sich innerhalb dieser Zulässigkeitsgrenzen bewegt.

Aus der Verfügung muß sich zumindest entnehmen lassen, daß der eindeutig benannte Adressat einem oder mehreren bestimmten Beauftragten einer

---

[94] Vgl. F. Kopp, VWGO, RdNr. 1 zu § 44a.

[95] So auch die weitaus h. M. Vgl. W. Hahn, S. 39; P. Heckel, S. 64; A. Reuter, Kartellbehördliche ..., S. 46; W. Blum, S. 126, Fn. 1; G. v. Bary, S. 3; R. Schiedermair / J. Pieck, RdNr. 38 zu § 18, 19 ApoG; P. Schiwy, Anm. zu § 21 I, II ChemG; F. Reischauer / J. Kleinhans, RdNr. 18 ff. zu § 44 KWG; K. Hansmann, in: R. v. Landmann / G. Rohmer, RdNr. 48 zu § 52 BImSchG; V. Szagunn / K. Wohlschieß, Gesetz über das Kreditwesen, RdNr. 8, 12, 13 und 17 zu § 44 KWG; H. P. Ipsen, Diskussionsbeitrag, in: E. v. Caemmerer (Hrsg.), S. 52; E. Forsthoff, S. 98; H. C. Arbeiter, S. 103, 110; Th. J. Meyer, S. 6 ff. Vgl. auch A. Knopp / O. Fichtner, Bundessozialhilfegesetz, RdNr. 7 zu § 116 BSHG in Anschluß an das OVG Lüneburg, Urteil v. 6.8.1952, DVBl. 1953, S. 382; neuerdings der BayVGH, Urteil v. 10.4.1986, BayVbl. 1987, S. 21 f., das BayObLG, Beschlüsse v. 6.5.1985, BayVBl. 1985, S. 698 und v. 29.4.1987, GewArch 1987, S. 376, sowie der BGH, Urteil v. 5.3.1986, NJW 1986, S. 1688 f. Für das Steuerrecht vgl. nur W. Schick in: Hübschmann u. a., RdNr. 54 zu § 200 AO.

[96] Vgl. W. Ernst, in: W. Ernst u. a., RdNr. 13 zu § 126 BBauG.

bestimmten Behörde in einer örtlich näher bezeichneten Betriebsstätte zum Zwecke der gesetzlichen Überwachung an einem näher umrissenen Zeitpunkt das Betreten der für den Geschäftsbetrieb benutzten Räume, die Einsichtnahme in seine Geschäftsunterlagen und die Entnahme von Proben zu gestatten und ggf. in bestimmter Weise dabei mitzuwirken bzw. Auskünfte zu erteilen hat[97]. Rechtsgrundlage und Gegenstand des Verlangens sind anzugeben. Des weiteren ist unter Umständen eine angemessene Frist einzuräumen. Dabei genügt es für die Angabe des Zwecks dieses Verlangens nicht, wenn nur die Aufgabenzuweisung der zuständigen Behörde wiederholt wird, etwa in der Form, das Verlangen diene der Behörde „zur Überwachung der Durchführung dieses Gesetzes und der auf dieses Gesetz gestützten Rechtsverordnungen“[98]. Das Prüfungsverlangen muß vielmehr, wie jeder Verwaltungsakt – speziell aber ein solcher auf dem Gebiete der Eingriffsverwaltung – bestimmt, unzweideutig und vollständig sein sowie insbesondere erkennen lassen, was genau geprüft werden soll[99]. Grundsätzlich ist es mit einer Begründung zu versehen[100]. Nur bei methodisch und inhaltlich im normalen Rahmen verbleibenden Mitwirkungsverlangen kann sie entfallen, wenn sich der Grund für das Mitwirkungsverlangen bereits aus dem Zweck der Prüfung ergibt. Der Prüfer braucht sich hier nicht „in die Karten sehen zu lassen“. Es genügt, daß das Mitwirkungsverlangen als Bestandteil einer sachgerechten Prüfungskonzeption denkbar ist. Eine Kontrolle, die sich ständig selbst erläuterte und damit Gelegenheiten zu Gegenstrategien gäbe, würde zur Farce[101]. Lediglich bei außergewöhnlichen Mitwirkungsverlangen ist eine besondere Begründung erforderlich, z. B. wenn Unterlagen aus dem Grenzbereich zur Privatsphäre verlangt werden[102].

Vor allem, wenn Anordnung und Vollzug der Maßnahmen nicht notwendig zusammenfallen[103], ermöglicht eine derartige, in der Regel dann schriftliche Verfügung[104] es den Betroffenen nochmals, sich auf die Maßnahmen einzustellen und mit der Behörde in Kontakt zu treten, um eventuell eine Verlegung zu erwirken, Alternativen anzubieten und Rechtsmittel einzulegen, die in ihrer Wirkung über die einer Feststellungsklage hinausgehen.

---

[97] Vgl. F. Janssen, S. 198 f.

[98] Vgl. § 52 I BImSchG.

[99] Vgl. H. J. Wieckmann, S. 45; OVG Hamburg, Urteil v. 2.4.1976, OVG Bf.I 44 / 74.

[100] Vgl. W. Schick, Notwendigkeit und Funktion der Begründung bei Verwaltungsakten, JuS 1971, S. 1 ff.

[101] Vgl. R. Wenzig, Die Prüfungshandlungen, S. 118.

[102] Vgl. W. Schick, in Hübschmann u. a., RdNr. 65 ff. zu § 200 AO; derselbe, Außenprüfung nach der AO 1977 – eine kritische Würdigung, StuW 1977, S. 166.

[103] Vgl. unten bb), bc).

[104] Die Schriftform ist nicht zwingend vorgeschrieben (§ 37 II S. 1 VwVfG). § 37 II S. 2 VwVfG gibt den Betroffenen bei mündlichen Verwaltungsakten jedoch grundsätzlich einen Anspruch auf schriftliche Bestätigung (vgl. F. Kopp, VwVfG, RdNr. 21 ff. zu § 37; BayVGH, Urteil v.10.4.1986, BayVBl. 1987, S. 21 (22)).

Insofern geht der Regelungsgehalt eines Prüfungsverlangens über den einer Vollziehungsverfügung[105] hinaus. Während diese keine neuen Pflichten begründet, sondern nur kraft Gesetz bestehende, unmittelbar verbindliche Gebote und Verbote „konkretisiert“, wobei die eigene Rechtserheblichkeit nur eben darin und in dem Umstand besteht, daß die im Gesetz nur „abstrakt“ vorgegebenen Rechte und Pflichten damit im Wege des Verwaltungszwangs vollziehbar gemacht werden[106], haben Prüfungsverfügungen einen darüber hinausgehenden konstitutiven Charakter, der zur konkreten Verpflichtung des Betroffenen unabdingbar ist. Entgegen F. Kopp[107] bedürfen unmittelbar kraft Gesetzes bestehende Verpflichtungen keiner Konkretisierung. Eine Verpflichtung, die der Konkretisierung bedarf, kann nicht unmittelbar kraft Gesetzes bestehen, da ihr wesentliche Bestimmtheitselemente fehlen. So ist eine unmittelbar kraft Gesetzes bestehende Mitteilungsverpflichtung – z. B. in Form des § 16 ChemG – von dem Bestimmtheitsgrad der Tatbestandsseite der Rechtsnorm abhängig. Ist eine Vorschrift, wie eben der § 16 ChemG, hinreichend bestimmt, um eine Pflicht unmittelbar kraft Gesetzes zu begründen, kann bei Nichtbefolgen[108] eine Aktualisierung im Sinne einer Durchsetzung, aber eben keine Konkretisierung, mithin eine Vollziehungsverfügung im Sinne Kopps Anwendung finden. An Stelle des Begriffs der „Vollziehungsverfügung“ den der „konkretisierenden Verfügung“ zu setzen ist somit nicht sinnvoll[109]. Dem Charakter der Vollziehungsverfügung kommen eher die Begriffe „Aktualisierungsverfügung“ oder „Durchsetzungsverfügung“ nahe. Zur Konkretisierung der gängigen wirtschaftsüberwachungsrechtlichen Prüfungsrechte taugt eine derartige Verfügung allerdings nichts. Die Rechtserheblichkeit einer Prüfungsverfügung besteht eben nicht nur darin, daß die im Gesetz nur abstrakt vorgegebenen Rechte und Pflichten damit im Wege des Verwaltungszwanges vollziehbar gemacht werden.

bb) Anhörungspflicht

Nachdem der Anlaß behördlicher Prüfungen kaum Einschränkungen unterworfen ist[110], gilt es, die Verpflichteten auf andere Weise möglichst weitgehend zu schützen. Dies kann durch eine ernstgenommene Verpflichtung zur Gewährung des rechtlichen Gehörs wirkungsvoll geschehen. Nicht

---

105 Dazu grundlegend F. Kopp, Feststellende Verwaltungsakte und Vollziehungsverfügungen im Gewerberecht, GewArch 1986, S. 41 ff.

106 Ebenda, S. 44.

107 Ebenda, S. 44.

108 Soweit die Behörde das bei einer Mitteilungsverpflichtung überhaupt feststellen kann; vgl. dazu § 1 II. 1b).

109 So aber E. Mußmann, Zur Vollziehungsverfügung im Gewerberecht, GewArch 1986, S. 126.

110 Vgl. dazu § 4 I.

ohne Grund kennt die steuerliche Außenprüfung ein so ausgebautes rechtliches Gehör[111], wie man es sonst allenfalls noch im Planfeststellungsverfahren findet, das jedoch wegen der Vielzahl der Betroffenen anderer Art ist[112]. Für die Prüfungen des Wirtschaftsüberwachungsrechts sind in Ermangelung von Spezialbestimmungen diejenigen des VwVfG einschlägig.

Als Ausdruck des rechtlichen Gehörs und Bestandteil eines rechtsstaatlich fairen Verfahrens, zunehmend auch als Voraussetzung des Grundrechtsschutzes, war das Recht auf Anhörung als praktisch und rechtlich wohl bedeutsamste Wirkung der Beteiligtenstellung im Verwaltungsverfahren bereits vor der Kodifizierung des VwVfG fester Bestandteil der allgemeinen Grundsätze des Verwaltungsrechts. Nach § 28 I VwVfG ist vor Erlaß eines Verwaltungsaktes, der in die Rechte eines Beteiligten eingreift, diesem Gelegenheit zu geben, sich zu den für die Entscheidung erheblichen Tatsachen zu äußern[113]. Anzuhören ist der betroffene Beteiligte. Ein ohne Anhörung ergangener Verwaltungsakt ist im Regelfall nicht nichtig aber rechtswidrig und folglich gem. § 113 I S. 1 VwGO auf Klage hin aufzuheben[114].

Sinn und Zweck der Anhörung ist es, dem Betroffenen die Möglichkeit zu sichern, beim Erlaß des Verwaltungsaktes mitzuwirken und für ihn günstige Umstände vorbringen zu können. Zudem bezweckt die Anhörung im Verwaltungsverfahren eine Stärkung des Vertrauensverhältnisses zwischen Behörde und Bürger und sichert dessen Schutz vor Überraschungsentscheidungen.

Da dem Betroffenen, in dessen Rechte der Verwaltungsakt eingreift, Gelegenheit gegeben werden muß, sich zu den für die Entscheidung maßgeblichen Tatsachen zu äußern, sind ihm diese mitzuteilen.

Auf Seiten der Behörde setzt eine Anhörung voraus, daß der Willensbildungsprozeß noch nicht abgeschlossen ist[115]. Die Anhörung dient der unter Beachtung ihres Ergebnisses erst zu treffenden Entscheidung und somit nicht nur den von dem Verwaltungsakt Betroffenen, sondern auch der Behörde, die ebenfalls ein Interesse an einer sachgemäßen Entscheidung haben muß.

---

[111] § 197 I, 199 II, 201, 202 AO.

[112] Vgl. W. Schick, Außenprüfung nach ..., S. 166 ff.

[113] Vgl. dazu grundlegend und für das Folgende F. Hufen, Fehler im Verwaltungsverfahren, S. 136 ff.; Th. Schilling, Die Anhörungsregelung des Verwaltungsverfahrensgesetzes im Lichte des Grundgesetzes, VerwArch 1987, S. 45 ff.; H. Mandelartz, Anhörung, Absehen von der Anhörung, Nachholen der unterbliebenen Anhörung – Zur Relativierung eines Verfahrensrechts, DVBl. 1983, S. 112 ff.; O. E. Krasney, Zur Anhörungspflicht im Verwaltungsverfahren, NvWZ 1986, S. 337 ff.; H. Pickel, Lehrbuch des sozialrechtlichen Verwaltungsverfahrens, S. 209 ff.

[114] Beachte aber § 45 I Nr. 3, II und § 46 VwVfG.

[115] Vgl. OVG Münster, Beschluß v. 16.12.1977, NJW 1978, S. 1764 (1765).

Die im Rahmen behördlicher Prüfungen in Frage kommenden Entscheidungen erschöpfen sich in Auskunfts-, Betretungs- und Einsichtnahmeverlangen sowie dem Verlangen einer Probeentnahme in ihrer jeweiligen Ausgestaltung.

Die im Wege der Anhörung gegebenen Mitwirkungsmöglichkeit der Beteiligten besteht demnach darin, entweder die Behörde von ihrem Vorhaben gänzlich abzubringen oder aber hinsichtlich Zeit, Ort, Umfang und Form der Maßnahme eigene Vorstellungen und Interessen in das Verfahren einzubringen. Insofern hat die Anhörung auch im Rahmen behördlicher Prüfungsverlangen ihren Sinn[116]. Diese Sinnfälligkeit entfiele, würde man Prüfungsverlangen nur als „Vorermittlungsakte" betrachten[117]. Aus einer solchen Sichtweise heraus würde sich eine Anhörung nicht nur mangels eigener Rechtserheblichkeit und Verwaltungsaktqualität erübrigen, sondern auch weil eine „Anhörung vor der Anhörung" (i.S.d. Vorermittlung) sinnlos und entbehrlich wäre.

Die Form der Anhörung ist grundsätzlich frei. Ebensowenig ist eine Frist oder Fristsetzung durch die Behörde vorgeschrieben. Eine von der Behörde gesetzte Frist ist somit keine Verfahrensfrist, sondern eine behördliche Frist, die lediglich das Ende des Zeitraumes markiert, den die Behörde als angemessen für eine Äußerung ansieht. Im Falle eines einfachen fernmündlichen Auskunftsverlangens wäre es denkbar, daß die Frist auf Null schrumpft und Anhörung und Auskunftsverlangen unmittelbar aufeinander folgen.

Im Rahmen behördlicher Prüfungen stellt der Abs. 2 des § 28 VwVfG eine wichtige Regelung dar[118]. Dieser enthält eine Generalklausel für die Zulässigkeit eines Absehens von der Anhörung. Die in den Nummern 1-5 genannten Fälle sind nur beispielhaft aufgeführt. Wichtig ist diese Regelung, da bei Prüfungen oftmals ein Überraschungseffekt notwendig ist und die Behörde eine sofortige Vollziehung des Prüfungsverlangens gem. § 80 II Nr. 4 VWGO anordnen wird. Die Anordnung der sofortigen Vollziehung befreit die Behörde jedoch im Regelfall nicht von der Verpflichtung, den Betroffenen vor Erlaß des Verwaltungsaktes anzuhören. Die Voraussetzungen für eine Ausnahme gem. § 28 II Nr. 1 VwVfG sowie nach allgemeinen Rechtsgrundsätzen sind enger als die nach § 80 II Nr. 4 VWGO[119]. Zwar mögen im Einzelfall dieselben Tatsachen, welche die sofortige Vollziehung begründen, auch das Unterlassen einer Anhörung rechtfertigen können. Zwingend ist dies im

[116] Vgl. BVerwG, Beschluß v. 13.7.1983, 7 C 13.81.

[117] Vgl. oben 2a).

[118] Abs. 3 kommt hier nicht in Betracht, da dieser sich auf Fälle bezieht, die eine Anhörung zwingend ausschließen (vgl. F. Kopp, VwVfG, RdNr. 56 ff. zu § 28).

[119] Vgl. derselbe, VWGO, RdNr. 42 zu § 80.

allgemeinen jedoch nicht, weil es sich um zwei verschiedene Fragen handelt, die jeweils getrennt zu prüfen sind[120].

Von der Anhörung kann abgesehen werden, wenn es im öffentlichen Interesse notwendig erscheint (§ 28 II Nr. 1 VwVfG 2. Alt.). Dies ist der Fall, wenn durch die Anhörung das mit der Entscheidung verfolgte oder doch damit verbundene öffentliche Interesse (Zweck) ganz oder doch zu einem nicht unwesentlichen Teil vereitelt zu werden droht[121].

Im Rahmen von Prüfungsmaßnahmen wird die Behörde bei der Betätigung ihres Ermessens, unter Vorbehalt des oben Gesagten, im Wesentlichen die gleichen Erwägungen wie bei der Entschließung über die Anordnung der sofortigen Vollziehung anzustellen haben, da der Wegfall der Anhörung grundsätzlich nur mit der Wahrung des „Überraschungseffektes" begründet werden kann[122].

Es spricht jedoch einiges dafür, dem Betroffenen bei Vornahme der Prüfungsmaßnahme eine Anhörungsmöglichkeit einzuräumen und so die Anhörung soweit wie möglich nachzuholen, auch um eventuell unnötige Konflikte zu verhindern[123]. Der „Überraschungseffekt" bliebe erhalten, Behörde und Betroffene könnten jedoch unter Umständen noch Vorteile aus einer derart „nachgeholten Kommunikation" ziehen[124].

Als wesentliches Ergebnis bleibt festzuhalten, daß bei Prüfungsverlangen eine Anhörung nicht schon alleine deswegen entfällt oder überflüssig wäre, weil sowohl Anhörung als auch Prüfungsverlangen den Zweck der Gewinnung von Informationen haben[125]. Die Anhörung anläßlich eines Prüfungs-

---

[120] Vgl. OVG Münster, Beschluß v. 16.12.1977, NJW 1978, S. 1764 (1765); OVG Rheinl.Pfalz, Beschluß v. 17.1.1979, DÖV 1979, S. 606; OVG Bremen, Beschluß v. 1.11.1979, DÖV 1980, S. 180 (181).

[121] Vgl. F. Kopp, VwVfG, RdNr. 41 zu § 28 .

[122] Eine Begründung ist nach § 39 I VwVfG erforderlich (OVG Bremen, Beschluß v. 1.11.1979, DÖV 1980, S. 180 (181); OVG Münster, Beschluß v. 16.12.1977, NJW 1978, S. 1764 (1765)).

[123] Vgl. J. Martens, S. 95.

[124] Ein Recht des Betroffenen auf eine derartige nachträgliche Anhörung dürfte de lege lata auch über § 45 I Nr. 3 VwVfG nicht bestehen, da die unterlassene Anhörung unter den genannten Voraussetzungen keinen Verfahrens- oder Formfehler im Sinne dieser Vorschrift darstellt (vgl. dazu H. Mandelartz, S. 115 ff.; L. Messerschmidt, Zur Heilung und Folgenlosigkeit von Verfahrens- und Formfehlern bei Verwaltungsakten gem. § 45 und 46 VwVfG, NvWZ 1985, S. 877 ff.). Gleichwohl sind Ausnahmen von der Anhörungspflicht auf das notwendige Maß zu beschränken, wobei der Grundsatz der Verhältnismäßigkeit zu wahren ist (vgl. F. Kopp, VwVfG, RdNr. 32 zu § 28). Hieraus könnte sich ein Recht des Betroffenen auf nachträgliche Anhörung ergeben, mit dem er annähernd so gestellt würde, wie wenn die Anhörung vor Erlaß des Verwaltungsaktes stattgefunden hätte.

[125] Vgl. auch L. Fröhler / J. Kormann, Kommentar zur Gewerbeordnung, RdNr. 6 zu § 35. Das Institut der Anhörung verkennend R. Wenzig, Die Prüfungshandlungen, S. 126, wenn er meint, es wiederspräche dem Wesen einer Prüfung, dem Geprüften Einfluß auf die Prüfungsmaßnahmen zu geben, wenn das Feld der Kooperation verlassen wurde.

verlangens dient der Information über dessen sachgemäße und verhältnismäßige Ausgestaltung. Weiterhin rechtfertigt die Anordnung der sofortigen Vollziehung einer Prüfungsmaßnahme nicht ohne weiteres den Wegfall der Anhörung.

bc) Sofortige Vollziehung

Behördliche Prüfungen können ihren Zweck oft nur dann erfüllen, wenn sie für den jeweils Betroffenen überraschend und ohne vorherige Ankündigung kommen[126]. Da es sich jedoch beim Überwachungsrechtsverhältnis zwischen Behörde und Bürger um ein Dauerrechtsverhältnis handelt[127], das auch in anderen Rechtsbereichen, wie z. B. einer dauernden laufenden Geschäftsverbindung, als Vertrauen bildend anerkannt wird, stellt sich die Frage, ob es richtig sein kann, die alte aus Mißtrauen geborene Regel beizubehalten, daß eine Prüfung vorher geheimzuhalten ist[128]. Man wird hier Unterscheidungen treffen müssen, die etwa dahin laufen könnten, daß turnusmäßige Prüfungen dem Betroffenen vorher mitgeteilt werden müssen, während außerordentliche Prüfungen, die immer einmal wieder, vor allem aber bei besonderen Anlässen, angezeigt sein können, ohne eine vorherige Benachrichtigung stattfinden dürfen[129].

Da der Gesetzgeber in den einschlägigen Rechtsgrundlagen die aufschiebende Wirkung eines Rechtsmittels – ganz zu Recht – nicht generell ausgeschlossen hat, muß die Behörde, um diese zu erreichen gem. § 80 II Nr. 4 VWGO die sofortige Vollziehung des Verwaltungsaktes anordnen und diese Maßnahme gem. § 80 III S. 1 VWGO schriftlich begründen. Das allgemeine, jedem Gesetz innewohnende Interesse am Vollzug eines Gesetzes allein, rechtfertigt die Anordnung der sofortigen Vollziehung in der Regel nicht[130].

Gegenüber diesen Anforderungen an die Art des Verwaltungshandelns müssen Interessen der Verwaltung an einem möglichst reibungslosen und wirksamen Vollzug zurückstehen[131].

---

[126] Vgl. nur BVerwG, Urteil v. 2.3.1971, BVerwGE 37, S. 283 (291); OLG Düsseldorf, Beschlüsse v. 31.12.1985, DB 1986, S. 1820, und v. 16.7.1982, GewArch 1982, S. 388 f.; KG Berlin, Beschluß v. 16.4.1987, GewArch 1987, S. 305 f. Die GetränkeschankanlagenVO v. 14.8.1962, BGBl. I, S. 561, schreibt ausdrücklich vor, daß der Termin der Prüfung im voraus nicht bekanntgegeben wird (§ 10 I Nr. 2).

[127] Vgl. dazu ausführlich § 3 III.

[128] Vgl. für Preußen § 1 des MinErl. v. 18.2.1902, Anweisung für die amtliche Besichtigung der Apotheken, abgedruckt bei E. Urban, Apothekengesetze, S. 367.

[129] Vgl. R. Schiedermair, S. 698 f.; F. Janssen, S. 198.

[130] Vgl. dazu ausführlich F. Kopp, VWGO, RdNr. 52 ff. zu § 80 m.w.N.

[131] Vgl. BayVGH, Urteil v. 10.4.1986, BayVBl. 1987, S. 21 (22). Der von der Beklagten im dortigen Verfahren vorgetragene Einwand, bei vorherigem Erlaß eines Verwaltungsaktes könne keine sofortige Besichtigung mehr erfolgen, ist in Anbetracht der bestehenden rechtlichen Möglichkeiten nicht stichhaltig.

§ 6 Zeit und Häufigkeit der Prüfung

I. Prüfungszeit[1]

Das Problem der zulässigen Prüfungszeit stellt sich insbesondere bei all den Prüfungshandlungen, die mit einem Betreten der Betriebsgrundstücke bzw. -anlagen notwendig verbunden sind, also in erster Linie bei Besichtigungen, der Einsichtnahme in Unterlagen und Probeentnahmen. Aber auch bei einem Auskunftsverlangen kann es fraglich sein, zu welchen Zeiten der Verpflichtete antwortbereit sein muß.

1. Beschränkung der Prüfungszeit

In einigen Rechtsgrundlagen ist die Frage nach der zulässigen Prüfungszeit beantwortet, zumindest soweit das Betreten von Grundstücken und Gebäuden erforderlich ist: Das LMBG z. B. gestattet den Zutritt zu den Geschäftsräumen während der üblichen Betriebs- und Geschäftszeit (§ 41 III Nr. 1); zur Verhütung dringender Gefahren für die öffentliche Sicherheit und Ordnung auch außerhalb dieser Zeiten (§ 41 III Nr. 2a)[2]. Anderen Rechtsgrundlagen kann man dazu nichts entnehmen[3].

H. Mösbauer folgert aus der Tatsache, daß § 52 II S. 4 BImSchG die Bereitstellung von Arbeitskräften vorschreibt, daß die Verpflichtung zur Mitwirkung in zeitlicher Hinsicht grundsätzlich nur so lange besteht, als sich Arbeitskräfte nach „betriebsgewöhnlicher Übung" im Bereich der Anlage befinden und meint, daß das gleiche in zeitlicher Hinsicht wohl auch für die Bereitstellung der Hilfsmittel gelten dürfte, die, wie z. B. die ausdrücklich aufgeführten Treibstoffe und Antriebsaggregate, ohne Arbeitskräfte in der Regel nicht bereitgestellt werden könnten[4]. Die teleologische Reduktion des BImSchG führe zu einer zeitlichen Beschränkung der Aufsicht etwa im Sinne der Regelung in § 41 LMBG[5].

Das BVerfG hat entschieden, „das Betreten der Räume und die Vornahme der Besichtigung und Prüfung ist nur zu Zeiten statthaft, zu denen die Räume normalerweise für die jeweilige geschäftliche oder betriebliche Nutzung zur Verfügung stehen"[6].

---

[1] Prüfungszeit ist jener Zeitraum, innerhalb dessen im Verlauf eines Tages Prüfungshandlungen vorgenommen werden können (vgl. W. Schick, in: Hübschmann u. a., RdNr. 402 zu § 200 AO).

[2] Ebenso aufgebaut sind die § 22 BtMG; 73 TierSG; 23 PflSchG; 21 WhG; 3b FleischbeschauG; 54a PBefG; 55 GüKG; 64 AMG; 21 ChemG.

[3] Z. B. die § 14 WirtschaftssicherstellungsG; 7 GerätesicherheitsG; 16 TierSchG; 52 BImSchG; 31 SprengG; 46 WaffG; 14 KWaffG; 11 AbfG; 19 AtG, 24b GewO; 44 KWG; 22 GastG; 44 AWG; 22 WeinG; 10 BSeuchG.

[4] Vgl. Immissionsschutzrecht ..., S. 29.

[5] Ebenda, S. 23.

Diese „normale" Arbeitszeit kann für Betrieb und Geschäft unterschiedlich sein; so kann die Betriebszeit bei dreischichtigem Betrieb ununterbrochen andauern, während die Geschäftszeit nur acht Stunden beträgt. Nicht zur üblichen Betriebs- und Geschäftszeit sollen Überstunden gehören, sofern sie nicht regelmäßig sind; Überstunden einzelner Personen, die ständig erbracht werden, sollen die übliche Betriebs- und Geschäftszeit ändern, Pausen jedoch keine Unterbrechung darstellen[7].

2. Kritik und Lösungsvorschlag

Man kann dem zustimmen, daß die Frage der zeitlichen Beschränkung von Prüfungen eine Frage der Ordnung zwischenmenschlicher Beziehungen ist und unter der Anforderung der Gerechtigkeit steht, die ein gleiches Maß für alle bedingt, mithin das Recht zur entscheidenden Sozialnorm für die Frage nach der zeitlichen Beschränkung der Überwachung wird[8]. Wichtig ist hier jedoch, welche rechtlichen Kriterien eine zweckmäßige und trotzdem gleich- und verhältnismäßige zeitliche Begrenzung behördlicher Prüfungen gewährleisten.

Das Kriterium der normalerweise üblichen Betriebs- und Geschäftszeiten ist bei wirtschaftsüberwachungsrechtlichen Prüfungen aus verschiedenen Gründen nicht zufriedenstellend bzw. rechtlich nicht haltbar:

Zunächst einmal ist nicht einzusehen, warum gerade außerhalb der üblichen Betriebs- oder Geschäftszeit die behördliche Prüfungstätigkeit vor eine höhere Schwelle gestellt werden soll als innerhalb derselben. Für jeden, der etwas zu verbergen hat, muß es dann doch verlockend sein, dies zu eben diesen Zeiten zu tun, zu denen er vor Prüfungen sicher ist[9]. Ganz zu Recht hat das BVerwG festgestellt: „Die behördliche Nachschau kann ihren Zweck nur dann erfüllen, wenn der zu überwachende Gewerbetreibende den Zeitpunkt, zu dem sie stattfindet, nicht voraussehen kann"[10]. Daraus folgt aber auch, daß es dem Gewerbetreibenden nicht möglich gemacht werden darf, zu bestimmten Zeitpunkten sicher vor einer Prüfung zu sein. Zudem ist überhaupt kein Grund ersichtlich, und es wird auch bezeichnen-

---

[6] Beschluß v. 13.10.1971, BVerfGE 32, S. 54 (77).

[7] Vgl. W. Zipfel, RdNr. 36 zu § 41 LMBG; für die steuerliche AP W. Schick, in: Hübschmann u. a., RdNr. 406 ff. zu § 200 AO.

[8] Vgl. H. Mösbauer, Immissionsschutzrecht ..., S. 23. H. H. Schiedermaier, Befugnisse der Lebensmittelüberwachung bei der Außenkontrolle, GewArch 1975, S. 112, meint, daß sich die zeitliche Beschränkung aus verfassungsrechtlichen Gründen und den Grundsätzen der Verhältnismäßigkeit, der Zumutbarkeit und der Notwendigkeit ergibt, wo sie nicht ausdrücklich festgelegt ist.

[9] V. Hamann / L. Schnier, Der Schutz des Verbrauchers durch die Lebensmittelüberwachung; ihre Durchführung und Fortentwicklung, S. 56, erwähnen „die von den Holsteiner Butterfälschern bevorzugten Nachtzeiten".

[10] Urteil v. 2.3.1971, BVerwGE 37, S. 283 ff. (291).

derweise weder vom BVerfG in seiner vielzitierten Entscheidung vom 13.10.1971[11] noch im Schrifttum ein solcher genannt, der dafür spricht, Prüfungen nicht vornehmen zu dürfen, wenn außerhalb der üblichen Betriebs- und Geschäftszeiten gearbeitet wird.

Kriterium für eine zeitliche Beschränkung der Prüfungsbefugnis kann im Wirtschaftsüberwachungsrecht nur das Bestehen der Gefahr sein, die es zu verhüten gilt. Werden die Tätigkeiten ausgeführt, deren potentieller Gefährlichkeit wegen Schutzvorkehrungen in Form von überwachungsrechtlichen Vorschriften geschaffen wurden, ist es systematisch verfehlt, die Überwachung zu eben diesen Zeiten nicht zuzulassen. Das einzig sinnvolle Kriterium für die zulässige Überwachungszeit ist die jeweilige Aktivität bzw. Passivität der Gefahrenquelle, d. h.: werden überwachungspflichtige Tatbestände erfüllt, in der Regel wenn gearbeitet wird[12], darf auch geprüft werden und umgekehrt[13]. Die „normalen" bzw. „üblichen" Betriebs- oder Geschäftszeiten des einzelnen Betriebes können hier keine entscheidende Rolle spielen; schon gar nicht die „ortsüblichen" Betriebs- und Geschäftszeiten[14]. Daß bei der Festlegung der Prüfungszeit auf die berechtigten Belange des Betroffenen Rücksicht zu nehmen ist, ergibt sich aus den allgemeinen Verhältnismäßigkeitsgrundsätzen. Prüfungen, die ebensogut während der Betriebs- und Geschäftszeiten vorgenommen werden können,

---

[11] BVerfGE 32, S. 54.

[12] Es müssen jedoch auch Betriebe nach der eigentlichen Arbeitszeit geprüft werden können, wenn z. B. in Metzgereien und Bäckereien festzustellen ist, ob nach Betriebsschluß alle benutzten Gerätschaften bzw. Räumlichkeiten gesäubert worden sind (vgl. H. Nöthe, Die Lebensmittelüberwachung im Lande Nordrhein-Westfalen, GewArch 1962, S. 149; OLG Oldenburg, Urteil v. 14.4.1953, DVBl. 1953, S. 640 f.) oder wenn es darum geht, die Einhaltung von Sperrzeiten zu überprüfen (vgl. OLG Koblenz, Beschluß v. 9.2.1984, GewArch 1984, S. 168 f.).

[13] Insoweit richtungsweisend, die Regelung des § 139b IV GewO, dazu Kahl, in: R. v. Landmann / G. Rohmer, RdNr. 38 zu § 139b GewO m.w.N., und neuerdings das KG Berlin, Beschluß v. 16.4.1987, GewArch 1987, S. 305 f.; vgl. auch § 714 RVO sowie H. Holthöfer / K. H. Nüse / R. Franck, Lebensmittelrecht, RdNr. 35 ff. zu § 41 LMBG; V. Hamann / L. Schnier, S. 56; H. Schönhals, S. 110, und im Ergebnis A. Mertens, Besichtigungs- und Prüfrecht der Aufsichtsdienste, „sicher ist sicher" 1979, S. 367 ff. Es kann auch nicht darauf ankommen, ob eine Anlage mit Personal besetzt ist. Eine solche Regelung würde bei weitgehender Automatisierung vieler Betriebsvorgänge die Überwachung leerlaufen lassen (vgl. P. Gieseke u. a., RdNr. 15 zu § 21 WhG).

[14] Wie zuletzt aber U. Rehbinder u. a., RdNr. 29 zu § 21 ChemG, und Klaue, in: Immenga / Mestmäker, RdNr. 51 zu § 46 GWB, was zu dem Ergebnis führt, daß ein Betrieb, der gänzlich andere als die ortsüblichen Betriebs- und Geschäftszeiten hat, nie geprüft werden dürfte, wenn es wirklich notwendig und sinnvoll wäre, dafür aber immer zu Zeiten, wo dort überhaupt nicht gearbeitet wird und die Überwachung in aller Regel sinnlos bzw. schwer durchführbar ist. P. Schiwy, Anm. zu § 21 III ChemG, meint, der Überwachungspflichtige könne sich nicht durch „willkürliche und mißbräuchliche Änderungen der Betriebs- und Geschäftszeiten" der Prüfung entziehen; diese seien in einem solchen Fall unbeachtlich. Es dürfte jedoch in der Regel problematisch sein festzustellen, wann und wann nicht jemand seine Betriebs- und Geschäftszeiten nur mit dem Vorsatz ändert, der Überwachung zu entgehen. Hier wird offensichtlich die Notwendigkeit einer anderen als der gesetzlichen Regelung gesehen und ein – kaum gangbarer – Ausweg aus der bestehenden Rechtslage gesucht.

haben zu diesen Zeiten stattzufinden, es sei denn, der Betroffene selbst hat andere Wünsche, die von der Behörde berücksichtigt werden können[15].

Zum anderen – und das bestätigt dieses Ergebnis – ist die Ausnahmeregelung, die das Betreten von Betriebs- und Geschäftsräumen „zur Verhütung dringender Gefahren für die öffentliche Sicherheit und Ordnung" auch außerhalb der üblichen Arbeitszeit gestattet, nur auf den ersten Blick eine Ausnahme. Zum einen verbietet nämlich Art. 13 GG ein Betreten von Betriebs- und Geschäftsräumen unterhalb dieser Schwelle gänzlich bzw. stellt es unter den Vorbehalt einer richterlichen Anordnung, weshalb Art. 13 III GG schon aus diesem Grunde keine Bedingung für die ausnahmsweise zeitliche Erweiterung des Betretungsrechts bilden kann. Zum anderen, und das rettet eine Vielzahl von Regelungen vor der Verfassungswidrigkeit, stellt diese Ausnahmeregelung eine Scheinregelung dar, da ihre Bedingung, die Notwendigkeit der Ausnahme „zur Verhütung dringender Gefahren für die öffentliche Sicherheit und Ordnung" im Bereich behördlicher Prüfungen immer erfüllt ist[16]. Die Vorschriften des Wirtschaftsüberwachungsrechts insgesamt dienen bereits diesem Zweck[17].

II. Prüfungshäufigkeit

Auch wenn Prüfungen in regelmäßigen Zeitabständen vorgesehen sind, dürfen darüber hinaus Zusatzprüfungen in unregelmäßigen Zeitabständen erfolgen[18], ohne daß zwischen den einzelnen Prüfungen ein Mindestabstand eingehalten werden muß. Die Entscheidung darüber, wann eine Prüfung vorgenommen wird, liegt im Ermessen der Behörde[19]. Dadurch wird der Betroffenen sich in seinem eigenen, und ob von ihm gewollt oder nicht, auch im Interesse der Allgemeinheit veranlaßt sehen, seinen Geschäftsbetrieb stets ordnungsgemäß zu betreiben. Da die Zeitabstände, in denen eine Prüfung erfolgen darf, davon abhängen, inwieweit aufgrund vorangegangener Prüfungen keine Beanstandungen zu machen waren, darf ein neueröffneter Betrieb ebenso häufiger geprüft werden, wie ein Betrieb, der bei vorangegangenen Prüfungen Anlaß zu Beanstandungen gegeben hat. Hierbei ist zu berücksichtigen, daß behördliche Prüfungen selbst dann, wenn sie kurz hin-

---

[15] Man wird davon ausgehen können, daß turnusmäßige Prüfungen während der üblichen Betriebs- und Geschäftszeiten durchgeführt werden müssen, während außerordentliche Prüfungen (vgl. auch unten 2.) eher auch zu anderen Zeiten zulässig sind.

[16] So zu Recht K. Hanebuth, S. 288.

[17] Vgl. dazu ausführlich oben § 10 VI.2.

[18] Vgl. nur § 10 I der GetränkeschankanlagenVO v. 14.8.1962, BGBL. I, S. 561.

[19] Vgl. OLG Düsseldorf, Beschluß v. 16.7.1982, GewArch 1982, S. 388; P. Gieseke u. a., RdNr. 36 zu § 21 WhG; A. Kloesel / W. Cyran, Arzneimittelrecht, Anm. 21 zu § 64 III AMG; H. Schönhals, S. 110.

tereinander erfolgen, für den Gewerbetreibenden weniger schwerwiegend sind, als die Entziehung der Erlaubnis wegen Unzuverlässigkeit[20].

§ 7 Geheimhaltung und Schutz vor Mißbrauch von Informationen

I. Bedeutung

1. Allgemeines Geheimhaltungsinteresse

Den Bediensteten der Überwachungsbehörden müssen im Rahmen ihrer Prüfungstätigkeit Informationen zugänglich gemacht werden, die die Betroffenen in vielen Fällen geheimhalten möchten, zumal die erlangten Informationen oft zwangsläufig über das eigentlich notwendige Maß hinausgehen[1].

Die Betroffenen wollen nun, neben der allgemeinen Wahrung ihrer Intimsphäre, im Bereich der Wirtschaft insbesondere sichergestellt wissen, daß ihnen durch die Preisgabe von Informationen keine Nachteile wirtschaftlicher Art entstehen, wie es z. B. leicht möglich ist, wenn Betriebs- und Geschäftsgeheimnisse einem größeren Personenkreis zugänglich werden[2]. Trotzdem müssen auch derart sensible Informationen preisgegeben werden, da dem Geheimhaltungsinteresse der Betroffenen auf der anderen Seite öffentliche Belange gegenüberstehen, die im Rahmen einer Güterabwägung schwerer wiegen[3]. Einen absoluten Geheimnisschutz, d. h. ein Informationszurückhaltungsrecht des Unternehmers schlechthin, darf es nicht geben[4].

---

[20] Vgl. BVerwG, Urteil v. 2.3.1971, BVerwGE 37, S. 283 ff. (291 f.); OVG Münster, Urteil v. 20.5.1969, GewArch 1969, S. 248 ff. (250); E. Michel / W. Kienzle, RdNr. 4 zu § 22 GastG; F. Janssen, S. 196; Bund für Lebensmittelrecht und Lebensmittelkunde e.V., S. 53.

[1] Bei der Einsichtnahme in Unterlagen und dem Betreten und Besichtigen von Betrieben ist es unumgänglich, daß die Überwachungsbeamten mehr Informationen erlangen, als sie unbedingt benötigen.

[2] Im weitesten Sinne vergleichbar sind Problematik und Folgen beim Verfahren zur Zulassung neuer Produkte, das in besonderem Maße wettbewerbsverzerrende und vermögensschädigende Wirkungen zeitigt (vgl. dazu M. Bullinger, Wettbewerbsgefährdung durch präventive Wirtschaftsaufsicht, NJW 1978, S. 2121 ff., und R. Scholz, Konkurrenzprobleme bei behördlichen Produktkontrollen).

[3] Der Zwang, den Behörden auch Betriebs- und Geschäftsgeheimnisse zu offenbaren, ist durch den gesetzlich festgelegten Auftrag der Gefahrenvorsorge und -abwehr als zulässige Eigentumsbindung ausgewiesen (vgl. M. Schröder, Der Schutz von Betriebs- und Geschäftsgeheimnissen im Umweltschutzrecht, UPR 1985, S. 400; W. Hahn, S. 170 ff.); vgl. auch R. Breuer, Schutz von Betriebs- und Geschäftsgeheimnissen im Umweltrecht, NVwZ 1986, S. 172 f. und unten § 8 IV.2.

[4] Zu verschiedenen Stufen des Geheimnisschutzes vgl. R. Breuer, Schutz ..., S. 173 ff.

Besondere Bedeutung erlangt diese Problematik nicht nur dadurch, daß nach der hier vertretenen Auffassung das übliche Auskunftsverweigerungsrecht im Rahmen gefahrenverhütender Regelungen wegfallen sollte[5], sondern auch durch die Tatsache, daß die Überwachungsbehörden, häufig sogar in der Person desselben Bediensteten, sowohl Überwachungs- bzw. Gefahrenverhütungsaufgaben zu erfüllen haben als auch für die Verfolgung von Ordnungswidrigkeiten oder Straftaten zuständig sind.

Es geht in diesem Abschnitt vor allem darum, festzustellen, ob die im Rahmen gefahrenabwehrender bzw. -verhütender Tätigkeit erlangten Informationen über ihren ursprünglichen Zweck hinaus verwendet oder weitergegeben werden dürfen und welche Vorkehrungen die Rechtsordnung gegen eine unzulässige Verwendung getroffen hat bzw. wie diese ergänzt werden müssen, vor allem auch wegen der bezüglich des Auskunftsverweigerungsrechts vorgeschlagenen Regelung[6].

Einen besonderen Stellenwert erlangt diese Fragestellung dadurch, daß sie nicht nur für die Betroffenen von überragender Bedeutung ist, sondern auch für die Behörden bezüglich einer bestmöglichen Erfüllung der Überwachungsaufgabe. Die Bereitschaft der Betroffenen an der Überwachung mitzuwirken und Informationen preiszugeben wird nämlich im gleichen Maße steigen, wie eine restriktive und vor allem klar umgrenzte Verwendung bzw. Weitergabe der Informationen gesichert ist und umgekehrt. Geheimhaltungsvorschriften sind Voraussetzung und notwendiges Äquivalent behördlicher Überwachungstätigkeit. Sie liegen sowohl im Interesse des Einzelnen als auch der Allgemeinheit[7].

2. Die besondere Problematik von Doppelzuständigkeiten

Es ist durchaus keine Seltenheit, daß Behörden sowohl Aufgaben auf dem Gebiet der Gefahrenabwehr als auch auf anderen Gebieten zu erfüllen haben, z. B. häufig, und für die Betroffenen von besonderer Tragweite, auf denen der Strafverfolgung oder der Verfolgung von Ordnungswidrigkeiten.

---

[5] Vgl. dazu die Ausführungen unten in § 8 IV.

[6] Daß die Inanspruchnahme behördlicher Prüfungsbefugnisse selbst von vornherein an einen bestimmten (Gesetzes-)Zweck gebunden sind, wurde bereits oben § 4 I. geklärt. Ihre Ausübung zu anderen Zwecken ist keinesfalls statthaft, da sie die Ausfüllung einer nicht durch Amtshilfe ausgleichbaren Befugnislücke bedeuten würde. Problematisch bleibt jedoch, inwieweit mittels der besonderen Prüfungsbefugnisse erlangte Informationen zu anderen als den ursprünglich verfolgten Zwecken verwendet und weitergegeben werden dürfen.

[7] Vgl. G. Knorr, Probleme der Geheimhaltungspflichten im Bereich der Gewerbeaufsicht, GewArch 1980, S. 281; F. L. Knemeyer, Geheimhaltungsanspruch und Offenbarungsbefugnis ... ; D. R. Lupberger, S. 126; G. Kopperschmidt, S. 106, 120; K. Hansmann, in: R. v. Landmann / G. Rohmer, RdNr. 32 zu § 52 BImSchG; K. E. Thomä, Das Auskunftsrecht der Kartellbehörden ..., S. 362; H. Würdinger, S. 22.

Da sich die Rechte und Pflichten der Verfahrensbeteiligten funktional nach Maßgabe der Verfahrensart bestimmen[8] und nicht etwa personal nach Art der tätig werdenden Amtsstelle, unterscheiden sie sich im Prüfungsverfahren und im Ermittlungsverfahren wegen einer Straftat oder Ordnungswidrigkeit grundsätzlich und nicht nur im Bereich der Auskunfts- bzw. Aussagepflicht. Die den Strafverfolgungsbehörden nach der StPO zur Verfügung stehenden Rechte zur Informationsgewinnung unterliegen, sowohl in sachlicher als auch in formeller Hinsicht, strengeren Voraussetzungen als die vergleichbaren Rechte im Prüfungsverfahren[9].

Es kann nicht angehen, daß unter dem Vorwand eines Tätigwerdens zum Zwecke der Gefahrenabwehr Belastungsmaterial für die Verfolgung von Straftaten und Ordnungswidrigkeiten womöglich unter Anwendung von Zwang gesammelt und dann auch verwendet wird[10].

Eine solche Täuschung mit Beeinträchtigung der Freiheit des Willens verletzt zwar die Freiheit der Person i.S.d. Art. 2 II GG[11] und erfüllt den Tatbestand des § 136a I S. 1 StPO mit der Folge, daß die so erlangten Informationen einem Verwertungsverbot unterliegen (§ 136a III, S. 2 StPO); Informationen jedoch, die ohne eine solche Täuschung erlangt werden – und eben dies ist vor allem bei behördlichen Doppelzuständigkeiten schwer feststellbar – unterliegen de lege lata grundsätzlich keinem Verwertungsverbot[12], weshalb hier auch bei einem Höchstmaß an Pflichtbewußtsein der Behörden Probleme unvermeidbar sind[13].

Es wird deutlich, daß im Interesse der Betroffenen die Sicherstellung einer „zweckgebundenen Verwendung" der erlangten Informationen besonders wichtig ist, da eine Weitergabebeschränkung allein nicht immer ausreicht[14]. Inwieweit dem durch die einschlägigen Rechtsvorschriften ausreichend Rechnung getragen wird, ist zu prüfen.

---

8 Vgl. BVerwG, Urteil v. 9.3.1983, GewArch 1984, S. 120 (121).

9 Vgl. die ausführliche Darstellung bei P. Heckel, S. 168 ff.

10 Vgl. zu dieser Problematik, auf die hier nicht allgemein eingegangen werden kann, E. Schwan, Die Abgrenzung des Anwendungsbereichs der Regeln des Straf- und Ordnungswidrigkeitenverfolgungsrechts von dem des Rechtes der Gefahrenabwehr, VerwArch 1979, S. 109 ff. und H. Dreier, Erkennungsdienstliche Maßnahmen im Spannungsfeld zwischen Gefahrenabwehr und Strafverfolgung, JZ 1987, S. 1009 ff.

11 Vgl. Th. Kleinknecht / K. Meyer, RdNr. 8 zu § 136a StPO.

12 Vgl. E. Rehbinder u. a., RdNr. 9 zu § 21 ChemG.

13 Vgl. R. Kühn / H. Kutter / R. Hofmann, Abgabenordnung, Anm.1 zu § 393 AO.

14 Das von Heußner in seinem Sondervotum zum Beschluß des BVerfG v. 13.1.1981, BVerfGE 56, S. 52 ff., geforderte Offenbarungsverbot wäre nur bedingt hilfreich, da eine Offenbarung von Informationen oft gar nicht mehr in Frage kommt; zumindest nicht, wenn verschiedene Aufgaben in den Händen eines Bediensteten vereinigt sind.

II. Einfachgesetzliche Schutzvorkehrungen

1. Bestandsaufnahme

Gewöhnlich enthalten die einschlägigen Rechtsvorschriften keine Regelungen, die den Behörden bzw. ihren Bediensteten besondere Geheimhaltungspflichten bezüglich durch Prüfungen erlangte Informationen auferlegen. Lediglich vereinzelt, keinen umfassenden Schutz gewährend und wegen ihrer Ausnahmebestimmungen nicht unproblematisch[15], finden sich Bestimmungen, wie z. B. die in verschiedenen Vorschriften durch Außerkraftsetzung der § 93, 97, 105 I, 111 V i.V.m. 105 I sowie 116 I AO enthaltene Weitergabebeschränkung gegenüber den Finanzbehörden[16]. Vormals in einer Fülle von Einzelvorschriften enthaltene Verschwiegenheitspflichten sind mit der Einführung der § 201 ff. StGB durch Art. 19 EGStGB[17] und der Bereinigung nebenstrafrechtlicher Vorschriften aufgehoben worden. Im Bereich des Geheimhaltungsschutzes sind deshalb vor allem bestehende verwaltungs- und strafrechtliche Vorschriften sowie datenschutzrechtliche Regelungen zu beachten[18].

Entscheidende Bedeutung kommt der verwaltungsrechtlichen Geheimhaltungsvorschrift des § 30 VwVfG mit ihrem „allgemeinen Geheimhaltungsanspruch" zu.

2. § 30 VwVfG

Im Gegensatz zur als Amtswalterpflicht ausgestalteten Geheimhaltungspflicht nach § 30 AO und § 5 BDSG begründet § 30 VwVfG – wie § 35

---

[15] Vgl. D. R. Lupberger, S. 85 ff., 136 f.

[16] Vgl. z. B. die § 52 VII S. 1 BImSchG, 21 III, S. 1 WHG, 9 II KWG und 46 IX GWB, darüber hinaus z. B. die § 9 I KWG, 68 GüKG, 71 II S. 2 GWB und 139 I S. 3 GewO, zu Letzterem im Gesamtzusammenhang der Geheimhaltungsproblematik eingehend G. Knorr, Geheimhaltung und Gewerbeaufsicht.

[17] BGBl. I 1974, S. 469.

[18] Die allgemeine dienst- und arbeitsrechtliche Pflicht zur Amtsverschwiegenheit, die sich für Beamte aus den § 61 BBG und 39 BRRG bzw. den entsprechenden Länderregelungen, für andere als beamtete Amtswalter aus vergleichbaren Spezialregelungen wie z. B. § 9 BAT für Angestellte und Arbeiter im öffentlichen Dienst und § 6 BMinG für Bundesminister ergibt, ist vor allem Mittel zum Zwecke der Wahrung des Amtsgeheimnisses und schützt die privaten Geheimhaltungsinteressen des Bürgers nur mittelbar (vgl. U. Battis, Bundesbeamtengesetz, Anm. 1 zu § 61 BBG; F. L. Knemeyer, Geheimhaltungsanspruch und ..., S. 2242; P. Düwel, Das Amtsgeheimnis, S. 99 ff.). Von der Pflicht zur Amtsverschwiegenheit und strafrechtlichen Geheimhaltungsbestimmungen konnte auf Geheimhaltungsvorschriften im Verwaltungsverfahren geschlossen werden, solange generelle, auf das Verwaltungsverfahren bezogene Vorschriften über das Amtsgeheimnis, aber auch über das Privatgeheimnis fehlten. Seit dem Bestehen an Verwaltungsrechtssubjekten anknüpfender Pflichten, d. h. insbesondere seit Inkrafttreten des VwVfG, können dienstrechtliche Vorschriften nur noch ergänzend herangezogen werden (vgl. F. L. Knemeyer, Geheimhaltungsanspruch im Kartellverfahren, DB 1984, Beilage Nr. 18, S. 3).

SGB I – für die Verfahrensbeteiligten einen unmittelbaren Anspruch gegen die Behörde, wie er vorher im positiven geltenden Recht in dieser Allgemeinheit nicht nachweisbar war[19], „daß ihre Geheimnisse, insbesondere die zum persönlichen Lebensbereich gehörenden Geheimnisse, sowie die Betriebs- und Geschäftsgeheimnisse nicht unbefugt offenbart werden"[20]. Während dem Bürger im Hinblick auf die Wahrung seiner Geheimnisse früher nur ein Recht auf fehlerfreie Ermessensausübung zustand, ist nunmehr von einem generellen Offenbarungsverbot auszugehen, das nur ausnahmsweise durchbrochen werden kann. Gesetzestechnisch ist § 30 VwVfG als Geheimhaltungsanspruch mit Offenbarungsvorbehalt ausgestaltet.

Der absolute Geheimhaltungsanspruch wird zweifach begrenzt. Zum einen durch die Beschränkung auf „Geheimnisse", zum anderen durch die Möglichkeit der „befugten Offenbarung".

a) Der Geheimnisbegriff des § 30 VwVfG

Nach herrschender Meinung umfaßt der Begriff des Geheimnisses i.S.d. § 30 VwVfG „alle sich auf einen bestimmten Rechtsträger und dessen Lebensverhältnisse beziehenden Tatsachen, die nur einem begrenzten Personenkreis bekannt sind und an deren Nichtverbreitung der Rechtsträger ein berechtigtes Interesse hat"[21]. In jedem Fall geht es um Tatsachen, aber auch um Schlußfolgerungen aus Tatsachen, wenn durch die Mitteilung der Schlußfolgerungen auf geheimzuhaltende Tatsachen zurückgeschlossen werden kann.

Aus dem Geheimnisbegriff ausgeschlossen sind die Tatsachen, bei denen den Betroffenen kein berechtigtes, schutzwürdiges Interesse an der Nichtverbreitung zusteht. Insbesondere der Bereich der Betriebs- und Geschäftsgeheimnisse ist umfassend. Grundsätzlich ist dem mutmaßlichen Willen des Beteiligten Rechnung zu tragen[22].

Insoweit gewährt § 30 VwVfG einen umfassenden Schutz bezüglich im Rahmen behördlicher Prüfungen erlangter Informationen[23].

[19] Vgl. F. L. Knemeyer, Geheimhaltungsanspruch im ..., S. 3.

[20] Seinem Wortlaut nach richtet sich § 30 VwVfG nicht an den einzelnen Bediensteten, sondern an die Behörde. Da aber Behörden nur durch Personen handeln können, gilt § 30 VwVfG auch für sie (vgl. H. Meyer / H. Borgs, RdNr. 4 zu § 30 VwVfG).

[21] F. L. Knemeyer, Geheimhaltungsanspruch und ..., S. 2243 m.w.N.. Zum Begriff der Betriebs- und Geschäftsgeheimnisse im Besonderen vgl. R. Breuer, Schutz ..., S. 172 f.

[22] Vgl. F. L. Knemeyer, Geheimhaltungsanspruch und ..., S. 2243 ff. m.w.N.

[23] A. A. D. R. Lupberger, S. 120 ff., der Daten, die keine Betriebs- oder Geschäftsgeheimnisse umfassen, für verwaltungsrechtlich (und auch strafrechtlich) nicht geschützt hält.

b) *Offenbarung i.S.d. § 30 VwVfG*

Neben der Frage, was unter einem Geheimnis i.S.d. § 30 VwVfG zu verstehen ist, ist die Frage nach den Grenzen des Anspruchs auf Geheimhaltung von Bedeutung, d. h., wann Geheimnisse ausnahmsweise offenbart werden dürfen. Im Gegensatz zu anderen Rechtsgebieten begnügt sich das VwVfG hier mit einer Generalklausel[24]. Entsprechend dem Zweck der Schutznorm ist, wie schon der Begriff des Geheimnisses, auch der der Offenbarung weit zu fassen: Es genügt dazu jedwedes Verhalten, das eine geheime Tatsache einem anderen zur Kenntnis bringt, der diese bisher noch nicht oder jedenfalls nicht sicher gekannt hat. In Betracht kommen sowohl alle Formen des aktiven Handelns als auch schlüssiges Verhalten und Unterlassen[25]. Eine Offenbarung ist auch innerhalb der Behörde möglich, da § 30 VwVfG jede sachlich nicht gebotene Verbreitung geheimer Informationen verhindern will[26]. Allein der Umstand, daß die Geheimhaltungspflicht der Behörde als organisatorische Einheit, nicht aber einzelnen Amtsträgern persönlich auferlegt ist, kann die Unmöglichkeit einer Offenbarung innerhalb der Behörde nicht begründen[27]. Anders, wenn ein und derselbe Bedienstete mehrere Aufgaben zu verfolgen hat, z. B. „normale" Prüfungen und die Verfolgung von Ordnungswidrigkeiten, die sich bezüglich der zur Verfügung stehenden Informationsbeschaffungsmittel und daraus folgend der zur Verfügung stehenden bzw. beschaffbaren Informationen unterscheiden. Hier ist überhaupt keine Weitergabe mehr nötig, um Informationen von einem Aufgabengebiet in das andere zu befördern. Offenbarungen sind schlechthin unmöglich.

„Unbefugt" bedeutet, daß nach einschlägigen gesetzlichen Regelungen und allgemeinen Rechtsgrundsätzen zu prüfen ist, ob das im übrigen tatbestandsmäßige Verhalten statthaft ist, so daß die Befugnis als Rechtfertigungsgrund anzusehen ist[28]. Als Rechtfertigungsgründe für eine befugte Offenbarung kommen demnach in Betracht: Zum einen das Vorliegen einer ausdrücklichen gesetzlichen Ermächtigung, zum anderen die Zustimmung

---

[24] Im Sozialrecht sind die Offenbarungstatbestände detailliert umschrieben (§ 67-78 SGB X), im Steuerrecht ist noch eine auffangende Generalklausel hinzugefügt (§ 30 IV, V AO).

[25] Vgl. F. L. Knemeyer. Geheimhaltungsanspruch und ..., S. 2244 m.w.N.

[26] Im Gegensatz dazu herrscht in Frankreich die Ansicht vor, daß es kein Geheimnis innerhalb des Staates gibt (vgl. H.-H. Maass, Diskussionsbeitrag, in: E. v. Caemmerer, S. 62).

[27] So zu Recht F. L. Knemeyer, Geheimhaltungsanspruch und ..., S. 2244, im Anschluß an K. Obermayer, Kommentar zum Verwaltungsverfahrensgesetz, RdNr. 34 zu § 30 VwVfG. Im Gegensatz dazu H. Meyer / H. Borgs, RdNr. 6 zu § 30 VwVfG.

[28] Vgl. E. Dreher / H. Tröndle, Strafgesetzbuch, RdNr. 27 zu § 203 StGB. Zu Recht weist F. E. Schnapp, Zum Anwendungsbereich ..., S. 564, darauf hin, daß hier der Weg zu einer weitgehend ungebundenen Güterabwägung frei wird (vgl. bereits vorher derselbe, Amtshilfe, behördliche Mitteilungspflichten und Geheimhaltung, NJW 1980, S. 2168).

des Beteiligten und zuletzt die dem Geheimhaltungsanspruch innewohnenden immanenten Schranken[29].

Im Falle der erteilten Zustimmung ist die Offenbarung unproblematisch. Wegen des hohen Stellenwerts des Anspruchs auf Geheimhaltung muß lediglich die Zustimmung vor der Offenbarung unmißverständlich ausdrücklich erteilt sein.

Ob die allgemeine Amtshilfepflicht eine ausdrückliche gesetzliche Offenbarungsbefugnis begründet, ist umstritten[30]. Dies und im Rahmen dessen die Frage, inwieweit eine Durchbrechung des Geheimhaltungsanspruchs als Konkretisierung der ihm innewohnenden immanenten Schranken zulässig ist, muß näher untersucht werden. Dabei sind die Maßgaben der Verfassung bezüglich der Behandlung von Daten allgemein zu prüfen[31]. Vorher soll noch auf den strafrechtlichen Geheimnisschutz und die bestehenden Regelungen des BDSG eingegangen werden.

3. § 203 II StGB

Die Bestimmungen des StGB haben zwar keinen unmittelbaren Bezug zum Verwaltungshandeln, vor allem unter dem Aspekt der Konsequenzen für das Verwaltungshandeln selbst. Die Strafbewehrung bestimmter Handlungen eines Bediensteten ist jedoch ein wichtiger Indikator für die Einschätzung der Schutzwürdigkeit des verletzten Guts, hier des Rechts auf Geheimhaltung[32]. Die hier in Betracht kommenden strafrechtlichen Vorschriften des Geheimnisschutzes finden sich in den §§ 203 und 353b StGB, wobei letzterem geringere Bedeutung zukommt, weil er die Gefährdung wichtiger öffentlicher Interessen voraussetzt und die Verfolgung von der Ermächtigung bestimmter Stellen abhängig macht[33].

Durch § 203 II StGB vor Offenbarungen geschützt sind fremde Geheimnisse, namentlich zum persönlichen Lebensbereich gehörende Geheimnisse oder Betriebs- und Geschäftsgeheimnisse. Ihnen stehen Einzelangaben über persönliche und sachliche Verhältnisse eines anderen gleich, die für Aufgaben der öffentlichen Verwaltung erfaßt worden sind. „Erfassen" ist jedwe-

---

[29] Vgl. F. L. Knemeyer, Geheimhaltungsanspruch und ..., S. 2244 ff.

[30] Wenngleich die Tendenz hin zu einer Verneinung dieser Frage geht; so K. Obermayer, RdNr. 38 zu § 30 VwVfG, F. Kopp, VwVfG, RdNr. 18 zu § 30; M. Bullinger, Wettbewerbsgefährdung ..., S. 2127. Ihre noch in der 1. Aufl. vertretene Ansicht revidierend H. Meyer / H. Borgs, RdNr. 15 ff. zu § 30 VwVfG m.w.N und ausführlicher Darstellung des Für und Wider. Bejahend C. H. Ule / H.-W. Laubinger, Verwaltungsverfahrensrecht, S. 172; F. Steinbömer, Amtshilfe und Geheimhaltungspflichten, DVBl. 1981, S. 341.

[31] Vgl. unten III.

[32] Vgl. F. L. Knemeyer, Geheimhaltungsanspruch im ..., S. 3.

[33] Vgl. E. Dreher / H. Tröndle, RdNr. 1 zu § 203 StGB.

des Festhalten von Angaben, um sich über die Verhältnisse des Betroffenen auch (nicht nur!) später orientieren zu können. Ein solches Festhalten bei behördlichen Prüfungen erhobener Angaben ist zulässig[34].

Betrachtet man den umfassenden Geheimnisbegriff des § 30 VwVfG[35], bedeutet § 203 StGB, insbesondere S. 2, keine Erweiterung mehr. § 203 II StGB beschränkt den Schutz bei behördlichen Prüfungen erhobener Daten nicht nur auf Betriebs- und Geschäftsgeheimnisse[36]. Auch § 203 StGB schützt jedoch nicht Angaben, die offenkundig, also jedem Verständigen bekannt oder leicht feststellbar sind.

Ebenso wie § 30 VwVfG steht § 203 II StGB unter dem im Wege einer Generalklausel festgelegten Vorbehalt einer befugten Offenbarung, für deren Rechtfertigung wiederum die Einwilligung des Geschützten, eine gesetzliche Ermächtigung sowie eine allgemeine Güterabwägung in Betracht kommen[37]. Auch hier ist insbesondere strittig, ob sich ein Offenbarungsgrund bereits aus den allgemeinen Grundsätzen der Amtshilfe herleiten läßt[38]. Insbesondere die Gefahr strafgerichtlicher Verfolgung nach Offenbarung in öffentlichrechtlichen Verfahren ist durch § 202 II StGB durchaus nicht beseitigt[39].

4. Die Vorschriften des BDSG

Aufgabe des Datenschutzes ist es, durch den Schutz personenbezogene Daten vor Mißbrauch bei ihrer Speicherung, Übermittlung, Veränderung und Löschung (Datenverarbeitung) der Beeinträchtigung schutzwürdiger Belange der Betroffenen entgegenzuwirken (§ 1 I BDSG).

Geht man von der Möglichkeit aus, daß die im Rahmen behördlicher Prüfungen erhobenen Daten systematisch zusammengefaßt und aufbewahrt werden, ergeben sich als besonders zu klärende Voraussetzungen der Geltung des BDSG die Merkmale „personenbezogene Daten“, „Speicherung“ und „Datei“[40]:

---

[34] A. A. in diesem Zusammenhang D. R. Lupberger, S. 122, der zwar zu Recht davon ausgeht, daß die Erhebung und Speicherung von Daten zur Erfüllung noch nicht bestimmter, später eventuell eröffneter Verwaltungsaufgaben unzulässig wäre, dabei an dieser Stelle – anders S. 97 f., 194 ff. – jedoch übersieht, daß dem Erfassen, d. h. der Speicherung von Angaben gelegentlich einer aktuellen Prüfung zu späteren, im Rahmen der Überwachungsaufgabe verbleibenden Zwecken grundsätzlich nichts entgegensteht. Vgl. auch unten 4. sowie M. Kniesel, S. 379.

[35] Vgl. oben 2.

[36] So aber D. R. Lupberger, S. 123.

[37] Vgl. oben 2b) und weiterführend unten III.

[38] Vgl. nur E. Dreher / H. Tröndle, RdNr. 32 zu § 203 StGB; H. Meyer / H. Borgs, RdNr. 17 zu § 5 und RdNr. 21 zu § 30 VwVfG; P. Heckel, S. 147 ff.

[39] Vgl. R. Stürner, S. 1761.

[40] Vgl. für das Folgende, zu § 46 GWB, jedoch mit Allgemeingültigkeit für behördliche Prüfungen D. R. Lupberger, S. 190 ff. m.w.N.

Im Rahmen behördlicher Prüfungen erhobene Daten sind nicht nur dann personenbezogene Daten im Sinne des § 2 I BDSG, wenn die Datenerhebung über natürliche Personen erfolgt, sondern auch, wenn sie über juristische Personen und Personenvereinigungen vorgenommen wird. Hier kann nur entscheidend sein, ob – die Unerheblichkeitsschwelle überschreitende – Aussagen über die Verhältnisse bestimmter oder bestimmbarer natürlicher Personen gemacht werden, wobei nach § 2 I BDSG jeder auf eine natürliche Person beziehbare Sachverhalt personenbezogen ist, mithin die Existenz personenbezogener Daten im Falle von Angaben zu einer juristischen Person oder Personenvereinigung nicht grundsätzlich ausgeschlossen werden kann[41]. Des weiteren ist eine Speicherung von Daten i.S.d. § 2 II Nr. 1 BDSG im Rahmen einer behördlichen Prüfung ohne weiteres denkbar, soweit die erhobenen Daten in die Form einer Datei gebracht werden. Der Dateibegriff des § 2 III Nr. 3 BDSG ist jedenfalls dann erfüllt, wenn erhobene Daten in einer EDV-Anlage gespeichert werden. Nicht unter den Dateibegriff des BDSG fallen Akten und Aktensammlungen, es sei denn, daß sie durch automatisierte Verfahren umgeordnet und ausgewertet werden können.

Unter den genannten Voraussetzungen unterliegen bei behördlichen Prüfungen erhobene Daten den einschlägigen Bestimmungen des BDSG; die Zulässigkeit ihrer Speicherung ergibt sich mangels spezialgesetzlicher Vorschriften aus dessen § 3 S. 1 Nr. 1 i.V.m. 9 I.

Hier von besonderem Interesse ist, inwieweit das BDSG, soweit einschlägig, dem Geheimhaltungsinteresse der Betroffenen entspricht, d. h. letztlich zu verhindern vermag, daß erhobene Daten über ihren ursprünglichen Zweck hinaus Verwendung finden.

Zunächst untersagt § 5 I BDSG den im Rahmen des § 1 II oder im Auftrag der dort genannten Personen oder Stellen bei der Datenverarbeitung beschäftigten Personen, geschützte personenbezogene Daten unbefugt zu einem anderen als dem zur jeweiligen rechtmäßigen Aufgabenerfüllung gehörenden Zeck zu verarbeiten, bekanntzugeben, zugänglich zu machen oder sonst zu nutzen.

Die Vorschrift richtet sich unmittelbar an die bei der Datenverarbeitung beschäftigten Personen, die faktisch in der Lage sind, Daten zur Kenntnis zu nehmen, zu verarbeiten oder sonst zu nutzen, während sich die Verarbeitungsregeln des § 3 und des zweiten bis vierten Abschnitts des BDSG an diejenigen Behörden, Stellen, Personen und Personenvereinigungen richten, die rechtlich über die geschützten Daten verfügen und deren Rechte und Pflichten bei der Verarbeitung und Nutzung der Daten durch das Datengeheimnis nicht berührt werden.

---

[41] A. A. R. Breuer, Schutz ..., S. 175; ebenso, jedoch ohne weitere Prüfung A.-R. Börner, Die Verfahren nach § 4, 11 EnWiG, insbesondere Auskunftsrecht und Geheimhaltung, Recht der Elektrizitätswirtschaft 1985, S. 188.

Dem Datengeheimnis gehen allgemein dienstrechtliche Verschwiegenheitsregelungen nicht vor. Beide Verpflichtungen bestehen vielmehr nebeneinander, was zur Folge hat, daß auch „Mitteilungen im dienstlichen Verkehr", die von der Pflicht zur Amtsverschwiegenheit generell ausgenommen sind, nur noch in den vom Datengeheimnis gezogenen Grenzen zulässig sind. Auch offenkundige oder nicht geheimhaltungsbedürftige Daten sind im Gegensatz zum Amtsgeheimnis oder § 203 II StGB vom Datengeheimnis nicht ausgenommen.

Allerdings steht auch das Datengeheimnis unter dem Vorbehalt einer entgegenstehenden Verarbeitungs- bzw. Offenbarungsbefugnis, die sich aus dem zur jeweiligen rechtmäßigen Aufgabenerfüllung gehörenden Zweck ergibt.

Weiterhin regelt § 10 und komplementär dazu, nur einen anderen Adressatenkreis betreffend, § 11 BDSG die Datenübermittlung innerhalb des öffentlichen Bereichs bzw. an Stellen außerhalb desselben.

Eine Datenübermittlung ist demnach möglich, wenn sie zur rechtmäßigen Erfüllung der in der Zuständigkeit der übermittelnden Stelle *oder* des Empfängers liegenden Aufgaben erforderlich ist. Nur wenn die personenbezogenen Daten einem Berufs- oder besonderen Amtsgeheimnis unterliegen und der übermittelnden Stelle von der zur Verschwiegenheit verpflichteten Person in Ausübung ihrer Berufs- oder Amtspflicht übermittelt worden sind, ist für die Zulässigkeit der Übermittlung ferner erforderlich, daß der Empfänger die Daten zur Erfüllung des gleichen Zwecks benötigt, zu dem sie die übermittelnde Stelle erhalten hat (§ 10 I S. 2 BDSG).

Das allgemeine Amtsgeheimnis löst die besonderen Folgen des § 10 I S. 2 BDSG nicht aus. Unterliegen Daten nur dem § 30 VwVfG oder einer entsprechenden landesrechtlichen Vorschrift, so bleibt es bei der allgemeinen Vorschrift des § 10 I S. 1 BDSG. Dasselbe gilt für die allgemeinen dienst- und arbeitsrechtlichen Verschwiegenheitspflichten sowie für das Datengeheimnis nach § 5 BDSG[42].

Es bleibt festzustellen, daß auch das BDSG, soweit im Rahmen behördlicher Prüfungen einschlägig, nicht gewährleisten kann, daß dort gewonnene Informationen nur zu ihrem ursprünglichen Erhebungszweck verwendet werden. Insbesondere spezielle gesetzlich geregelte Auskunfts- und Mitteilungspflichten können eine Datenübermittlung nach § 3 S. 1 Nr. 1 BDSG zulässig machen, u.U. sogar, wenn zugleich konkurrierende Geheimhaltungsvorschriften bestehen und obwohl Amtshilferegelungen keine besonderen Rechtsvorschriften i.S.d. § 45 BDSG sind, die die Anwendung der

---

[42] Vgl. U. Dammann, in: S. Simitis / U. Dammann / O. Mallmann, H.-J. Reh, Kommentar zum Bundesdatenschutzgesetz, RdNr. 27 zu § 10 BDSG.

Vorschriften des BDSG ausschließen. So begründet z. B. § 161 StPO eine Befugnis zum Offenbaren im Sinne des § 30 VwVfG[43].

5. Ergebnis

Es wird deutlich, daß durch die allgemeinen einfachgesetzlichen Vorschriften kein umfassender und lückenloser Schutz des Geheimhaltungsinteresses der Betroffenen gewährt wird. Es kommt zum Teil zu doppelten Absicherungen aufgrund der parallelen Einschlägigkeit mehrerer Vorschriften, es werden jedoch auch Lücken im Geheimnisschutz ersichtlich, die eine Verwendung von Informationen zu anderen als bei ihrer Erhebung verfolgten Zwecken nicht ausschließen. Vor allem kann der Betroffene auch nicht sicher sein, daß im Prüfungsverfahren gewonnene Informationen nicht an die Strafverfolgungsbehörden weitergegeben bzw. von diesen verwendet werden.

Im Folgenden ist zu prüfen, welche Anforderungen die Verfassung an die Behandlung von in Prüfungsverfahren erhobenen Daten stellt und ob die einfachgesetzlichen Schutzvorkehrungen diesen Anforderungen genügen.

III. Verfassungsrechtliche Maßgaben

Die verfassungsrechtlichen Anforderungen an die Behandlung im Prüfungsverfahren erlangter Informationen sind für das Kartellrecht eingehend untersucht worden[44]. Besondere Beachtung fanden dabei zwei Urteile des BVerfG[45], in denen im Lichte eines Rechts auf „informationelle Selbstbestimmung" über die spezifischen Prozeßgegenstände hinaus ein umfassender, inhaltlich abgestufter verfassungsrechtlicher Schutz gegen staatliche Datenerhebung und -verwendung aufgezeigt wurde, der auch im Bereich behördlicher Prüfungen wirksam wird[46]. Die wesentlichen Ergebnisse dieser Untersuchung sollen deshalb hier dargestellt werden, soweit sie für behördliche Prüfungen allgemein gültig und richtungweisend sind[47].

– Danach haben die betroffenen Unternehmensträger und -vertreter im behördlichen Prüfungsverfahren ein „Recht auf informationelle Selbstbestimmung" aus Art. 2 I i.V.m. Art. 1 I, ggf. i.V.m. Art. 19 III GG.

---

[43] Vgl. ebenda, RdNr. 63 zu § 10 BDSG.

[44] Vgl. die Arbeit D. R. Lupbergers.

[45] V. 15.12.1983, BVerfGE 65, S. 1 ff. (Volkszählungsgesetz 1983) und v. 17.7.1984, BVerfGE 67, S. 100 ff. (Flick-Ausschuß).

[46] Zur Übertragbarkeit der einschlägigen Rechtsprechung des BVerfG auf behördliche Prüfungen vgl. D. R. Lupberger, S. 35 ff.

[47] Vgl. die Zusammenfassung ebenda, S. 241 ff., mit den entsprechenden Verweisen.

- Die Erhebung und die Verarbeitung von Daten stellen Eingriffe in das Recht auf informationelle Selbstbestimmung dar.
- Die Weitergabe von Daten, die im Rahmen der einschlägigen Vorschriften erhoben wurden, an eine andere Aufgaben verfolgende Behörde oder Stelle, bedarf einer über die allgemeinen Amtshilfevorschriften hinausgehende spezialgesetzlichen Ermächtigung, weil die mit der Weitergabe verbundene Zweckentfremdung der Daten einen wesentlichen Eingriff in das Recht auf informationelle Selbstbestimmung bedeutet und die Amtshilfevorschriften nicht zu einer Erweiterung der jeweiligen Amtsbefugnisse führen[48].
- Insbesondere ist die Verwendung von Daten, die im Rahmen eines Prüfungsverfahrens erhoben wurden, in einem Bußgeldverfahren ausgeschlossen, da sie trotz eventueller Doppelfunktionalität der Behörde eine Zweckentfremdung i.S.d. Rechtsprechung des BVerfG bedeuten würde.

IV. Ergebnis

Vergleicht man einfachgesetzliche Schutzvorkehrungen und verfassungsrechtliche Maßgaben miteinander, so wird deutlich, daß Nachbesserungen seitens des Gesetzgebers erforderlich sind, um die Vermeidung des Mißbrauchs im Prüfungsverfahren erlangter Informationen – insbesondere auch in Straf- und Ordnungswidrigkeitenverfahren – sicherzustellen.

Um der Gefahr einer Verletzung des Persönlichkeitsrechts entgegenzuwirken, fordert das BVerfG auf, Vorkehrungen zu treffen, die bei Beschränkungen des Rechts auf informationelle Selbstbestimmung über die bestehenden rechtsstaatlichen Sicherungen wie Normenklarheit, Zweckgerichtetheit von Gesetzen und Verhältnismäßigkeitsgrundsätze hinaus einen Mißbrauch von Prüfungsbefugnissen und mit deren Hilfe erlangter Informationen verhindern[49]. In Betracht kommen in erster Linie bereichsspezifische, amtshilfefeste Geheimhaltungsbestimmungen bzw. Weitergabeverbote sowie Verwertungsverbote bzw. die Trennung von Aufgabenbereichen. Darüber hinaus seien Aufklärungs-, Auskunfts- und Löschungspflichten wesentlich[50].

---

[48] Vgl. auch R. Breuer, Schutz ..., S. 176. Die Amtshilferegelungen dienen zwar u. a. auch dazu, das Fehlen von Befugnissen durch Inanspruchnahme anderer Behörden auszugleichen; sie sollen jedoch keinesfalls das System der Befugniszuweisung und -begrenzung generell aufheben (vgl. P. Düwel, S. 104 ff; U. Dammann, in: S. Simitis u. a., RdNr. 58 zu § 10 BDSG).

[49] Vgl. BVerfG, Urteil v. 15.12.1983, BVerfGE 65, S. 1 (44).

[50] Vgl. D. R. Lupberger, S. 113 ff.

V. Forderungen für behördliche Prüfungen

Im Bereich behördlicher Prüfungen sind vor allem bereichsspezifische Bestimmungen erforderlich, die die Verwendung bzw. Weitergabe durch Prüfungen erlangter Informationen über das bestehende Maß hinaus, insbesondere im Wege der Amtshilfe, aber z. B. auch im Rahmen der Akteneinsicht im Verwaltungsverfahren[51] verhindern; gegebenenfalls Regelungen mit speziellen Durchbrechungstatbeständen, die die tatbestandsmäßige Voraussetzungen der ausnahmsweisen Weitergabe und Verwendung der erlangten Informationen zu anderen als den bei ihrer Erhebung verfolgten Zwecken konkretisieren[52]. So muß auch festgelegt werden, in welchen Fällen die zuständige Behörde die Pflicht und gegenüber dem betroffenen Unternehmen das Recht hat, zur Verhütung von Gefahren Informationen an die Öffentlichkeit weiterzugeben[53].

Die hinsichtlich der Verwendungsverbote auftretende Frage, wie weit sie sich erstrecken, gewöhnlich unter dem Stichwort der „Fernwirkung" diskutiert, kann dabei nur in der Weise beantwortet werden, daß die Verwendung erlangter Kenntnisse generell, also nicht nur für bestimmte Entscheidungen im Straf- und Ordnungswidrigkeitenverfahren, verboten sein muß. Sie dürfen – mit der oben angeführten Ausnahme – auch nicht zum Anlaß weiterer Ermittlungen dienen[54]. Andernfalls liefe das Verwendungsverbot in vielen Fällen leer[55]. Dieses Verbot weiterer Ermittlungen in Kenntnis belastender Informationen mag für den einzelnen Beamten psychologisch schwer zu befolgen sein. Seine Beachtung ist jedoch nicht schwerer als die der anerkannten Beweisverwertungsverbote. Der Beamte muß sich vor weiteren Ermittlungshandlungen fragen, ob auch ohne die unverwendbaren Kenntnisse hinreichende Anhaltspunkte diese rechtfertigen würden. Er muß gewärtig sein, daß er im Streit um die Verwertbarkeit der Ergebnisse weiterer Ermittlungen diese Anhaltspunkte darzulegen haben wird[56].

Es ist jedoch trotz einer solchen Regelung augenfällig, daß durch die Verbindung mehrerer schwer vereinbarer Aufgaben bei ein- und derselben Behörde oder gar Person, wie sie die wertneutrale allgemeine Überwachung

---

[51] Zum Geheimnisschutz gegenüber Einzelpersonen vgl. R. Breuer, Schutz ..., S. 177.

[52] So z. B. § 35 II SGB I i.V.m. 67 ff. SGB X, 30 AO, 11 BStatG. Vgl. auch G. Knorr, Probleme ..., S. 284, M. Schröder, S. 402, und schon G. Kopperschmidt, S. 15, sowie Chr. Nieß-Mache, Auskunftsrechte und Auskunftspflichten gegenüber Dritten bei Abwassereinleitungen, UPR 1987, S. 130 ff., deren Ausführungen auf weiteren Regelungsbedarf schließen lassen.

[53] Vgl. dazu W. Hahn, S. 142 ff; H. Schoenhals, S. 174.

[54] Th. Kleinknecht / K. Meyer, RdNr. 21 zu § 136a StPO vertreten dort die gegenteilige Meinung.

[55] Vgl. H. J. Wieckmann, S. 98 f.

[56] Vgl. Engelhardt, in: Hübschmann u. a., RdNr. 147 f. zu § 393 AO.

auf der einen sowie Straf- und Ordnungswidrigkeitenverfolgung auf der anderen Seite darstellen, rechtsstaatliche Probleme auftreten. Vor allem die je nach Verfahrensart unterschiedlichen behördlichen Befugnisse und die Rechte bzw. Pflichten der Betroffenen deuten darauf hin, daß die Rechtsposition des Bürgers hier schon aufgrund der Organisation gefährdet ist, weshalb eine Trennung der Aufgabenbereiche erwägenswert erscheint[57].

Darüber hinaus ist wegen des hier vorgeschlagenen Wegfalls des Auskunftsverweigerungsrechts[58] eine Regelung erforderlich, die sicherstellt, daß aufgrund von Auskünften erlangte und notfalls erzwungene Informationen keinesfalls zur Erfüllung von Aufgaben verwendet werden dürfen[59], im Rahmen derer dem Betroffenen der Behörde gegenüber ein Auskunftsverweigerungsrecht zustehen muß, wie z. B. bei der Verfolgung von Straftaten und Ordnungswidrigkeiten[60].

Eine Regelung wie die des § 393 II AO, die bei zwingendem öffentlichem Interesse an der Verfolgung von Straftaten die Verwendung von Tatsachen und Beweismitteln im Strafverfahren gestattet, die der Steuerpflichtige der Finanzbehörde vor Einleitung des Strafverfahrens oder in Unkenntnis seiner Einleitung in Erfüllung steuerrechtlicher Pflichten offenbart hat, ist verfassungswidrig[61]. Sie ist von den Regelungen der § 52 VII S. 2 1. Alt. BImSchG und 21 III S. 2 1. Alt. WHG zu unterscheiden, da dort die Erlangung von Informationen zunächst einmal durch ein Aussageverweigerungsrecht beschränkt ist, das es für den Steuerpflichtigen im Besteuerungsverfahren nicht gibt. Die Regelung der AO, daß gerade bei schweren Straftaten, in deren Zusammenhang das rechtsstaatliche Prinzip des Aussageverweigerungsrechts am schwersten wiegt, das weitestgehend äquivalente Verwertungsverbot aufgehoben werden soll, wiederspricht dem Prinzip „nemo-tenetur-seipsum-accusare“ jedoch gerade dort, wo dieses seine größte Bedeutung hat. Dies gilt es bei einer Überarbeitung der verwaltungsrechtlichen Regelungen zu beachten.

---

[57] Vgl. W. Schick, in: Hübschmann u. a., RdNr. 54 ff. zu § 208 AO und derselbe, Außenprüfung ..., S. 167. Das dort für Besteuerungs- und Strafverfahren als Aufgabenbereiche der Steuerfahndung Gesagte läßt sich auf Polizei- und Wirtschaftsüberwachungsbehörden und die Aufgaben allgemeiner Wirtschaftsüberwachung sowie Ordnungswidrigkeiten- und Strafverfolgung übertragen. Vgl. auch R. Wenzig, Die Prüfungshandlungen, StBp. 1982, S. 55 ff. und D. R. Lupberger, S. 133 f.

[58] Vgl. dazu ausführlich unten § 8 IV.

[59] Das Verwendungsverbot muß das, wie gezeigt, allein nicht ausreichende Weitergabeverbot enthalten.

[60] Vgl. auch W. Hahn, S. 169.

[61] Vgl. Engelhardt, in: Hübschmann u. a., RdNr. 153 zu § 393 AO.

Dritter Abschnitt

Die Prüfungsbefugnisse im einzelnen

§ 8 Das Auskunftsverlangen

I. Bedeutung

Wer sich wirtschaftlich betätigen will, muß die verschiedensten Rechtsvorschriften beachten. So beziehen sich gesetzliche Pflichten z. B. auf den Betrieb komplizierter technischer Anlagen[1]. Um ihre Einhaltung beurteilen zu können, sind oft genaueste Kenntnisse technischer Details und Prozeßabläufe unerläßlich. Die mit der behördlichen Prüfung betrauten Bediensteten können sich diese Kenntnisse nicht immer durch eigene Prüfungen oder die Hinzuziehung von Sachverständigen verschaffen. Die notwendige Sachverhaltsaufklärung und der Wert der Überwachungstätigkeit insgesamt hängen deshalb in vielen Fällen von Auskünften der am intensivsten mit einem Überwachungsgegenstand vertrauten Personen ab. Die erfolgreiche Analyse einer Gefahrenursache wird oft nicht nur durch Beobachtung oder behördliche Untersuchung etc. zu bewirken sein, sondern darüber hinaus in entscheidendem Maße davon abhängen, daß die Zuordnung einzelner Elemente erst durch Auskünfte und Erläuterungen z. B. des Produzenten erkennbar wird[2]. Außerdem erübrigen Auskünfte oftmals aufwendigere andere Ermittlungen.

Die Pflicht zur Erteilung von Auskünften ist somit wichtige Voraussetzung für eine effektive behördliche Überwachung[3]. Sie nimmt eine Art Zwitterstellung im Rahmen von Prüfungsmaßnahmen ein, da sie einerseits die stärkste Mitwirkung erfordert[4], andererseits jedoch auch die einfachste und weitestgehende Mitgestaltungsmöglichkeit seitens der Verpflichteten enthält und somit wieder deren Rechte am wenigsten einschränkt[5]. Gerade

---

[1] Vgl. nur die Pflichten des § 5 BImSchG über die Errichtung und den Betrieb genehmigungsbedürftiger Anlagen.

[2] Vgl. W. Hahn, S. 101.

[3] Vgl. K. Hansmann, in: R. v. Landmann / G. Rohmer, RdNr. 37 zu § 52 BImSchG. Ein speziell normiertes Auskunftsrecht der Polizeibehörden existiert nicht. Das Auskunftsrecht ergibt sich jedoch nach heute gesicherter Auffassung aus der Generalklausel (vgl. Th. J. Meyer, S. 41 ff. m.w.N.).

[4] Vgl. K.-D. Rathke, Mitwirkungspflichten bei der Kontrolle nach dem LMBG und dem EichG und ihre Grenzen, ZLR 1985, S. 124.

[5] Vgl. dazu die Ausführungen in § 12.

bei der Auskunft sollte die Mitwirkungspflicht des Verpflichteten auch als Mitwirkungsrecht und Mitwirkungschance im Überwachungsverfahren gesehen werden[6]. Gleichwohl stellt das Verlangen nach Auskunft einen nicht unerheblichen, aber zulässigen Eingriff in die „Handlungsfreiheit auf wirtschaftlichem Gebiet" dar, welche allerdings nur eine „Ausgestaltung" der „allgemeinen Handlungsfreiheit" aus Art. 2 I GG verkörpert, die nicht vom Schutzbereich des Art. 12 I GG erfaßt ist[7].

„Auskunft" hat heute nur noch die Bedeutung von „Mitteilung aufgrund einer Anfrage"[8]. Sie ist nicht denkbar ohne eine vorausgegangene konkrete Frage, ohne ein bestimmtes, konkret abgegrenztes Informationsbedürfnis des Auskunftsbegehrenden, das der Auskunftspflichtige durch die Kundgabe von Wissen befriedigt[9]. Entscheidend für die Qualifizierung einer Äußerung als Auskunft ist dabei der Wille des Verpflichteten, eine beim Berechtigten bestehende Unklarheit zu beseitigen. Stellt jemand lediglich einen Tatbestand, der zur Auskunft verpflichten würde, in Abrede, ist darin keine Auskunftserteilung zu sehen[10].

Unter Auskunft ist demnach die Kundgabe auf ausdrückliche oder stillschweigende Erwartung hin zu verstehen, unter Anzeige und Mitteilung[11] die mehr eigeninitiativ zu erbringende Kundgabe[12]. Ein weiterer Unterschied besteht bei gleicher Zielsetzung darin, daß im Rahmen des Auskunftsrechts im Einzelfall[13] spezielle Anfragen und Aufforderungen an ein Unternehmen gerichtet werden, durch Anordnung der Mitteilungs-, Berichterstattungs- oder Anzeigepflicht dagegen eine u. U. kontinuierliche allgemeine Verpflichtung begründet wird, bestimmte technische oder wirtschaftliche Vorgänge auch ohne spezielle Anforderung selbstständig mitzuteilen[14]. Dabei handelt es sich bei letzterem zumeist um die Erteilung einer Information, die keine konkrete Frage beantwortet, auch dann nicht, wenn sie sich in engen sachlichen Grenzen hält[15]. Eine solche „allgemeine und kontinuierliche Informationspflicht" ist auf der Grundlage eines behördlichen Auskunftsrechts nicht herleitbar[16].

---

[6] Vgl. W. Schick, Außenprüfung nach ..., S. 166.

[7] So zuletzt das BVerfG, Urteil v. 15.12.1983, BVerfGE 65, S. 196 (210) m.w.N.; ausführlich dazu D. R. Lupberger, S. 14 ff. m.w.N.

[8] Zu den überkommenen Bedeutungen von „Auskunft" vgl. Th. Hellmann, S. 30 ff.

[9] Vgl. A. Baumbach / W. Hefermehl, Wettbewerbsrecht, RdNr. 373 zur Einl. UWG.

[10] Vgl. BGH, Urteil v. 24.3.1959, NJW 1959, S. 1219.

[11] Vgl. die Mitteilungspflicht des § 16 BImSchG.

[12] Diese Unterscheidung unterstreicht das Urteil des BGH v. 20.5.1985, MDR 1986, S. 253; vgl. auch § 80 S. 2 StBerG; H. Mösbauer, Der Verwaltungsrechtliche ..., S. 460.

[13] Vgl. E. Michel / W. Kienzle, RdNr. 7 zu § 22 GastG.

[14] Vgl. W. Obernolte / W. Danner, Anm.3 zu § 3 EnWG; W. Weber, in: J.v.Staudinger, BGB, Bd. II, Recht der Schuldverhältnisse, Teil 1b, A 829.

[15] Vgl. K. Hanebuth, S. 117.

Die Auskunftspflicht reicht in der Regel so weit, als sie einer zulässigen Frage entspricht[17]. Sie begründet die Rechtspflicht zur wahrheitsgemäßen Beantwortung[18]. Die erteilte Auskunft muß die Nachprüfung ihrer Vollständigkeit und Richtigkeit ermöglichen[19]. Des weiteren müssen Auskünfte rechtzeitig erteilt werden. Was rechtzeitig ist, bestimmt sich im Einzelfall nach Umfang und Schwierigkeit der verlangten Auskunft und ihrer Eilbedürftigkeit[20].

II. Form

Eine bestimmte Form für die Auskunftserteilung ist in der Regel nicht vorgeschrieben. Sie bestimmt sich nach den Umständen des einzelnen Falles unter Berücksichtigung der Verkehrsübung[21]. Auskünfte sind in deutscher Sprache zu erteilen (§ 23 I VwVfG), wobei der Verpflichtete grundsätzlich die Wahl hat, ob er mündlich (auch fernmündlich) oder schriftlich Auskunft geben will. In der Praxis überwiegt die Schriftform.

Die zuständige Behörde kann allerdings die Auskünfte in einer bestimmten Form verlangen, wenn nur auf diese Weise der Prüfungszweck erreicht werden kann[22]. Diese Voraussetzung kann z. B. vorliegen, wenn ein Verpflichteter zur sachgemäßen schriftlichen Darlegung nicht in der Lage ist oder eine mündliche Ergänzung schriftlicher Auskünfte geboten erscheint oder wenn eine wirksame Überwachung die Zusammenstellung zahlreicher Detailunterlagen erfordert. In solchen Fällen kann die Auskunftspflicht auch die Pflicht zur Teilnahme an einer mündlichen Befragung[23] oder auch die Verpflichtung umfassen, Berichte, Abschriften, Auszüge und Zusammenstellungen anzufertigen und dem um Auskunft Ersuchenden auszuhändigen[24]. Sie ist dann einem Anspruch auf Rechnungslegung[25] vergleichbar,

---

[16] Vgl. F. Janssen, S. 193; P. Heckel, S. 62 f.; G. Mörtel / R. Metzner, RdNr. 3 zu § 22 GastG.

[17] Vgl. W. Weber, in: J. v. Staudinger, A 814.

[18] Vgl. BGH, Urteile v. 14.12.1970, WM 1971, S. 443 (445), und v. 24.3.1959, NJW 1959, S. 1219, sowie wörtlich § 55 I Nr. 2 S. 2 GüKG: „Die Auskunft ist wahrheitsgemäß nach bestem Wissen und Gewissen zu erteilen"; ebenso § 93 III S. 1, 150 II S. 1 AO, nach deren § 95 I S. 1 die Finanzbehörde den Beteiligten sogar auffordern kann, die Richtigkeit von behaupteten Tatsachen an Eidesstatt zu versichern.

[19] Vgl. BGH, Urteil v. 28.10.1953, BGHZ 10, S. 385 (388).

[20] Vgl. P. Gieseke u. a., RdNr. 20 zu § 21 WHG.

[21] Vgl. BGH, Urteil v. 24.3.1959, NJW 1959, S. 1219, OLG Düsseldorf, Beschluß v. 2.2.1982, GewArch 1983, S. 154 (155); P. Heckel, S. 67 ff.

[22] Vgl. § 93 IV AO.

[23] Eine Befugnis der Behörden, das persönliche Erscheinen eines Verpflichteten anzuordnen, ist in der Regel nicht gegeben. Anders z. B. die § 150 II Nr. 1 BBauG, 21 II S. 2 AuslG, 93 V AO und 61 SGB-AT.

[24] Vgl. K. Hansmann, in: R. v. Landmann / G. Rohmer, RdNr. 44 zu § 52 BImSchG; BayObLG, Urteil v. 6.12.1962, GewArch 1963, S. 29.

[25] Vgl. dazu Winfried Tilmann, S. 293 ff., 298 f. m.w.N.

beinhaltet jedoch nicht die allgemeine Verpflichtung des Betroffenen der Behörde Unterlagen vorzulegen, vor allem nicht in den Diensträumen[26]. Die Behörde muß sich mit den speziell zum Zwecke der Auskunftserteilung vom Betroffenen zusammengestellten Materialien zufriedengeben. Ein Anrecht auf Originalunterlagen hat sie im Rahmen des Auskunftsrechts nicht. Diese bleiben dem Recht auf Einsichtnahme vorbehalten, das andernfalls überflüssig wäre. Das Recht auf Einsichtnahme in Originalunterlagen birgt insofern eine stärkere Beeinträchtigung der Rechtssphäre des Verpflichteten in sich, als gelegentlich seiner Inanspruchnahme auch Dinge zu Tage treten können, die bei einem Auskunftsverlangen im Verborgenen geblieben wären[27].

III. Inhalt

Da die Rechtsgrundlagen jeweils einen speziellen Lebenssachverhalt regeln, läßt sich über den konkreten Inhalt des einfachen Auskunftsanspruchs keine Aussage machen. Eine Begrenzung ergibt sich lediglich aus allgemeinen öffentlich-rechtlichen Grundsätzen[28].

Die Auskunftspflicht erstreckt sich nicht umfassend auf eine Darstellung, ob und wie die gesetzlichen Anforderungen erfüllt worden sind. Dem Auskunftspflichtigen kann nicht allgemein aufgegeben werden, die Beachtung der gesetzlichen Bestimmungen nachzuweisen. Zudem können Auskünfte immer nur im Hinblick auf Tatsachen gefordert werden. Der Verantwortliche ist nicht verpflichtet, Vermutungen zu äußern oder gar selbst einen Sachverhalt zu beurteilen[29], denn die Bildung einer Meinung oder eines

[26] Vgl. OVG Rheinl.Pfalz, Urteil v. 16.1.1986, DÖV 1986, S. 935; a. A. E. Michel / W. Kienzle, RdNr. 7 zu § 22 GastG; G. Mörtel / R. Metzner, RdNr. 3 zu § 22 GastG; L. Fröhler / J. Kormann, RdNr. 93 zu § 35 GewO, denen nur insoweit zuzustimmen ist, als der nur zur Auskunft Verpflichtete nicht persönlich bei der Behörde zu erscheinen oder gar eine Nachschau in seinem Unternehmen zu dulden hat.

[27] Zum Verhältnis der Prüfungsbefugnisse zueinander vgl. § 12.

[28] Vgl. G. Lüke, S. 3; H. J. Wieckmann, S. 59, und die Ausführungen zu oben § 4. Unter systematisch falscher Interpretation der § 40 ff. LMBG, insbesondere des § 41, verneint das OLG Düsseldorf, Beschluß v. 11.12.85, GewArch 1986, S. 87 (88), ein Recht der Ordnungsbehörde, von einem Automatenaufsteller die Standorte von Automaten zu erfragen. Es stellt einerseits – unzutreffend vor allem in Anbetracht seiner Auslegung der § 14 III S. 2 und 146 II Nr. 1 GewO – fest, daß es sich dabei nicht um eine Maßnahme zur Durchführung der Überwachung der Vorschriften über den Verkehr mit Lebensmitteln handelt, um andererseits das Auskunftsverlangen (ebenda, S. 89) als „der Einzelkontrolle von Automaten eines bereits angemeldeten Gewerbes" dienend zu qualifizieren. Selbstverständlich und ausdrücklich müssen behördliche Prüfungsbefugnisse auch Maßnahmen beinhalten, die die Voraussetzungen für eine ordnungsgemäße Überwachung schaffen. Zutreffend das OVG Hamburg, Beschluß v. 2.4.1976, OVG Bf. I 44 / 74, das es für zulässig erachtet, bei einem mittelbar am Außenwirtschaftsverkehr Beteiligten Prüfungen gem. § 44 AWG vorzunehmen, um weitere Pflichtige im Sinne des AWG festzustellen, da es lebensfremd wäre, wenn die Behörde darauf vertrauen würde, daß sich die Pflichtigen selbst melden.

[29] Vgl. K.-D. Rathke, S. 124.

Rates bzw. deren Kundgabe stehen in einem an rechtsstaatlichen Grundsätzen orientierten Gemeinwesen grundsätzlich im Belieben der einzelnen Auskunftsperson[30]. Die Mitteilung einer Tatsache ist im strengen Sinne keine Äußerung einer „Meinung", weil ihr das Element der Stellungnahme, des Dafürhaltens, des Meinens im Rahmen einer geistigen Auseinandersetzung fehlt, das konstitutiv für die Bestimmung dessen ist, was als Äußerung einer Meinung vom Schutz des Art. 5 I S. 1 GG umfaßt wird[31].

Die Beschränkung der Auskunftspflicht auf einzelne Tatsachen ist allerdings nicht so zu verstehen, als dürfe jeweils nur eine konkrete Angabe zu einem konkreten Sachverhalt verlangt werden. Auskunftsverlangen können aus mehreren Fragen bestehen, die sich auf unterschiedliche Überwachungsgegenstände beziehen können.

Dem Verpflichteten obliegt auch eine gewisse Erkundigungspflicht, da die Auskunftspflicht sich auch auf Tatsachen bezieht, die der Auskunftspflichtige nicht persönlich kennt, deren Kenntnis er sich aber durch Nachforschungen in seinem Einflußbereich, insbesondere in seinem Betrieb, verschaffen kann. Wer sich bei der Errichtung und dem Betrieb von Anlagen, bei der Herstellung, der Einfuhr und dem Inverkehrbringen von Produkten oder sonstwie im Rahmen seiner Geschäfte Dritter bedient, muß auch deren Kenntnisse in Anspruch nehmen, um seinen Verpflichtungen gegenüber der Überwachungsbehörde nachzukommen. Andernfalls könnten von Großunternehmen weniger Auskünfte verlangt werden als von Einzelpersonen, was neben einer Schlechterstellung letzterer auch eine unsachgemäße Differenzierung hinsichtlich des Prüfungszwecks bedeuten würde[32]. Ebenso wird, wer gesetzlich zur Auskunft verpflichtet ist, sich dem nicht einfach mit dem Hinweis entziehen können, er habe betriebsintern hierfür keine Vorkehrungen getroffen. Wenn es zur Erfüllung der Auskunftspflicht erforderlich ist, entsprechende Unterlagen anzufertigen und aufzubewahren[33], umfaßt die Auskunftspflicht auch diese Maßnahmen. Läßt ein Gesetz dem Auskunftsverpflichteten freie Hand, in welcher Weise er sich die Fähigkeit zur Auskunftserteilung schafft und erhält, stellt es ihn nicht etwa von der Auskunftspflicht selbst frei[34].

Speziell bei Prüfungen in Form von Auskunftsverlangen ist fraglich, über welchen Bereich ein befragtes Unternehmen, unabhängig von dem dort vorhandenen Wissensstand, Auskunft zu geben verpflichtet ist, d. h. ob die erfragten Tatsachen mit dem Geschäftsbetrieb des Auskunftspflichtigen zusammenhängen müssen oder nicht[35].

[30] Vgl. K. Hanebuth, S. 62.

[31] Vgl. BVerfG, Urteil v. 15.12.1983, BVerfGE 65, S. 1 (41).

[32] K. Hansmann, in: R. v. Landmann / G. Rohmer, RdNr. 42 f. zu § 52 BImSchG m.w.N.

[33] Vgl. dazu unten § 9 V.1.

[34] Vgl. BayVGH, Urteil v. 25.4.1983, GewArch 1983, S. 330 (331).

Eine klare Trennungslinie ist hier schwer zu ziehen, man wird jedoch sagen können, daß Maßnahmen, die ausschließlich der Überwachung anderer dienen und mit dem Geschäftsbetrieb des befragten Unternehmens nicht in Zusammenhang stehen, auf der Grundlage der hier behandelten Vorschriften nicht angeordnet bzw. vorgenommen werden können[36]. Eine Überwachungsmaßnahme ist nur dann zulässig, wenn sie sich auf den Geschäftsbetrieb des überwachten Unternehmens bezieht[37], zumindest müssen die prüfungsbedürftigen Vorgänge in den Geschäftsbetrieb des angegangenen Unternehmens hineinspielen[38]. Dies ist nicht mehr der Fall, wenn die Behörde sich durch das Auskunftsverlangen nur Material verschaffen will, um gegen einen Dritten vorgehen zu können[39], wohl aber kann eine Frage sich auf Privatangelegenheiten Unternehmensangehöriger und Dritter beziehen, soweit diese zugleich Geschäftsangelegenheiten sind[40].

Geht man davon aus, daß jedes Unternehmen über seine eigenen Angelegenheiten und Verhältnisse am besten unterrichtet ist, kann man festhalten:

Das typische Merkmal dafür, daß eine Frage die Betriebssphäre des befragten Unternehmens betrifft, liegt darin, daß die verlangte Auskunft von diesem Unternehmen aus unmittelbarer Kenntnis gegeben werden kann. Bei Verträgen trifft dies auf beide Parteien zu[41]. Wenn es sich aber um Fragen über Verhältnisse dritter Unternehmen handelt, liegt keine unmittelbare Kenntnis mehr vor, selbst wenn der Befragte entsprechende Informationen zur Verfügung hat[42].

IV. Auskunftsverweigerungsrecht

1. Darstellung und Problematik der derzeitigen Rechtslage

Im Rahmen der Auskünfte, die den Wirtschaftsüberwachungsbehörden zu erteilen sind, kann es nicht ausbleiben, daß sich ein Auskunftspflichtiger veranlaßt sieht, eine Auskunft zu geben, die eine Selbstbezichtigung im Hinblick auf straf- oder ordnungswidrigkeitenrechtliche Tatbestände bedeutet, wenn diese Auskunft wahrheitsgemäß und vollständig sein soll. Dies ist von

[35] Im Rahmen der übrigen Prüfungsbefugnisse stellt sich dieses Problem nicht in dem Maße, da Probeentnahmen, das Betreten von Betriebsanlagen, mit Einschränkungen schon wieder die Einsichtnahme in Unterlagen, einen Zusammenhang der Prüfung mit dem betreffenden Unternehmen von sich aus erfordern.

[36] Vgl. auch § 3 I.3. und § 4 I.2.

[37] Vgl. E. Michel / W. Kienzle, RdNr. 2 zu § 22 GastG.

[38] Vgl. F. Starck, Das Auskunftsverlangen der Kartellbehörden, BB 1959, S. 216.

[39] Vgl. G. Lüke, S. 6.

[40] Vgl. F. Reischauer / J. Kleinhans, RdNr. 6 zu § 44 KWG.

[41] Vgl. WuW / E / OLG, Beschluß des Kammergerichts v. 18.6.1971, 1189 (1193).

[42] Vgl. H. J. Wieckmann, S. 60 ff.

geringer Tragweite, wenn Auskünfte aufgrund Gesetzes allein zu einem bestimmten Zweck verwendet werden dürfen und ein andersartiger Gebrauch, z. B. zum Zwecke der Strafverfolgung, ausgeschlossen, d. h. ein Verwendungsverbot in bestimmter Hinsicht ausgesprochen ist.

Das Problem der Selbstbezichtigung wird jedoch dann aktuell, wenn es in einem Gesetz kein Verbot gibt, erhaltene Informationen in einem Ermittlungsverfahren gegen den Auskunftspflichtigen zu verwenden. Zusätzliche Brisanz erhält dieses Thema, wenn einer Behörde nicht nur Befugnisse zur Informationsbeschaffung zum Zwecke der Erfüllung ihrer Überwachungsaufgaben gegeben, sondern darüber hinaus Aufgaben übertragen sind, die zu einem Ermittlungsverfahren dieser Behörde gegen den Auskunftspflichtigen führen können[43]. Dies entspricht der derzeitigen Rechtslage.

Vor die – vermeintliche – Alternative gestellt, entweder die Verwendung von Auskünften aus dem Verwaltungsverfahren für die Strafverfolgung zu verbieten, oder dem einzelnen ein Verweigerungsrecht einzuräumen, hat der Gesetzgeber sich hauptsächlich auf den zweiten Weg konzentriert[44]. Nahezu ohne Ausnahme ist in den Prüfungsbefugnisse enthaltenden Vorschriften ein Passus mit folgendem Wortlaut enthalten:

> „Der zur Auskunft Verpflichtete kann die Auskunft auf solche Fragen verweigern, deren Beantwortung ihn selbst oder einen der in § 383 I Nr. 1 bis 3 der Zivilprozeßordnung bezeichneten Angehörigen der Gefahr strafgerichtlicher Verfolgung oder eines Verfahrens nach dem Gesetz über Ordnungswidrigkeiten aussetzen würde“[45].

Die in § 383 I Nr. 1 bis 3 ZPO genannten Personen sind der Verlobte, der Ehegatte, auch wenn die Ehe nicht mehr besteht, oder in gerader Linie Verwandte oder Verschwägerte oder durch Adoption Verbundene oder diejenigen, die in der Seitenlinie bis zum dritten Grad verwandt oder bis zum zweiten Grad verschwägert sind oder waren[46]. Das Unternehmen selbst wird durch das Auskunftsverweigerungsrecht nicht geschützt. Zu ihm kann es keine verwandtschaftlichen Beziehungen geben, und die Auskunft kann

[43] Vgl. K. Hanebuth, S. 161 ff.

[44] Vgl. G. Roth, S. 231.

[45] Z. B. § 41 IV LMBG; 55 I Nr. 2 S. 3 GüKG; 52 V BImSchG; 16 IV TierSchG; 73 VI TierSG; 31 III SprengG; 44 IV KWG; 24 II BtMG; 14 VI KriegswaffenG; 54a I S. 2 PBefG; 30 II S. 2 BDSG; 7 I S. 2 GerätesicherheitsG; 21 IIa WHG.

Ausnahmen sind z. B. § 24 GewO; 19 AtomG; 22 LadenSchlG; 18 III GetreideG und 21 ViehFlG i.V.m. der AuskPflVO. Der BayVGH, Urteil v. 25.4.1983, GewArch 1983, S. 330 f., hält jedoch auch dann ein aus allgemeinen Grundsätzen, hier dem Zumutbarkeitsprinzip, ableitbares Auskunftsverweigerungsrecht des Auskunftspflichtigen für möglich, wenn er Straftaten und Ordnungswidrigkeiten offenbaren müßte, die nicht gerade seine Pflichten nach der die Auskunftspflicht enthaltenden Rechtsgrundlage betreffen; vgl. dazu unten 2b)ab).

[46] Zu den Begriffen Verwandtschaft (§ 1589 BGB), Schwägerschaft (§ 1590 BGB), Verlöbnis (§ 1297 ff. BGB), Ehegatte (§ 1353 ff. BGB) und Adoption (§ 1741 ff. BGB) im Zusammenhang mit Zeugnisweigerungsrechten vgl. R. Zöllner, Zivilprozeßordnung, Anm. zu § 383 ZPO, Th. Kleinknecht / K. Meyer, RdNr. 8 ff. zu § 52 StPO; insgesamt zum Auskunftsverweigerungsrecht P. Heckel, S. 111 ff.

nicht verweigert werden, wenn nur ihm ein Bußgeldverfahren droht[47]. Ebensowenig wird man das Auskunftsverweigerungsrecht einer juristischen Person zugestehen können, da dies zum einen nicht vom Gesetzeswortlaut getragen wird, und zum anderen der Regelungsgrund dieses Rechtsinstituts – Vermeidung einer Beeinträchtigung des Persönlichkeitsrechts durch Selbstbezichtigung – bei juristischen Personen entfällt[48]. Eine Auskunftsverweigerung ist nur möglich, wenn dem Verpflichteten als natürliche Person eine straf- bzw. ordnungswidrigkeitenrechtliche Verfolgung droht. Das gilt auch für den Privatunternehmer, in dessen Person Unternehmen und Auskunftspflichtiger zusammenfallen[49].

Der Verpflichtete muß sein Auskunftsverweigerungsrecht ausdrücklich geltend machen[50]. Die Rechtmäßigkeit eines Auskunftsbegehrens als solches wird durch das Auskunftsverweigerungsrecht nicht berührt. Die Frage, ob jemand aus den genannten Gründen ein von der Rechtsordnung grundsätzlich für zulässig erachtetes Auskunftsverlangen ausnahmsweise unbeantwortet lassen darf, betrifft rechtssystematisch nicht die Rechtmäßigkeit des Auskunftsverlangens, sondern seine Durchsetzbarkeit im weiteren Sinne, sei es im Wege der Verwaltungsvollstreckung oder durch Ahndung mittels eines Bußgeldes[51]. Die Art von Verstößen – allgemeine Straftaten, Ordnungswidrigkeiten, Steuervergehen etc. – ist nicht entscheidend. Ebensowenig kommt es darauf an, in welcher Höhe eine Strafe oder ein Bußgeld angedroht sind[52]. Es ist unzulässig, durch Verschweigen oder unvollständige Antworten den unzutreffenden Eindruck zu erwecken, es fehlten weitere Kenntnisse[53]. Auf das Recht, die Auskunft zu verweigern, kann verzichtet werden, wobei der Verzicht widerrufen werden kann.

Wo nicht davon ausgegangen werden kann, daß der Verpflichtete von seinem Recht zur Verweigerung der Auskunft weiß, wird er darüber zu belehren sein, soweit ein Anlaß dazu besteht[54].

---

[47] Vgl. F. Reischauer / J. Kleinhans, RdNr. 10 zu § 44 KWG, F. Starck, S. 216 f.

[48] Art. 19 III GG besagt, daß Grundrechte auch für inländische juristische Personen gelten. Das gilt aber nur, soweit sie ihrem Wesen nach auf diese anwendbar sind. A. A. das BVerfG, Beschluß v. 26.2.1975, BB 1975, S. 1315, H.-J. Wieckmann, S. 68 ff. und trotz Bedenken auch Immenga / Mestmäker, RdNr. 39 zu § 46 GWB m.w.N.. Der Frage soll hier jedoch in Anbetracht der unten entwickelten eigenen Lösung nicht weiter nachgegangen werden.

[49] A. A. Immenga / Mestmäker, RdNr. 39 zu § 46 GWB; H. J. Wieckmann, S. 68 ff.

[50] Vgl. AG Bad Segeberg, Beschluß v. 11.10.77, GewArch 1978, S. 380; BayObLG, Beschluß v. 11.10.1968, GewArch 1969, S. 41 (42).

[51] Vgl. OVG Koblenz, Urteil v. 12.11.1981, NJW 1982, S. 1414.

[52] Vgl. K. Hansmann, in: R. v. Landmann / G. Rohmer, RdNr. 52 ff. zu § 52 BImSchG.

[53] Vgl. ebenda, RdNr. 58 zu § 52 BImSchG.

[54] Vgl. Bund f. Lebensmittelrecht u. Lebensmittelkunde e.V., Leitfaden für die lebensmittelrechtliche Praxis, RdNr. 143. P. Heckel, S. 238 ff., A. Reuter, Kartellbehördliche ..., S. 27 f., O. Jehle, S. 4; D. R. Lupberger, S. 151. Siehe auch § 101 I S. 2 AO und im Gegensatz dazu § 102 AO, der keine Belehrungspflicht vorsieht, da der

Die ganze Problematik dieses mit behördlichen Prüfungen verbundenen Auskunftsverweigerungsrechts läßt sich aus folgendem Zitat ersehen:

> „Der Sinn einer Kontrolle ist es zwar, neben der Probenentnahme auch Auskünfte von dem zuständigen Inhaber erhalten zu können. Doch wird z. B. im Fall einer auf Grund eines Verdachtes plötzlich vorgenommenen Besichtigung der Inhaber es vorziehen, über das ihn belastende Material nichts auszusagen; dies wiederum interessiert aber gerade"[55].

Bei der derzeitigen Gestaltung der Prüfungsbefugnisse enthaltenden Rechtsgrundlagen mit dem Auskunftsverweigerungsrecht kann der zur Auskunft in Anspruch Genommene nämlich fast immer gefahrlos die Auskunft verweigern, ohne daß es in irgendeiner Weise negative Folgen für ihn haben könnte. Im Ordnungswidrigkeitenkatalog der einschlägigen Vorschriften ist zwar regelmäßig auch der Tatbestand einer zu Unrecht nicht erteilten Auskunft enthalten. Wie die Erfüllung dieses Tatbestandes – Nichtvorliegen der entfernten Möglichkeit einer Verfolgung[56] – nachgewiesen werden soll, ist kaum vorstellbar. Wann die Erfüllung der Aussagepflicht zu einer Belastung wegen einer begangenen Straftat oder Ordnungswidrigkeit führen könnte, kann vielfach nur der Verpflichtete selbst beurteilen. Da man ihm jedoch nur sehr begrenzt aufgeben kann, die Inanspruchnahme des Auskunftsverweigerungsrechts zu begründen oder glaubhaft zu machen[57] – die Glaubhaftmachung von Tatsachen, deren Offenbarung gerade die Verfolgung wegen der betreffenden Straftat oder Ordnungswidrigkeit ermöglicht oder erleichtert, käme in der Tat einer Selbstbezichtigung gleich[58] –, müßte die Behörde den Nachweis führen, daß für den Betroffenen keine Gefahr einer Verfolgung nach Bußgeld- oder Strafvorschriften bestünde. Bis auf wenige Ausnahmen[59] ist dies praktisch nur durch die Garantie eines Verzichts der Verwendung durch Auskünfte erlangter Informationen zu Zwekken der Ahndung und Bestrafung möglich.

Gesetzgeber dort offensichtlich davon ausgegangen ist, daß die in der Vorschrift aufgeführten Berufsträger über ihr Verschwiegenheitsrecht informiert sind. In diesem Sinne wohl auch das AG Bad Segeberg, Beschluß v. 11.10.1977, GewArch 1978, S. 380. A. A. das VG Oldenburg, Urteil v. 25.2.1972, GewArch 1972, S. 212 (213). Das BayObLG, Beschluß v. 11.10.1968, GewArch 1969, S. 41 (42), hält eine Belehrung zumindest aus rechtsstaatlichen Gründen für „empfehlenswert".

[55] H. Schönhals, S. 176.

[56] Vgl. H. Thomas / H. Putzo, Zivilprozeßordnung, Anm. zu § 384 Nr. 2 ZPO; G. Potrykus / J. Steindorf, Waffenrecht, Anm. 4 zu § 46 WaffG; O. Jehle, S. 4. Abwegig F. Sieder / H. Zeitler, RdNr. 35 zu § 21 WHG, die eine Verfolgungsgefahr erst dann sehen wollen, wenn bei einer Auskunftserteilung Tatsachen geoffenbart würden, die den objektiven Tatbestand einer Straftat oder Ordnungswidrigkeit erfüllen.

[57] A. A. V. Szagunn / K. Wohlschieß, Rdnr. 47 zu § 44 KWG; vgl. auch § 56 StPO.

[58] Vgl. Engelhardt, in: Hübschmann u. a., RdNr. 75 f. zu § 393 AO m.w.N.; G. Potrykus / J. Steindorf, Anm. 4 zu § 46 WaffG.

[59] Z. B. Erfüllung eines Straftatbestandes, aber fehlende Rechtswidrigkeit oder Schuld (vgl. Th. Kleinknecht / K. Meyer, RdNr. 8 zu § 55 StPO); vgl. auch das BVerfG, Beschluß v. 26.2.1975, BB 1975. S. 1315.

Auch eine Beschränkung des Auskunftsverweigerungsrechts auf bestimmte Fragen wird man nur sehr begrenzt zulassen können. Das Auskunftsverweigerungsrecht des Wirtschaftsüberwachungsrechts ist zwar von seinem Wortlaut her § 55 StPO nachgebildet – der Verpflichtete kann die Auskunft auf „solche Fragen" verweigern – und nicht § 383 I ZPO, der generell von einer „Verweigerung des Zeugnisses" spricht. Bei Fragen zur Sache wäre das Auskunftsverweigerungsrecht jedoch durch eine Einkesselung des Auskunftspflichtigen leicht zu umgehen, was für eine sehr restriktive Auslegung des Gesetzeswortlauts spricht[60]. Besteht die Gefahr der Selbstbezichtigung in vielen Punkten oder gar durchgängig bei der Behandlung des Auskunftsthemas, kann sich durchaus das Recht ergeben, die ganze Aussage zur Sache zu verweigern[61]. Aus demselben Grund sind der Einsatz von Zwangsmitteln und „empfindliche Geldbußen" bei „unbegründeter Verweigerung der Auskunft" nahezu unmöglich[62]. Dies erscheint zum einen unter dem Gefahrenabwehraspekt behördlicher Prüfungen äußerst bedenklich, zum anderen ist das Recht zur Auskunftsverweigerung auch für diejenigen, die es in Anspruch nehmen, nicht unbedingt von Vorteil. Die praktische und rechtliche Notwendigkeit des Auskunftsverweigerungsrechts im Wirtschaftsüberwachungsrechts muß deshalb in Frage gestellt werden.

2. Praktische und rechtliche Bedeutung

a) Praktische Bedeutung

Ohne Zweifel werden behördliche Prüfungen erheblich erschwert, wenn ein Betroffener von seinem Recht zur Verweigerung der Auskunft Gebrauch macht. Es ist jedoch mehr als fraglich, ob er das auch tun wird. Verweigert nämlich jemand die Auskunft mit der Begründung, daß er sich ansonsten einer strafbaren Handlung bezichtigen würde, wird die Reaktion der Verwaltung mit Sicherheit die sein, daß sie mit allen anderen ihr sonst noch zur Verfügung stehenden Mitteln versuchen wird, die notwendigen Informationen zu erhalten[63].

Das Recht zur Verweigerung der Auskunft beinhaltet nach h. M. *nicht* auch das Recht, die Duldung und Mitwirkung bei Inanspruchnahme der anderen Prüfungsbefugnisse zu verweigern[64]. Die in Ermangelung spezieller

---

[60] Vgl. Immenga / Mestmäker, RdNr. 41 zu § 46 GWB, W. Zipfel, RdNr. 55 zu § 41 LMBG.

[61] Vgl. Th. Kleinknecht / K. Meyer, RdNr. 3 zu § 55 StPO.

[62] A. A. wohl F. Starck, S. 216.

[63] Daß die Betroffenen sich dessen bewußt sind, wurde dem Verf. in Gesprächen ebenso bestätigt, wie die Folgerung, daß man darum Auskünfte nicht verweigert.

[64] Vgl. BVerfG, Beschluß v. 22.10.1980, BVerfGE 55, S. 144 (150 f.); OLG Hamm, Beschluß v. 25.7.1974, 2 Ss OWi 268 / 74; zu BT-Drs. 2 / 3644, S. 33 f. zu § 38 GWB; BT-Drs. 3 / 1285, S. 260 zu § 41 AWG; K. Hansmann, in: R. v. Landmann / G. Rohmer,

verwaltungsverfahrensrechtlicher Regelungen hier allenfalls in Betracht kommende Analogie zu § 97 StPO, ist nicht geboten[65]. Es handelt sich hier um eine eng auszulegende Ausnahmevorschrift, die eine über ihren Wortlaut hinausgehende Anwendung auf andere Prüfungsmittel nicht gestattet[66]. Im Gegenteil, die weiteren Prüfungsmittel stehen insofern in einem funktionalen Zusammenhang zu Auskunftsverlangen, als sie ein generalpräventives Druckmittel für deren wahrheitsgemäße Erfüllung darstellen[67]. Der die Auskunft Verweigernde muß also in verstärktem Maße unangenehmeren Maßnahmen, wie Prüfungen durch Einsichtnahme in Unterlagen, Besichtigungen etc., gewärtig sein. Insoweit der Verpflichtete auch dort aktiv tätig werden muß, handelt es sich um eine qualitativ andersartige Beanspruchung, als sie bei der Auskunftspflicht gegeben ist[68]. Der Verpflichtete soll durch das Auskunftsverweigerungsrecht nur davor geschützt werden, wovor er auch im Strafverfahren geschützt ist, und das ist eine unmittelbare Selbstbelastung durch eigene Offenbarung. Ebensowenig wie im Strafverfahren[69] soll er davor bewahrt werden, Untersuchungsmaßnahmen gestatten zu müssen, weil sie zu einer Belastung führen können[70]. Die Frage nach dem Auskunftsverweigerungsrecht taucht erst dann wieder auf, wenn im Rahmen der Wahrnehmung anderer Prüfungsbefugnisse Auskünfte verlangt werden[71].

RdNr. 56 ff. zu § 52 BImSchG, A. Kloesel / W. Cyran, Anm. zu § 64 V AMG, H. D. Jarass, BImSchG, RdNr. 25 zu § 52; V. Szagunn / K. Wohlschieß, RdNr. 46 zu § 44 KWG, E. Michel / W. Kienzle, RdNr. 9 zu § 22 GastG, F. Reischauer / J. Kleinhans, RdNr. 10 zu § 44 KWG. A. A. E. Stein, Die Wirtschaftsaufsicht, S. 156 und W. Blum, S. 188 f., die den Betroffenen auch ein Einsichtsverweigerungsrecht zugestanden wissen möchten. P. Heckel, S. 233 ff., entnimmt ein „partielles Mitwirkungsverweigerungsrecht" direkt dem Grundgesetz. Eine Ausnahme stellt ausdrücklich § 10 II S. 4 2. HS BSeuchenG dar. Ebenso § 4 III Nr. 2 FPersG, da dort eine Herausgabepflicht direkt an die Auskunftspflicht geknüpft ist und das Auskunftsverweigerungsrecht (§ 4 IV FPersG) diese mit umfaßt (vgl. dazu das OVG Koblenz, Urteil v. 12.11.1981, NJW 1982, S. 1414 f. und im Gegensatz dazu das BVerwG, Urteil v. 9.8.1983, GewArch 1984, S. 120 f.). Ein Streit über diese Frage würde sich jedoch schon deshalb erübrigen, weil es bei einer Gesetzesinterpretation nach den Regeln der deutschen Sprache nicht nur Unterlagen, „die sich auf diese Angaben beziehen" (§ 4 III Nr. 2 FPersG), gar nicht geben kann, wenn jemand von seinem Aussageverweigerungsrecht Gebrauch macht, sondern vor allem, weil § 4 V FPersG wiederum ein von der Auskunftspflicht und dem Auskunftsverweigerungsrecht losgelöstes Einsichtsrecht in die geschäftlichen Unterlagen des Auskunftspflichtigen statuiert. Ersteres verkennt das BVerwG, letzteres wird zutreffend ausgeführt. Bei § 4 II Nr. 2 FPersG handelt es sich insoweit um einen mißglückten und von redaktionellen Fehlern begleiteten Versuch des Gesetzgebers, die Auskunftspflicht aus Nr. 1 zu konkretisieren.

[65] Vgl. insofern die Erwägungen des BVerfG, Beschluß v. 19.7.1972, BVerfGE 33, S. 367 ff., insbesondere S. 375, zum Zeugnisverweigerungsrecht; ebenso Immenga / Mestmäker, RdNr. 54 zu § 46 GWB; E. Rehbinder u. a., RdNr. 33 zu § 21 ChemG.

[66] Vgl. K. Hansmann, in: R. v. Landmann / G. Rohmer, RdNr. 56 zu § 52 BImSchG; W. Hahn, S. 68.

[67] Vgl. M. Sachs, Behördliche Nachschaubefugnisse und richterliche Durchsuchungsanordnung nach Art. 13 II GG, NVwZ 1987, S. 561.

[68] Vgl. H.-J.Wieckmann, S. 117.

[69] Vgl. § 81a, 94, 102 StPO.

[70] Vgl. Engelhardt, in: Hübschmann u. a., RdNr. 71 zu § 393 AO.

Es wird somit deutlich, daß das Auskunftsverweigerungsrecht des Wirtschaftsüberwachungsrechts nur vordergründig einen Schutz der Betroffenen darstellt und keine praktische Relevanz hat[72].

b) Rechtliche Bedeutung

Da allein praktische Überlegungen jedoch nicht entscheidend sein können, gilt es zu fragen, ob das Recht zur Verweigerung der Selbstbezichtigung als Rechtsprinzip, trotz seiner Bedeutung innerhalb der deutschen Rechtsordnung insgesamt, nicht aus dem Wirtschaftsüberwachungsrecht weggelassen werden kann.

ba) Ursprung des Auskunftsverweigerungsrechts

Der Ausschluß der Selbstbezichtigungspflicht wurde aus dem allgemeinen Strafrecht über das Wirtschaftsstrafrecht in das Ordnungswidrigkeitenrecht und damit auch in das Wirtschaftsverwaltungsrecht übernommen[73].

Der Grund für das Auskunftsverweigerungsrecht als Ausfluß des Rechtsstaatsprinzips ist in der Achtung vor der durch Art. 2 I i.V.m. 1 I GG geschützten Persönlichkeit des Aussagepflichtigen zu suchen[74]. Es wird dem Angeklagten nicht zugemutet, selbst an seiner oder seiner Angehörigen Überführung mitzuwirken. Demgegenüber treten das Bestreben nach Wahrheitsfindung und der staatliche Strafanspruch zurück.

Zur Begründung des Auskunftsverweigerungsrechts heißt es in den Materialien zu den hier behandelten Vorschriften, es müsse dem rechtsstaatlichen Grundsatz Rechnung getragen werden, daß niemand sich selbst oder bestimmte Angehörige einer strafbaren oder einer mit Geldbuße bedrohten Handlung zu bezichtigen brauche[75].

---

[71] Vgl. K. Hanebuth, S. 164.

[72] Vgl. J. Thiesing, Diskussionsbeitrag, in: E. v. Caemmerer (Hrsg.), S. 69, und im Anschluß daran K. Hanebuth, a.a.O., S. 166 ff. In diesem Sinne auch P. Heckel, S. 138. W. Grützner, Richtiges Verhalten bei Kartellamtsermittlungen im Unternehmen, RdNr. 125: „In der Praxis wird die Kartellbehörde im Anschluß an eine Auskunftsverweigerung die Prüfung und Durchsuchung anordnen."

[73] Ausführlich zu Herkunft und Entwicklung des „nemo-tenetur"-Gedankens vgl. K. Rogall, Der Beschuldigte als Beweismittel gegen sich selbst, S. 67 ff., insbesondere für das deutsche Recht S. 87 ff.; W. Hahn, S. 153 ff.

[74] Vgl. BGH, Urteil v. 27.2.1951, BGHSt. 1, S. 39 (40).

[75] Vgl. nur BT-Drs. 3 / 1285, S. 260 zu § 41 AWG; zu BT-Drs. 2 / 3644, S. 33 zu § 38 GWB; BT-Drs. 3 / 1589, S. 23 zu § 14 KriegswaffG; zu BT-Drs. 3 / 2563, S. 15 zu § 43 KWG.

bb) Übertragbarkeit auf das Gefahrenabwehrrecht

Die eindeutige und grundsätzliche Ablehnung einer Aussagepflicht im Rahmen der Strafverfolgung könnte den Schluß nahelegen, daß die Lösung für die Aussagepflicht im Rahmen der Gefahrenabwehr nicht anders sein kann[76].

So ist die Meinung vertreten worden, daß ein Störer deshalb nicht Auskunft zu geben brauche, weil er nach allgemeinen Grundsätzen an seiner eigenen Überführung nicht mitzuwirken verpflichtet sei[77]. Zweifelsohne ist eine solche These aber von strafrechtlichen Reminiszenzen her bestimmt und zielt an der grundlegenden Verschiedenheit der Aufgaben, Strafverfolgung einerseits und Gefahrenabwehr andererseits, vollkommen vorbei[78].

Die Tatsache, daß Regelungsgrund des Wirtschaftsüberwachungsrechts im allgemeinen und behördlicher Prüfungen im besonderen nicht die Ahndung bzw. Bestrafung eines Unrechts ist, sondern ganz die vom Verschulden unabhängige Abwehr und Verhütung von Gefahren, lassen das Auskunftsverweigerungsrecht als „beinahe naturrechtliches Prinzip"[79] hier in völlig anderem Licht erscheinen, als dies eben dort der Fall ist, wo es um eine Bestrafung geht, mithin ein strafrechtliches Urteil in Frage steht und ein Unglück gar nicht mehr verhindert werden kann[80]. Im Bereich behördlicher Prüfungen darf der Betroffene gar nicht in die Lage kommen, sich selbst einer kriminellen oder einer Verwaltungsstrafe auszuliefern. Ihm darf nur aufgegeben werden, die öffentliche Ordnung wiederherzustellen und insoweit braucht er nicht mehr zu leisten, als andere Bürger in anderen Lebens-

---

[76] Genauso wie man davon ausgehen könnte, daß Aussagepflichten vor der Polizei nach dem Strafverfahrensrecht gleichzeitig oberste Grenze für solche nach dem allgemeinen Polizeirecht darstellten, könnte man Aussageverpflichtungen gegenüber den Wirtschaftsüberwachungsbehörden nach dem Ordnungswidrigkeitenrecht als Obergrenze für ihre „einfache" gefahrenabwehrende Tätigkeit ansehen (vgl. R. Riegel, Zur Frage ..., S. 503).

[77] Vgl. K. Müller-Heidelberg / H.W. Clauss, Das niedersächsische Gesetz über die öffentliche Sicherheit und Ordnung, S. 57 zu § 4.

[78] Vgl. G. Wacke, S. 166 ff.; P. Kickartz, Ermittlungsmaßnahmen zur Gefahrenerforschung und einstweilige polizeiliche Anordnungen, S. 172 ff., und das Reichsgericht in Strafsachen, Urteil v. 24.6.1926, RGST 60, S. 290 ff. (292).

[79] Zu BT-Drs. 2 / 3644, S. 33 zu § 38 GWB, kritisch dazu W. Blum, S. 51.

[80] Vgl. R. Riegel, Zur Frage ..., S. 503, und R. Helgerth, Der „Verdächtige" als schweigeberechtigte Auskunftsperson und selbstständiger Prozeßbeteiligter neben dem Beschuldigten und dem Zeugen, S. 178. Auch im zivilrechtlichen Bereich hat das Auskunftsverweigerungsrecht nicht den Stellenwert, der ihm bei der Verfolgung von Straftaten zukommt. Siehe nur die § 260, 666 BGB, 807, 903 ZPO, 100 KO, die umfängliche Auskunftspflichten statuieren, ohne daß diesen entsprechende Auskunftsverweigerungsrechte bei Gefahr der Offenbarung einer Straftat mit aufgenommen wären (dazu W. Hahn, S. 149 ff); vgl. auch P. Gottwald, Zur Wahrung von Geschäftsgeheimnissen im Zivilprozeß, BB 1979, S. 1785, und, auf die unterschiedliche Interessenlage im Zivil- und Strafrecht hinweisend, der BGH, Urteil v. 4.7.1975, JZ 1976, S. 318 (321).

bereichen auch, sondern nur das gleiche, nämlich in seinem speziellen Bereich die gesetzeswidrige Gefahr zu vermeiden oder zu beseitigen[81].

Zudem ist, je nachdem ob es um die Gefahrenabwehr oder um die Strafverfolgung geht, eine Abwägung zwischen völlig verschiedenen Rechtsgütern vorzunehmen.

Auf der einen Seite steht immer die Selbstbezichtigung des Verpflichteten und damit die Verletzung seines Persönlichkeitsrechts. Auf der anderen Seite ist jedoch zu unterscheiden zwischen dem Streben nach Wahrheitsfindung zur Erfüllung eines staatlichen Strafanspruchs und einem Interesse an der Verhütung von Gefahren, die gegenüber anderen Menschen bestehen bzw. bestehen könnten und an deren bestmöglicher Bekämpfung[82]. Im letzeren Fall kann nun das Interesse an der Vermeidung einer Selbstbezichtigung keinesfalls höher bewertet werden als dasjenige am Schutze anderer Bürger[83]. Ganz im Gegenteil kann hier ein Interesse nur in Richtung einer unbedingten und unbeschränkten Verpflichtung zur Auskunftserteilung beste-

---

[81] Vgl. G. Wacke, S. 167; Schon Otto Mayer, Deutsches Verwaltungsrecht, S. 225, stellt fest: „Das Ergebnis aller Polizeigewaltübung ist im letzten Ende nie mehr als dies: daß der in Anspruch Genommene nicht stört".

[82] Das verkennt auch P. Heckel, S. 228 ff. Vor allem kommt es zur Rechtfertigung einer Durchbrechung des „Nemo-tenetur-Prinzips" nicht unbedingt erst im Einzelfall darauf an, auf welchem Niveau ein gleich- oder höherrangiges Rechtsgut eines Dritten ungerechtfertigterweise mißachtet wird (ebenda, S. 231, 236). Fest steht, daß der Gesetzgeber den besonderen Gefahrengehalt bestimmter Sachen und Tätigkeiten erkannt hat und sie deshalb besonderen Regeln unterwirft. Die Pflicht allein, deren Einhaltung mittels Prüfungen zu kontrollieren, macht es überflüssig, auf Grund der Gegebenheiten des Einzelfalles zu prüfen, ob ein in verfassungsrechtlichem Range ebenbürtiges Recht eines Dritten die Handlungspflicht des einzelnen gebietet. Der Gesetzgeber hat insoweit eine Vorentscheidung getroffen, die nicht in jedem einzelnen Fall überprüft werden muß. Es fragt sich auch, welche Begründung, die im Einzelfall nicht inhaltsleer sein soll, gegeben werden kann, um eine Mitwirkungspflicht bei einer präventiven Routinekontrolle entstehen zu lassen (vgl. auch unten § 10 VI.2b)). Das BVerfG, Beschluß v. 13.1.1981, BVerfGE 56, S. 49 f., geht innerhalb dieses ansonsten richtungsweisenden Beschlusses fehl, wenn es meint, daß zwischen Auskunftspflichten im Konkursverfahren und solchen im Wirtschaftsüberwachungsrecht ein wichtiger Unterschied dahingehend besteht, daß es beim einen um die Interessen geschädigter Dritter, beim anderen aber allein um ein „staatliches oder öffentliches Informationsbedürfnis" geht. Wem gegenüber eine Auskunftspflicht besteht, ist in diesem Zusammenhang unerheblich. Da das staatliche Informationsbedürfnis den Zweck der Gefahrenverhütung hat – und nur auf diesen Zweck kommt es an – kann es keinesfalls geringer bewertet werden, als das Interesse des Gläubigers, den Gemeinschuldner zu hindern, Teile der Konkursmasse dem berechtigten Zugriff seiner Gläubiger zu entziehen. Die Zubilligung eines Auskunftsverweigerungsrechts würde zudem auch im Wirtschaftsüberwachungsrecht oft denjenigen ungerechtfertigt bevorzugen, der zum Nachteil anderer besonders verwerflich gehandelt hat.

[83] So zu Recht der Bundesrat in seiner Stellungnahme zum Entwurf des Bundes-Seuchengesetzes, BT-Drs. 3 / 1888, S. 37, zu § 12d. Vgl. auch M. Gentz, Die Unverletzlichkeit der Wohnung, S. 130 ff. insbes S. 136, zu einer ähnlichen Problematik im Zusammenhang mit der Abgrenzung von „Durchsuchungen" und „Eingriffen und Beschränkungen" im Rahmen des Art. 13 GG. Auch dort ist die Unterscheidung zwischen Strafverfolgung auf der einen, Gefahrenverhütung bzw. -abwehr auf der anderen Seite von entscheidender Bedeutung (ausführlich unten § 10 VII.).

hen[84]. Es darf gegenüber gefahrenabwehrender behördlicher Tätigkeit kein Aussageverweigerungsrecht wegen der Gefahr einer Selbstbezichtigung geben, während dieses vor allem beim Tätigwerden zum Zwecke der Strafverfolgung klassischem Rechtsverständnis entspricht und berechtigterweise besteht. „Als gemeinschaftsbezogener und gemeinschaftsgebundener Bürger muß vielmehr jedermann staatliche Maßnahmen hinnehmen, die im überwiegenden Interesse der Allgemeinheit unter strikter Wahrung des Verhältnismäßigkeitsgebotes erfolgen, soweit sie nicht den unantastbaren Bereich privater Lebensgestaltung beeinträchtigen"[85], der, durch die Art. 2 I i.V.m. 1 I und 19 II GG in seinem Wesensgehalt geschützt, nicht verletzt werden darf. Diese Einschränkung wird jedoch innerhalb wirtschaftsüberwachungsrechtlicher Prüfungen kaum zum Zuge kommen, da die Aufklärung der dort überwachungspflichtigen Tatbestände den verfassungsrechtlich geschützten Kernbereich der Intimssphäre der Verpflichteten grundsätzlich unberührt läßt.

Vor allem auch im Falle behördlicher Doppelzuständigkeiten ist eine klare Abgrenzung zwischen den Tätigkeiten im Bereich der Prüfung bzw. Gefahrenabwehr und der Verfolgung von Ordnungswidrigkeiten danach vorzunehmen, welche Aufgabe in concreto überwiegt bzw. nach der Rechtsgüterabwägung überwiegen muß[86]. Danach hat sich zu richten, welcher Aufgabe – der Gefahrenabwehr bzw. -verhütung oder der Verfolgung von Straftaten und Ordnungswidrigkeiten – zunächst der Vorrang gehört und damit, welche Rechtsvorschriften, mit Aussageverweigerungsrecht oder ohne ein solches, bei der behördlichen Tätigkeit anzuwenden sind[87]. Dage-

---

[84] Vgl. R. Riegel, Zur Frage ..., S. 504. Zu Recht wird darauf hingewiesen, daß der Staat im Rahmen des Opportunitätsprinzips unter Umständen sogar auf die Ahndung von Rechtsbrüchen verzichten könne, niemals aber „auf die Wahrung der öffentlichen Sicherheit und Ordnung und vor allem auf die Vereitelung von Rechtsbrüchen" (C. H. Ule / E. Rasch, Allgemeines Polizei- und Ordnungsrecht, RdNr. 59 zu § 15-17 PVG).

[85] BVerfG, Beschluß v. 15.1.1970, BVerfGE 27, S. 344 (351) m.w.N.; vgl. auch K. Brenner, Zum Auskunftsverweigerungsrecht des Steuerpflichtigen bei der Betriebsprüfung, BB 1978, S. 910 f.

[86] Soweit das Legalitätsprinzip dafür Raum läßt. Zu Recht wird in diesem Zusammenhang jedoch darauf hingewiesen, daß das Legalitätsprinzip kein absoluter Wert ist, der eine Abwägung nicht zuläßt, sondern sich in Kollisionslagen am Leitprinzip der Verfassung ausrichten muß, wonach Prävention vor Repression geht (vgl. M. Kniesel, S. 383, der die durch das GG festgelegte, grundsätzliche Vorrangigkeit des polizeilichen Gefahrenabwehr- und Schutzauftrages vor der Strafverfolgung herausstellt; ebenda S. 378). Vgl. auch M. Gentz, S. 134, der bezüglich der Abgrenzung von Art. 13 II und III GG zu demselben Ergebnis kommt. Grundsätzlich zum Verhältnis zwischen Verwaltungs-, Ordnungswidrigkeiten- sowie Strafrecht vgl. R. Breuer, Konflikte zwischen Verwaltung und Strafverfolgung, DÖV 1987, S. 169 ff., insbes. 176 ff., 179, 182 f. Bezüglich des Verhältnisses zwischen Verwaltungsrecht und Ordnungswidrigkeitenrecht sind es jedoch nicht nur Gründe des Verwaltungsrechtsschutzes (vgl. dazu auch G. Brustkern, Zur Notwendigkeit einer künftigen Aussetzungsverpflichtung in Straf- und Ordnungswidrigkeitensachen, GewArch 1986, S. 321 ff.), sondern vor allem solche der Sachverhaltsermittlung, die bei der Einleitung eines konkurrierenden Bußgeldverfahrens bedacht werden müssen.

[87] Ob die entkriminalisierte Ordnungswidrigkeit genau den gleichen Regeln folgen

gen kann nicht etwa danach entschieden werden, was für den Betroffenen[88] und noch viel weniger danach, was für die Behörde günstiger ist.

Ein Blick auf das Steuerrecht mit seinen vielfältigen Auskunftspflichten[89] bestätigt dies: Ein Aussageverweigerungsrecht des Steuerpflichtigen im Besteuerungsverfahren kennt es überhaupt nicht.[90] Durch die Erfüllung der Auskunftspflichten hat der Steuerpflichtige keine moralische Diffamierung, sondern lediglich eine Gleichbehandlung mit den anderen Steuerpflichtigen und eigene materielle Nachteile zu erwarten, weshalb die Zwangsmittel des Steuerrechts zur Auskunftserteilung, insbesondere zur Erzwingung der Abgabe von Steuererklärungen, zur Verfügung stehen. Sobald aber der Steuerpflichtige gezwungen würde, sich selbst wegen einer von ihm begangenen Steuerstraftat oder Steuerordnungswidrigkeit zu belasten, sind Zwangsmittel gegen ihn im Besteuerungsverfahren unzulässig (§ 393 I S. 2 AO). Dies, da im Besteuerungsverfahren erlangte Offenbarungen auch im Steuerstrafverfahren gegen den Steuerpflichtigen verwendbar sind[91]. Soweit der Staatsanwaltschaft oder dem Gericht in einem Strafverfahren aus den Steuerakten Tatsachen oder Beweismittel bekannt werden, die der Steuerpflichtige der Finanzbehörde vor Einleitung des Strafverfahrens oder in Unkenntnis der Einleitung des Strafverfahrens in Erfüllung steuerrechtlicher Pflichten offenbart hat, dürfen diese Kenntnisse gegen ihn nicht für die Verfolgung einer Tat verwendet werden, die keine Steuerstraftat ist (§ 393 II S. 1 AO).

Wenn aber bereits im Steuerermittlungs- und -aufsichtsverfahren die Zumutung an den Einzelnen, sich selbst zu bezichtigen, offenbar weit eher zu rechtfertigen ist, als die Zumutung an die Allgemeinheit, einen Steuerunehrlichen auf ihre Kosten von einer peinlichen Situation oder vor Strafe zu bewahren[92], wird für die nicht niedriger einzustufenden Belange des Polizei- bzw. Wirtschaftsüberwachungsrechts nichts grundsätzlich anderes gelten können.

Beispiele aus der Rechtsprechung[93] verdeutlichen die Problematik und bestätigen das hier gefundene Ergebnis: Sowohl das OVG Koblenz als auch

muß wie die Kriminalstrafe, wird zu Recht bezweifelt. Diese Frage braucht jedoch hier nicht vertieft zu werden (vgl. R. Stürner, S. 1759). Auch eine Erweiterung der Selbstbelastungspflicht im Recht der Strafprozeßordnung wird mit guten Gründen diskutiert (vgl. B. Fischer, Divergierende Selbstbelastungspflichten nach geltendem Recht, S. 84 ff., 93 ff.).

[88] Vgl. R. Riegel, Zur Frage ..., S. 506.

[89] Vgl. nur die § 93, 200 I, 211 I AO.

[90] Für Angehörige und weitere Personen § 101 ff. AO, vgl. H. Schuhmann, Auskunftsverweigerungsrechte in der steuerlichen Außenprüfung, StBp. 1983, S. 169 ff.

[91] Vgl. Engelhardt, in: Hübschmann u. a., RdNr. 138 zu § 393 AO.

[92] Vgl. E. Dorn, Auskunftspflicht und Auskunftsverweigerung im Steuerrecht, S. 40 f.

[93] OVG Koblenz, Urt. v. 12.11.1981, NJW 1982, S. 1414 f. und im Anschluß daran der BayVGH, Urteil v. 25.4.1983, GewArch 1983, S. 330 f.

der BayVGH vertreten die Auffassung, das Auskunftsverweigerungsrecht sei ungeachtet seines weit gefaßten Wortlautes dem recht verstandenen Sinne nach einschränkend dahin auszulegen, daß der zur Auskunft Verpflichtete die Beantwortung einer Frage nur dann verweigern darf, wenn er bei Gelegenheit von Überwachungsmaßnahmen Verstöße gegen *andere* als aus der jeweils die Auskunftspflicht begründenden Vorschrift hervorgehende Bestimmungen zwangsläufig mitoffenbaren muß. Denn andernfalls liefe die gerade mit dem Ziele der Überwachung, also zur Feststellung etwaiger Verstöße gegen die in der jeweiligen Vorschrift enthaltenen Bestimmungen normierte Auskunftspflicht und damit das ganze Gesetzeswerk im Ergebnis leer, weil nur der gesetzestreue Unternehmer, der an sich keiner Kontrolle bedarf, Aufsichtsmaßnahmen Folge leisten müßte, während der nicht gesetzestreue Unternehmer sich der Überwachungsbehörde gegenüber regelmäßig auf das Auskunftsverweigerungsrecht berufen könnte.

Daß OVG Koblenz führt weiter dazu aus, daß sich auch aus dem Rechtsstaatsprinzip nicht herleiten läßt, daß die Selbstbegünstigung als Ausfluß der persönlichen Freiheit i.S.v. Art. 2 I i.V.m. Art. 1 I GG immer erlaubt sein müsse. Denn das Rechtsstaatsprinzip fordert auch die Einhaltung und Überwachung von Schutzvorschriften, die den Einzelnen vor Übergriffen Dritter in seine grundrechtlich geschützten Rechtsgüter bewahren sollen. Die danach gebotene Interessenabwägung führt zu dem Ergebnis, daß der Schutz der Allgemeinheit vor Gefahren das Geheimhaltungsinteresse des Auskunftsverpflichteten überwiegt. Das Überwachungsziel ließe sich nicht erreichen, wenn gerade derjenige, der Schutzvorschriften zuwiderhandelt und deshalb in besonderem Maße der Überwachung bedarf, auf entsprechende Fragen der Überwachungsbehörde hin allein deshalb schweigen dürfte, weil er andernfalls ein im Hinblick auf das Ziel der Überwachung einschlägiges Fehlverhalten offenbaren müßte.

Diese Situationsbeschreibung ist vollständig zutreffend, wenn auch die Folgerungen, insbesondere im Falle des OVG Koblenz, weder rechtlich zulässig noch praktisch tauglich sind, das Problem zu lösen. Eine Interpretation des allgemein üblichen und gleichlautenden Auskunftsverweigerungsrechts[94] als nur bezüglich anderer, sich nicht aus dem jeweiligen Gesetz ergebender Bestimmungen gültig, ist nirgends ableitbar[95]. Sie bewegt sich, im Gegenteil, am Rande der Rechtsbeugung. Sie hilft auch nicht, die durch die Normierung des Auskunftsverweigerungsrechts hinsichtlich der behördlichen Überwachungsaufgabe entstandene mißliche Situation zu verbessern. Denn auch Auskünfte, die ein Verpflichteter, nach

---

[94] Zum Wortlaut vgl. oben 1.
[95] Vgl. W. Reiß, S. 2540.

Ansicht des OVG Koblenz und des BayVGH zu Recht, mit der Begründung verweigert, sich oder seine Angehörigen sonst einer straf- oder ordnungswidrigkeitenrechtlichen Verfolgung nach „anderen" Gesetzen auszuliefern, können zur Überwachung unbedingt notwendig sein. Auch die Trennung von berechtigten und unberechtigten Aussageverweigerungen im Sinne der Gerichte dürfte praktisch unmöglich sein. Sie unterliegt prinzipiell noch größeren Schwierigkeiten als die Möglichkeit der Feststellung einer Begründetheit von Auskunftsverweigerungen überhaupt[96]. Die Probleme der Bewältigung von Überwachungsaufgaben sind durch die Lösung des OVG Koblenz und des BayVGH nicht aus der Welt geschafft. Hilfreich ist hier nur eine völlige Beseitigung des Auskunftsverweigerungsrechts auf dem Gebiet der Gefahrenverhütung.

Daß diese durchaus im Einklang mit der Verfassung steht, wird durch höchstrichterliche Rechtsprechung bestätigt. Das BVerfG führt zur Aussagepflicht des Gemeinschuldners nach der Konkursordnung aus[97]:

Wegen ihrer Folgen sei die erzwingbare Auskunftspflicht als Eingriff in die Handlungsfreiheit sowie als Beeinträchtigung des Persönlichkeitsrechts im Sinne des Art. 2 I GG zu beurteilen. Ein Zwang zur Selbstbezichtigung berühre zugleich die Würde des Menschen, dessen Aussage als Mittel gegen ihn selbst verwendet wird. Die Rechtsordnung habe zum Schutz gegen unzumutbare Eingriffe und Beeinträchtigungen verschiedene Vorkehrungen getroffen. Ein ausnahmsloses Gebot, daß niemand zu Auskünften und sonstigen Handlungen gezwungen werden dürfe, durch die er eine von ihm begangene strafbare Handlung offenbart, kenne sie jedoch nicht. Vielmehr unterschieden sich die Regelungen und die in ihnen vorgesehenen Schutzvorkehrungen je nach Rolle der Auskunftsperson und Zweckbestimmung der Auskunft. Diese Differenzierung stünde mit Art. 2 I GG jedenfalls deshalb in Einklang, weil Art und Umfang des durch dieses Grundrecht gewährleisteten Schutzes auch davon abhingen, ob und inwieweit andere auf die Information der Auskunftsperson angewiesen wären; und ob insbesondere die Auskunft Teil eines durch eigenen Willensentschluß übernommenen Pflichtenkreises sei. Die durch Art. 2 I GG gewährleistete Rechtsposition fände ihre Grenze in den Rechten anderer. Grundrechte des Gemeinschuldners würden nicht dadurch verletzt, daß er nach den Vorschriften der Konkursordnung uneingeschränkt zur Aussage verpflichtet sei und dazu durch die Anordnung von Beugemitteln angehalten werden könne. Offenbare er strafbare Handlungen, dürfe seine Aussage nicht gegen seinen Willen in einem Strafverfahren gegen ihn verwendet werden.

---

[96] Vgl. dazu oben 1.

[97] Beschluß v. 13.1.1981, BVerfGE 56, S. 37 ff.

Diese Ausführungen des BVerfG zur Auskunftspflicht des Gemeinschuldners im Konkursverfahren sind richtungsweisend für das Wirtschaftsüberwachungsrecht[98]. Zum einen sind dessen Regelungen von besonderer Bedeutung für die Allgemeinheit[99] und die Behörden in besonderem Maße auf Informationen der Gesetzesunterworfenen angewiesen[100], zum anderen ist die wirtschaftsüberwachungsrechtliche Auskunft, ebenso wie die des Gemeinschuldners, grundsätzlich Teil eines durch eigenen Willensentschluß übernommenen Pflichtenkreises innerhalb eines besonderen Pflicht-(Rechts-)verhältnisses[101].

3. Ergebnis

Es bleibt festzuhalten, daß bestehende Auskunftsverweigerungsrechte innerhalb des Wirtschaftsüberwachungsrechts weder aus praktischen noch aus rechtlichen Überlegungen heraus notwendig sind; sie sind, im Gegenteil, fehl am Platze. Ihre Berechtigung auf anderen Rechtsgebieten präjudiziert in keiner Weise eine Antwort auf die Aussagepflicht im Rahmen der Gefahrenabwehr[102]. Der Gesetzgeber hat hier nur vordergründig einen erhöhten Schutz der Betroffenen gewährleistet und dabei nicht allein die damit verbundenen Nachteile für die Belange der Allgemeinheit übersehen, sondern auch Rechtsprinzipien aus Gebieten übertragen, die sich hinsichtlich der Selbstbezichtigungsproblematik grundlegend vom Wirtschaftsüberwachungsrecht unterscheiden. Das Auskunftsverweigerungsrecht sollte mithin aus den Gesetzen des Wirtschaftsüberwachungsrechts entfernt werden. Im Anschluß daran ist sicherzustellen, daß Offenbarungen, die aufgrund der Vorschriften des Gefahrenabwehrrechts auch erzwingbar sein müssen[103], nicht zu Zwecken der Straf- oder Ordnungswidrigkeitenverfolgung verwendet werden[104]; ebenso, wie sie zu diesen Zwecken nicht erzwungen werden können[105]. Geschehen könnte dies mit Hilfe eines Verwendungs- und Weitergabeverbots[106].

---

[98] Vgl. auch W. Hahn, S. 164.

[99] Vgl. R. Stürner, S. 1761.

[100] Vgl. oben I.

[101] Vgl. § 3 III. der Arbeit.

[102] Vgl. R. Riegel, Zur Frage ..., S. 503.

[103] Vor einer vorschnellen Ausübung von Zwang ist der Betroffene auch ohne Auskunftsverweigerungsrecht durch das Gebot der Verhältnismäßigkeit der Mittel hinreichend geschützt; die zuständige Behörde hat in jedem Einzelfall zu prüfen, ob unter Abwägung aller Umstände, insbesondere unter Berücksichtigung der voraussichtlichen Bedeutung der zu erlangenden Informationen, Zwangsmittel angezeigt erscheinen.

[104] Vgl. auch G. Roth, S. 231.

[105] An dieser Stelle kann der Argumentation R. Riegels, Zur Frage ..., S. 506 f., nicht gefolgt werden. Er sieht die Grenze der Aussagepflicht und damit der Anwendbarkeit von Zwangsmaßnahmen generell dort, wo der Betroffene sich der Gefahr strafrechtlicher Verfolgung aussetzt, weil er sich selbst belasten müßte. Trotz einer

§ 9 Einsichtnahme in Unterlagen

I. Bedeutung

Die Einsichtnahme in Unterlagen kann nötig werden, wenn der Behörde Auskünfte des Verpflichteten nicht ausreichend erscheinen oder berechtigte Zweifel an ihrem Wahrheitsgehalt bestehen und die Behörde sich zu ihrer Nachprüfung durch unmittelbare Einsicht genötigt sieht. Daneben kann sie auch das einzig sachgemäße, einfachere bzw. mildere Prüfungsmittel darstellen, wie z. B. in den Fällen, in denen die ordnungsgemäße Führung bestimmter Unterlagen überwacht werden muß.

Besondere Bedeutung kommt dem Recht auf Einsichtnahme in Unterlagen im Rahmen der Vorschriften zu, die mit einem Auskunftsverweigerungsrecht versehen sind. Im Falle einer Auskunftsverweigerung stellt es eines der wichtigsten verbleibenden Instrumente behördlicher Aufklärungsarbeit dar[1].

II. Gegenstand

Der Gesetzgeber bedient sich zur Festlegung des behördlichen Einsichtsrechts verschiedener Formulierungen. Eine der am weitesten gefaßten und gängigsten lautet: Die mit der Überwachung beauftragten Personen sind befugt, „Einsicht in die geschäftlichen Unterlagen zu nehmen“[2].

---

bedenkenswerten Relativierung dieser Aussage hinsichtlich des Ordnungswidrigkeitenrechts, bedeutet dies einen Rückschritt und ist abzulehnen. Ohne auf den Theorienstreit über das Verhältnis von Straftat und Ordnungswidrigkeit eingehen zu wollen, liegen zum einen Strafrecht und Ordnungswidrigkeitenrecht historisch und systematisch bedingt näher beieinander, als Ordnungswidrigkeitenrecht und Gefahrenabwehrrecht, was in einem solch grundlegenden Punkt für ihre Gleichbehandlung spricht. Zum anderen führt das Zugeständnis eines Aussageverweigerungsrechts bei Gefahr strafrechtlicher Selbstbelastung – auf nichts anderes läuft Riegels Begrenzung der Aussagepflicht hinaus – zu den bereits oben beschriebenen Störungen der Gefahrenabwehraufgabe. Weiterhin ist zwischen einem Aussageverweigerungsrecht und einem Verbot für die Anwendung von Zwangsmitteln streng zu unterscheiden. Ersteres legt die Entscheidung über eine Aussage fast vorbehaltslos in die Hände des Verpflichteten. Eine Anwendung von Zwangsmitteln ist nahezu ausgeschlossen. Ist kein Aussageverweigerungsrecht normiert, sondern nur die Anwendung von Zwangsmitteln unter Vorbehalt gestellt, bleibt die Aussagepflicht des Verpflichteten bestehen (vgl. Engelhardt, in: Hübschmann u. a., RdNr. 58 zu § 393 AO) und die Behörde insoweit Herr des Verfahrens, als ihr im Einzelfall die Entscheidung darüber überlassen bleibt, ob Zwangsmittel notwendig sind oder nicht. Das Verbot der Anwendung von Zwangsmitteln stellt demnach im Vergleich zu einem Aussageverweigerungsrecht einen verminderten Schutz der Betroffenen dar.

[106] Zur Verhinderung von Mißbrauch bzw. Zweckentfremdung von Informationen vgl. ausführlich oben § 7.

[1] Zur Kritik an der derzeitigen Rechtslage vgl. oben § 8 IV.

[2] Vgl. stellvertretend für viele die § 46 II S. 1 WaffG; 14 III WirtschaftssicherstellungsG; 23 II Nr. 3 PflSchG; 54a I Nr. 1 PBefG; 31 II S. 1 SprengG; 73 III S. 1 TierSG; 22 II S. 1 GastG.

Werden auch teilweise andere Formulierungen und vor allem Konkretisierungen des Einsichtsrechts versucht[3], so wird doch immer derselbe Zweck verfolgt. Der Behörde soll die Möglichkeit verschafft werden, Einsicht in alle Geschäftsunterlagen zu nehmen, die Aufschluß über Tatbestände geben bzw. geben könnten, die der Überwachung unterliegen.

Der Begriff „Geschäftsunterlagen" ist, dem Gegenstand der Überwachung folgend, somit umfassend und weiter auszulegen, als dies etwa im Falle des handelsrechtlichen Begriffs der „Handelsbücher und Geschäftspapiere" möglich ist[4].

An einer weiten Formulierung des Einsichtsrechts ist auch nichts auszusetzen; im Gegenteil: Die Konkretisierungsversuche des Gesetzgebers erweisen sich bei näherem Hinsehen als unnötiger Gesetzesballast[5]. Die vorgenommenen Einschränkungen ergeben sich regelmäßig und zweifelsfrei bereits aus allgemeinen öffentlich-rechtlichen Grundsätzen[6]. Keine Berechtigung hat die Herausnahme von Herstellungsbeschreibungen aus dem Einsichtsrecht, wie in den §§ 41 III Nr. 3 LMGB und 64 IV Nr. 2 AMG geschehen.

---

[3] Das WHG spricht vom Zurverfügungstellen von Unterlagen (§ 21 I Nr. 3; vgl. auch § 24 GewO), § 55 I Nr. 1 GüKG von der Einsicht in Bücher und Geschäftspapiere einschließlich der Unterlagen über den Fahrzeugeinsatz, das KWaffG von der Einsichtnahme in und Prüfung von Betriebsaufzeichnungen und sonstigen Unterlagen (§ 15 III Nr. 2), das KWG von der Vorlegung von Büchern und Schriften (§ 44 I Nr. 1). Das GerätesicherheitsG dagegen begnügt sich mit der behördlichen Befugnis, die zur Erfüllung der Aufgaben erforderlichen Auskünfte und sonstige Unterstützung zu verlangen (§ 7 I S. 1). § 17 HwO spricht von der Befugnis, Prüfungen vorzunehmen. Auch hier dürfte, wenn auch nicht ausdrücklich, ein Einsichtsrecht in „Unterlagen" enthalten sein (vgl. H. Schmatz / M. Nöthlichs, Anm. II 2 zu § 7 GerätesicherheitsG; BayObLG, Beschluß v. 8.8.1983, GewArch 1983, S. 387).

[4] Vgl. G. Hein / E. Eichhoff / A. Pukall / E. Krien, Güterkraftverkehrsgesetz, Anm.6 zu § 55 GüKG. Das Steuerrecht gebraucht als Oberbegriff für Geschäftsunterlagen etc. den Begriff der Urkunden; vgl. dazu Söhn, in: Hübschmann u. a., RdNr. 3 ff. zu § 97 AO.

[5] Besonders deutlich wird dies z. B. im Falle des § 3b II Nr. 2 FleischbeschauG, der die Berechtigten befugt, „geschäftliche Unterlagen einzusehen, soweit dies zum Zwecke der Überwachung erforderlich ist". Der zweite Halbsatz ist überflüssig. Bezeichnenderweise fehlt in diesem Gesetz sowohl in § 1a als auch in § 3b eine Nennung der Auskunftspflicht. Ein weiteres Beispiel unnötiger gesetzgeberischer Konkretisierungsbemühungen stellt § 22 I Nr. 1 BtMG dar. Dieser befugt die mit der Überwachung beauftragten Personen, „Unterlagen über den Betäubungsmittelverkehr oder die Herstellung oder das der Herstellung folgende Inverkehrbringen ausgenommener Zubereitungen einzusehen und ..." Eine Eingrenzung des Einsichtsrechts wird hier sicherlich nicht vorgenommen.

[6] Vgl. dazu oben § 4. Insbesondere darf natürlich auch das Einsichtsrecht nicht zu einem allgemeinen Ausforschen des Verpflichteten mißbraucht werden. Der Bezug zum überwachungspflichtigen Tatbestand darf nicht verlorengehen. Ebenso wird eine Rangfolge der einzusehenden Unterlagen von zwangsweise zu führenden (vgl. § 21 I Nr. 2 LadSchlG; § 12 WaffG) über die normalerweise zum Geschäftsbetrieb gehörenden bis hin zu ganz und gar „freiwilligen" Aufzeichnungen zu beachten sein. Die Einsicht in letztere unterliegt strengeren Erforderlichkeitskriterien (vgl. W. Schick in: Hübschmann u. a., Anm.203 ff. zu § 200 AO; BVerwG, Urteil v. 13.12.1956, BVerwGE 4, S. 203 (205); H. Wenzig, Die Prüfungshandlungen, S. 128, geht dagegen von einem grundsätzlich umfassenden Einsichtsrecht aus).

Gerade die Herstellungsbeschreibungen können die Überwachung oftmals wesentlich erleichtern. Zudem unterliegen die Kontrollorgane ohnehin einer umfassenden Verschwiegenheitspflicht, so daß die Wahrung von Betriebsgeheimnissen gesichert ist. Im Bereich der Gefahrenverhütung kann es nicht dem „Geschick der Untersuchungsämter“[7] überlassen bleiben, Rezepturen durch Analysen zu ermitteln. Völlig unverständlich wird diese Regelung, wenn gem. § 41 III Nr. 3 LMBG, nun im Rahmen der Auskunftspflicht, Angaben über die Herstellung und die zur Verarbeitung gelangenden Stoffe gemacht werden müssen[8].

Überdies läßt sich das Einsichtsrecht sowohl sachlich-gegenständlich bezüglich „geschäftlicher Unterlagen“, als auch in seiner Zuordnung zu bestimmten Unternehmen leichter eingrenzen, als dies beim Auskunftsrecht der Fall ist.

Der engere gegenständliche Geltungsbereich ist schon von vornherein dadurch gegeben, daß nur solche Informationen der Einsichtnahme unterworfen sind, die auf irgendeinem Datenträger festgehalten sind[9]. Im Gegensatz zum Besichtigungsrecht[10], das grundsätzlich jeden Gegenstand zum Objekt haben kann, ist das Einsichtsrecht auf „schriftliche“ Aufzeichnungen ausgerichtet. Gegebenenfalls hat der Verpflichtete sie in lesbare bzw. betrachtbare Form zu bringen.

Die sachliche Abgrenzung ist derart vorzunehmen, daß zum einen geschäftliche von privaten Unterlagen zu scheiden sind. Die Vermutung spricht dabei dafür, daß Unterlagen, die sich in den Betriebs- und Geschäftsräumen befinden, auch geschäftlicher Natur sind. Bei der Behauptung des Gegenteils muß dem Berechtigten Gelegenheit gegeben werden, sich davon zu überzeugen. Anderes gilt nur, wenn die Umstände einen geschäftlichen Charakter ausschließen.

Zum anderen müssen die Unterlagen sich zumindest im Mitgewahrsam des Verpflichteten befinden. Es ist nicht sinnvoll, hier auf das Eigentum des Verpflichteten abzustellen. Dies wäre nicht nur mit den oben (§ 3) gefundenen Ergebnissen unvereinbar, sondern auch im Hinblick auf öffentliche

---

7 H. H. Schiedermaier, S. 112.

8 Ebenso H. Holthöfer u. a., RdNr. 55 zu § 41 LMBG.

9 In Betracht kommen neben den althergebrachten Geschäftsbüchern und Akten auch Informationen, die auf Mikrofilm, Diskette, Festplatte usw. gespeichert sind. Entgegen H. Mösbauer, Immissionsschutzrecht ..., S. 27, ist das Recht auf Einsichtnahme bzw. Vorlage von Unterlagen auf bereits Vorhandenes beschränkt. Die Behörde kann nicht verlangen, daß der Verpflichtete Abschriften anfertigt (vgl. G. Potrykus / J. Steindorf, zu § 46 II S. 1 WaffG). Anderes ist auch dem Urteil des BayObLG v. 6.12.1962, GewArch 1963, S. 29, nicht zu entnehmen. Ein Recht auf Anfertigung von Berichten, Abschriften, Zusammenstellungen und Auszügen aus den Geschäftsunterlagen ergibt sich nicht aus dem Einsichtsrecht, sondern gegebenenfalls aus dem Auskunftsrecht (vgl. dazu oben § 8 II.).

10 Vgl. dazu unten § 10.

Urkunden oder etwa Magnetkernspeicher von EDV-Anlagen, bei denen regelmäßig nicht Übereignung, sondern nur Gebrauchsüberlassung vorliegt, eine zu enge Betrachtungsweise[11].

Der Einsichtnahme unterliegt deshalb

> „alles betriebliche Schriftgut nicht ausschließlich privaten Inhalts, auch in Form von fotografischen oder fotomechanischen Reproduktionen, Ton- oder Datenträgern, über welche der Verpflichtete Verfügungsgewalt hat und die sich in seinem Allein- oder Mitgewahrsam befinden"[12].

III. Umfang

Der Verpflichtete hat nur Einsicht in seine Geschäftsunterlagen zu gewähren. Er hat dagegen nicht die Verpflichtung, den Gewahrsam daran aufzugeben bzw. sie zu übergeben. Dies kann gegen den Willen des Gewahrsaminhabers nur unter den engen Voraussetzungen und weitergehenden Rechtsgarantien einer Beschlagnahme nach der StPO erlangt werden[13]. Findet die Prüfung im Betrieb statt, darf der Prüfer die Unterlagen nicht ohne Einwilligung des Verpflichteten und auch nicht vorübergehend aus dem Betrieb entfernen[14].

Der Prüfer kann die Schriftstücke am Ort der Prüfung in die Hand nehmen und sich Notizen und Abschriften anfertigen. Ablichtungen sind zu gestatten[15]. Auch eine nähere Untersuchung, etwa auf Echtheit einer Urkunde, ist zulässig, doch darf der Bestand der Sache nicht geändert werden[16]. Einsicht und Prüfung sind ein qualitativ einheitlicher Vorgang, bei dem die Einsichtnahme lediglich die zeitliche Vorstufe der Prüfung darstellt[17].

Der Prüfer hat im Rahmen seiner Einsichtsbefugnis nicht das Recht, selbständig und gegen den Willen des Verpflichteten nach Unterlagen zu

---

[11] Vgl. H.-J. Wieckmann, S. 109.

[12] Vgl. ebenda, S. 106 ff. Wenn Wieckmann (ebenda, S. 109) es als ein notwendiges Merkmal geschäftlicher Unterlagen betrachtet, daß diese sich innerhalb der Geschäftsräume befinden, ist das allerdings falsch. Im Gegenteil muß sich der Verpflichtete der Überwachung unterliegende Unterlagen beschaffen, die sich nicht in seinem unmittelbaren Besitz, aber in seinem Einflußbereich befinden (vgl. K. Hansmann, in: R. v. Landmann / G. Rohmer, RdNr. 46 zu § 52 BImSchG; I.L.Bähre, Anm.2 zu § 44 KWG).

[13] Vgl. P. Münz / K. Haselau, RdNr. 3 zu § 55 GüKG; F. Janssen, S. 194; OLG Hamm, Beschlüsse v. 31.1.1972, 2 Ss OWi 74 / 71 und v. 25.7.1974, 2 Ss OWi 268 / 74.

[14] Vgl. H. Wenzig, Die Prüfungshandlungen, S. 129.

[15] Vgl. § 22 I Nr. 1 BtMG. Das notwendige Gerät ist ggf. mitzubringen.

[16] So für die bürgerlich-rechtliche Vorlegung Palandt, RdNr. 1 zu § 809 BGB; vgl. auch V. Szagunn / K. Wohlschieß, RdNr. 11 zu § 44 KWG.

[17] Vgl. Immenga / Mestmäker, RdNr. 46 zu § 46 GWB.

suchen. Er darf nur näher bezeichnete Unterlagen verlangen und nimmt insofern eine passive Rolle ein[18].

Im übrigen reicht das Einsichtsrecht nicht weiter als das Auskunftsrecht.

IV. Ort

Ort der Einsichtnahme sind die Geschäftsräume des Verpflichteten, soweit nichts anderes bestimmt ist. Wenn die Behörde noch keine genaue Vorstellung davon hat, welche Unterlagen überhaupt vorhanden und einsehbar sind, sondern sich erst vor Ort ein Bild darüber machen muß, hat sie in der Regel durch die übliche Betretungs- und Besichtigungsbefugnis auch das Recht dazu[19]. Andernfalls, bei genau bezeichenbaren Einsichtsverlangen der Behörde, muß dem Verpflichteten jedoch zugestanden werden, die verlangten Unterlagen auch zur Behörde zu bringen, wenn er die Einsichtnahme in seinen Geschäftsräumen nicht wünscht. Insofern sind das Betretungsrecht und das Recht auf Einsichtnahme auseinanderzuhalten. Andererseits hat jedoch die Behörde, soweit nicht ausdrücklich festgelegt oder zur Durchführung der Überwachung unbedingt erforderlich, kein Recht, die Vorlage von Unterlagen an Amtsstelle zu verlangen, da der Verpflichtete in der Regel weder den Gewahrsam aufgeben muß, noch ein behördliches Vorladungsrecht vorgesehen ist[20]. Die Behörde kann lediglich darum bitten, bzw. im Interesse einer schonenden Behandlung des Verpflichteten diesem anheimstellen, die benötigten Unterlagen zur Behörde zu bringen, wenn ihrer Meinung nach eine Einsichtnahme seinen Geschäftsbetrieb unverhältnismäßig stören würde bzw. er durch sie zu Unrecht in Verruf kommen könnte[21].

---

[18] Vgl. H.-J. Wieckmann, S. 110 f. W. Schick in Hübschmann u. a., Anm. 217 f. zu § 200 AO. Da auch das Einsichtsrecht kein „Ausforschungsrecht" umfaßt, kann der Prüfende also auch nicht ohne weitere Begründung verlangen, daß ihm alle Geschäftsunterlagen vorgelegt werden.

[19] Vgl. dazu unten § 10.

[20] Vgl. § 811 BGB; V. Szagunn / K. Wohlschieß, RdNr. 12 zu § 44 KWG; P. Münz / K. Haselau, RdNr. 3 zu § 55 GüKG; OLG Hamm, Beschlüsse v. 31.1.1972, 2 Ss OWi 74 / 71, und v. 25.7.1974, 2 Ss OWi 268 / 74; BayObLG, Beschluß v. 8.8.1983, GewArch 1983, S. 387. A. A. E. Hocke u. a., Anm. zu § 44 AWG, und F. Reischauer / J. Kleinhans, RdNr. 11 zu § 44 KWG, die in der Befugnis, die „Vorlegung" der Bücher und Schriften zu verlangen, auch die uneingeschränkte Befugnis zur Festlegung des Ortes der Vorlage enthalten sehen. Ein Beispiel für eine ohne Not unklar formulierte Ausnahme ist § 6 V der DV zum BWaffG v. 26.11.1968, BGBl. I S. 1199 (vgl. dazu das BVerwG, Urteil v. 5.12.1978, GewArch 1979, S. 1409). Eine eindeutige Regelung findet sich in § 14 V der 1. WaffV v. 24.5.1976, BGBl. I, S. 1285, und in § 22 III Nr. 2 LadSchlG.

[21] Vgl. OLG Hamm, Beschluß v. 25.7.1974, 2 Ss OWi 268 / 74. F. Janssen, S. 194, sieht unter diesen Gesichtspunkten ein Recht der Behörde, die Vorlage von Unterlagen in ihren Diensträumen zu verlangen. Der Verpflichtete wird zu einer solchen Handlungsweise jedoch nicht gezwungen werden können, auch wenn sie objektiv für ihn vorteilhaft wäre.

V. Mitwirkungspflichten

1. Die Aufbewahrungspflicht

Die Pflicht, Einsichtnahme in Unterlagen zu gestatten, schließt nicht nur eine Duldungspflicht, sondern auch die Pflicht zu aktivem Handeln ein.

So kann sich der Verpflichtete seiner Vorlagepflicht nicht dadurch entziehen, daß er Unterlagen nicht aufbewahrt.

Die überwachungsrechtlichen Einzelvorschriften legen zwar nur ausnahmsweise eine Aufbewahrungspflicht fest[22]. Diese könnte sich jedoch bereits aus § 274 I Nr. 1 StGB ergeben.

Das dazu erforderliche näher bestimmte Rechtsverhältnis ist mit dem materiellen (!) Überwachungsrechtsverhältnis zwischen Behörde und Verpflichtetem gegeben. Es entsteht bereits mit Aufnahme der überwachungsrechtlich einschlägigen Betätigung[23]. Der Begriff des „Gehörens" im Sinne des § 274 I Nr. 1 StGB umfaßt ein behördliches Beweisführungsrecht an Urkunden und technischen Aufzeichnungen[24]. Das Beweisführungsrecht entfällt zwar, wenn Urkunden nur vorgelegt werden sollen, um bestimmte Verwaltungs- und Überwachungsaufgaben zu erleichtern, nicht aber, wenn durch die Unterdrückung, Beschädigung oder Vernichtung von Urkunden und Aufzeichnungen bestimmte öffentlich-rechtlich geschützte Interessen beeinträchtigt würden[25].

Wie im Falle des Interesses, dem Mißbrauch von Sozialleistungen zu begegnen und Rückzahlungsansprüche der öffentlichen Hand zu sichern, muß ein „Beweisführungsrecht" auch dort gegeben sein, wo Regelungsgrund eines Rechtsinstituts die Abwehr von gegenüber der Allgemeinheit bestehenden Gefahren ist.

Es besteht somit ein durch die einschlägigen Rechtsvorschriften näher bestimmtes Rechtsverhältnis zwischen Behörde und Vorlagepflichtigem. In dessen Rahmen vertritt der Staat schutzwürdige Interessen, deren Wahrung die Vorlageverpflichtung dient. Eine besondere Aufbewahrungspflicht ist somit aus § 274 I S. 1 StGB herleitbar[26]. Art und Umfang hängen von den Umständen des Einzelfalles ab[27].

---

[22] Z. B. § 20 ChemG.

[23] A. A. A. Reuter, Kartellbehördliche ..., S. 34; vgl. dazu jedoch ausführlich oben § 3 III.

[24] Für die h. M. vgl. nur E. Dreher / H. Tröndle, RdNr. 2 zu § 274 StGB.

[25] Vgl. A. Reuter, Kartellbehördliche ..., S. 32 f. m.w.N.

[26] Vgl. ebenda. Daß Reuter die Aufbewahrungspflicht aus § 274 I S. 1 StGB letztendlich verneint, liegt daran, daß er zwar das Entstehen eines Verfahrensrechtsverhältnisses (Prüfungsrechtsverhältnisses) zwischen Behörde und Bürger richtig mit dem Vorlageverlangen erkennt, das unabhängig davon bestehende materielle Überwachungsrechtsverhältnis jedoch übersieht.

2. Sonstige Mitwirkungspflichten

Der Verpflichtete hat Unterlagen herauszusuchen und muß diese entweder der zuständigen Behörde bringen oder den Prüfenden Zutritt zu seinen Geschäftsräumen, gegebenenfalls auch zu seinen Wohnräumen verschaffen[28] und sie dort vorlegen[29]. Unter Vorlegung ist eine Handlung zu verstehen, durch die „dem anderen der Gegenstand tatsächlich zur Hand oder doch vor Augen gestellt, seiner sinnlichen Wahrnehmung unmittelbar zugänglich gemacht wird“[30].

Die Behörde kann verlangen, daß EDV-Datenträger ausgedruckt oder Hilfsmittel zur Lesbarmachung zur Verfügung gestellt werden, da Unterlagen so dargeboten werden müssen, daß sie ohne Schwierigkeit eingesehen werden können[31]. Sind verpflichtend zu führende Unterlagen nicht ordnungsgemäß geführt worden, kann der Prüfer Herstellung der Ordnungsmäßigkeit oder entsprechende Aufbereitung für Prüfungszwecke verlangen[32]. Wie bei der steuerlichen Außenprüfung ist auch bei wirtschaftsüberwachungsrechtlichen Prüfungen, wenn erforderlich, ein geeigneter Raum bzw. Arbeitsplatz zur Verfügung zu stellen[33]. Die Vorlage muß vollständig und fristgemäß erfolgen. Eine weitergehende Pflicht, die einzelnen Unterlagen näher zu bezeichnen oder zu erläutern, kann aus dem Einsichts- und Prüfungsrecht nicht abgeleitet werden[34]. Das ist allenfalls im Rahmen des Auskunftsrechts forderbar, wobei bei der derzeitigen Rechtslage die Problematik des Auskunftsverweigerungsrechts abermals zu Tage tritt[35].

---

27 Vgl. BayVGH, Urteil v. 25.4.1983, S. 330.

28 Das Zutrittsrecht ergibt sich hier selbständig aus dem Einsichtsrecht. Eine besondere Verankerung im Gesetzestext ist nicht erforderlich (vgl. auch P. Heckel, S. 87). Die Problematik ist jedoch grundsätzlich dieselbe wie unten in § 10 eingehend erörtert.

29 Abwegig D. R. Lupberger, S. 186, der offensichtlich davon ausgeht, daß die Mitwirkung im Rahmen einer Einsichtnahme „freiwillig“ erfolgen müsse, andernfalls die Einsichtnahme eine Durchsuchung darstelle.

30 Reichsgericht in Zivilsachen, Urteil v. 26.11.1903, RGZE 56, S. 63 (66).

31 Vgl. § 147 V AO.

32 Vgl. W. Schick in Hübschmann u. a., Anm.226 zu § 200 AO.

33 Vgl. § 200 II S. 2 AO; OLG Hamm, Beschluß v. 25.7.1974, 2 Ss OWi 268 / 74.

34 Vgl. E. Michel / W. Kienzle, RdNr. 9 zu § 22 GastG.

35 Vgl. dazu oben § 8 IV.

§ 10 Das Recht auf Gestattung des Zutritts zu Betriebs- und Geschäftsräumen sowie Wohnungen

I. Bedeutung

Das durch ein Recht auf Einsichtnahme in Unterlagen ergänzte Auskunftsrecht genügt noch immer nicht, um die Erfüllbarkeit der behördlichen Überwachungsaufgabe zu gewährleisten. Manche Einsichtnahme in Unterlagen hat direkt beim Überwachungspflichtigen zu erfolgen. Auskünfte müssen oft durch Besichtigungen oder durch Prüfungen vor Ort ergänzt werden. Bestimmte Feststellungen lassen sich überhaupt nur am Ort des Geschehens treffen. Voraussetzung dafür ist, daß die Angehörigen der Überwachungsbehörde und ihre Beauftragten an die entsprechenden Stellen gelangen können[1].

Diese Möglichkeit wird regelmäßig durch ein behördliches Recht auf Gestattung des Zutritts zu Betriebs- und Geschäftsräumen sowie Wohnungen eröffnet. Die nähere Ausgestaltung dieses Rechts und die ihm entsprechenden Pflichten sind hier Gegenstand der Untersuchung. Besondere Bedeutung kommt dabei dem Verhältnis von Art. 13 GG und der einfachgesetzlichen Regelung behördlicher Betretungs- und Besichtigungsrechte zu. Man stößt hier auf einige Ungereimtheiten.

II. Einfachgesetzliche Regelung

1. Gegenstände des Zutritts

Wie bereits mehrfach in anderem Zusammenhang, muß man auch hier wieder feststellen, daß von einer Einheitlichkeit der Gesetzesformulierungen nicht die Rede sein kann.

Zunächst kann man hinsichtlich der Gegenstände des Zutritts Unterschiede zwischen den einzelnen Gesetzen feststellen, die jedoch zumeist in den Notwendigkeiten des jeweiligen Sachgebietes bzw. Regelungsgegenstandes begründet sind und daher im Rahmen dieser Abhandlung keiner weiteren Erörterung bedürfen[2].

---

[1] Das Betretungsrecht als eine Maßnahme zur „Verwaltungserleichterung" zu bezeichnen, ist daher abwegig (so aber G. Feldhaus, 6. zu § 52 BImSchG). Zu Recht bezeichnet H. Mösbauer, Immissionsschutzrecht ..., S. 22, die Befugnis zum Betreten von Grundstücken und Gebäuden als die wesentliche Voraussetzung zur Sicherung der Effektivität immissionsschutzrechtlicher Erfordernisse. Später geht er dem widersprechend jedoch offensichtlich wie Feldhaus davon aus, daß das Betreten von Grundstücken gewöhnlich nur der „Verwaltungserleichterung" dient (ebenda, S. 24, Fn. 51). Vgl. auch G. Herold, Lebensmittelrecht und Lebensmittelüberwachung, Die Ernährungswirtschaft 1962, S. 410.

[2] Eine beispielhafte Aufzählung findet sich bei P. Heckel, S. 88 f.

Im Falle des Zutrittsrechts deutet jedoch einiges darauf hin, daß der Gesetzgeber hinsichtlich dessen Rechtsnatur und Zulässigkeitsvoraussetzungen keine einheitlichen Vorstellungen gehabt hat. In den einschlägigen Gesetzen ist häufig eine Unterscheidung zwischen Betriebs- und Geschäftsräumen auf der einen und dem reinen Privatbereich, Wohnungen im engeren Sinne des Wortes, auf der anderen Seite vorgenommen; manchmal aber auch nicht[3]. Schließlich wird die Zulässigkeit des Betretens der jeweiligen Räumlichkeiten an verschiedene Voraussetzungen geknüpft. Ob das gerechtfertigt ist, muß geklärt werden.

2. Besondere Voraussetzungen

a) Betriebs- und Geschäftsräume

Bezeichnend für die Zutrittsberechtigung zu Betriebs- und Geschäftsräumen ist, daß sie häufig an keine besonderen Voraussetzungen geknüpft wird. Es genügt, wenn der Zutritt im Rahmen der Prüfungstätigkeit erforderlich ist. Da dementsprechend in den so gestalteten Vorschriften auch der bei Einschränkung eines Grundrechts nach Art. 19 I GG notwendige Verweis auf eben diese Einschränkung fehlt, muß man davon ausgehen, daß der Gesetzgeber in dem Zutrittsrecht entweder keine Einschränkung des hier in Betracht kommenden Art. 13 GG sieht, oder aber Betriebs- und Geschäftsräume als nicht dessen besonderem Schutz unterliegend betrachtet[4]. Gleiches folgt, wenn die Grundrechtseinschränkung nur dann gesehen wird, wenn der Zutritt außerhalb der üblichen Betriebs- und Geschäftszeit erfolgt[5].

---

[3] Der Begriff der Betriebs- und Geschäftsräume wird im Folgenden stellvertretend für die verschiedenen Zutrittsobjekte benutzt, die keinen Wohnzwecken dienen, sondern rein geschäftlichen Bezug haben.

[4] Insofern ganz klar § 21 I WHG. In Nr. 1 wird die Pflicht ausgesprochen, das Betreten von Betriebsgrundstücken und -räumen während der Betriebszeit zu gestatten, während Nr. 2 diese Pflicht auf Wohnräume sowie über die Betriebszeit hinaus erweitert, sofern die Prüfung zur Verhütung dringender Gefahren für die öffentliche Sicherheit und Ordnung erforderlich ist. Eine Grundrechtseinschränkung wird hier expressis verbis lediglich in Nr. 2 gesehen (vgl. § 21 I S. 2 letzter HS. WHG). Denselben Schluß wird man ziehen müssen, wenn das Betreten von (reinen) Wohnräumen nur unter der Bedingung der Verhütung dringender Gefahren für die öffentliche Sicherheit und Ordnung gestattet wird und die Grundrechtseinschränkung auch im Gesetzestext genannt ist, das Betreten von Grundstücken und Betriebsräumen aber an keine besondere Bedingung geknüpft ist (vgl. § 41 III LMBG; 21 II, IV PflSchG; 22 I Nr. 3 BtMG; 32 II SprengG; 73 III TierSG; 52 II BImSchG; 16 III TierSchG; § 11 IV AbfG. § 46 II WaffG berechtigt zum Betreten von Wohnräumen nur zum Zwecke der „Abwehr" dringender Gefahren für die öffentliche Sicherheit und Ordnung, während ansonsten entsprechend des Wortlauts von Art. 13 III GG immer von „Verhütung" die Rede ist. Ein besonderer Grund für diese Abweichung von der Regel und die damit verbundene Einengung des Zutrittsrechts ist nicht ersichtlich). Die §§ 56 I Nr. 3 GüKG, 54a I Nr. 2 PBefG und 14 III WirtschaftssicherstellungsG befugen zwar nicht zum Betreten von Wohnräumen, weisen aber auch im Rahmen des Betretungsrechts zu Grundstücken und Geschäftsräumen nicht auf eine Grundrechtseinschränkung hin.

Andere Vorschriften differenzieren nicht, bzw. nennen pauschal Betriebs- und Geschäftsräume als Betretungsobjekte und verweisen darauf, daß das Grundrecht der Unverletzlichkeit der Wohnung insoweit eingeschränkt wird[6]. Hier muß man schließen, daß der Gesetzgeber auch die geschäftlich genutzten Räume vom Schutzbereich des Art. 13 GG als erfaßt und das Betreten als eine Grundrechtseinschränkung ansieht. Ebenso folgt daraus, daß der Gesetzgeber die qualifizierte Grundrechtsschranke des Art. 13 III 2. Alt. GG für gegeben hält, mithin das jeweilige Gesetz (!)[7] der Verhütung dringender Gefahren für die öffentliche Sicherheit und Ordnung dient[8].

b) Wohnräume

Wo eine Trennung zwischen Geschäfts- und Wohnräumen vorgenommen ist, wird der Zutritt zu letzteren in Übereinstimmung mit Art. 13 III GG ausnahmslos nur gestattet, wenn diese Maßnahme der Verhütung dringender Gefahren für die öffentliche Sicherheit und Ordnung dient. Gemäß Art. 19 I S. 2 GG wird die Einschränkung des Grundrechts der Unverletzlichkeit der Wohnung in den einschlägigen Vorschriften genannt[9].

3. Ergebnis

Die Hauptproblematik liegt in der Trennung von Privat- und Geschäftsräumen, den daran angeknüpften unterschiedlichen Zutrittsvoraussetzungen und deren Vereinbarkeit mit Art. 13 GG.

Es ist festzustellen, daß der einfache Gesetzgeber ohne ersichtlichen Grund einmal Geschäfts- und Wohnräume unterschiedlich bewertet, ein anderes Mal jedoch nicht. Hier wird nicht nur Gleiches ungleich geregelt, sondern es kommen auch völlig uneinheitliche Vorstellungen bezüglich der Rechtsnatur behördlicher Betretungsrechte zum Ausdruck.

Literatur und Rechtsprechung berücksichtigen dies nur unzureichend. Eine rechtliche Bewertung dieser Bestandsaufnahme wird unten (IV.-VI.) vorgenommen.

---

[5] Vgl. § 3b II FleischbeschauG.

[6] Vgl. § 22 II GastG; 7 II GerätesicherheitsG; 44 I Nr. 1 KWG; 46 III S. 2 GWB; 19 II AtomG; 44 I S. 4 AWG; 24b GewO; 14 IV KWaffG; 21 III ChemG; 64 IV Nr. 1 AMG; 4 PfandleihVO.

[7] Vgl. dazu unten VI.2c).

[8] Die anderen Grundrechtsschranken des Art. 13 scheiden in der Regel aus; vgl. ausführlich unten VII.

[9] Wird durch eine Vorschrift auf die Anwendbarkeit einer anderen, z. B. des § 139b GewO verwiesen, ohne daß sie selbst die Grundrechtseinschränkung statuiert, ist das unbeachtlich, soweit die Vorschrift, auf die verwiesen wird, Art. 13 GG nennt (vgl. R. Stober, LadSchlG, RdNr. 14 zu § 22 LadSchlG). Ebenso unbeachtlich ist das Fehlen dieses Hinweises bei Rechtsvorschriften aus vorkonstitutioneller Zeit (vgl. OLG Braunschweig, Urteil v. 9.5.1952, DVBl.1952, S. 533 f.).

III. Art. 13 GG

1. Allgemeines

Anknüpfend an die einfachgesetzlichen Regelungen muß man nicht nur die unterschiedlichen Handhabungen und rechtlichen Bewertungen des Zutrittsrechts seitens des einfachen Gesetzgebers in Frage stellen. Es kommen insbesondere Zweifel hinsichtlich der Vereinbarkeit eines Großteils der Regelungen mit Art. 13 GG auf. Zunächst ist dessen Schutzbereich von Bedeutung:

2. Der Wohnungsbegriff

Einen einheitlichen Rechtsbegriff der Wohnung gibt es nicht. Die Wohnungsbegriffe des bürgerlichen Rechts, des Zivilprozeß-, Strafprozeß- und Wohnungsrechts weichen zum Teil voneinander ab und sind sämtlich enger gefaßt als der des Art. 13 GG[10]. Der Begriff der Wohnung dort umfaßt „Wohnräume", „Geschäftsräume" und „befriedetes Besitztum"[11], das als eingehegter Teil der Erdoberfläche Grundstück ist[12].

Die durch Art. 13 geschützte Wohnung ist nicht das Bauwerk als Sachbegriff und Vermögenswert[13]. Gemeint sind vielmehr das Heim und die Wirkungsstätte des Menschen; nicht die Eigentumswohnung, sondern die Privatsphäre des Einzelnen.

Wohnung ist also nicht jedes Besitztum, sondern nur ein zu Wohn- und Geschäftszwecken bestimmter und benutzter, d. h. nicht zweckentfremdeter Raum. Die Zweckbestimmung ist dem betroffenen Einzelnen vorbehalten.

Neben den Hauptwohnräumen und dem unmittelbar daran angrenzenden befriedeten Raum gehören nach der weitaus herrschenden Lehre und Rechtsprechung auch die Geschäftsräume zur Wohnung. Der Begriff der Geschäftsräume ist wiederum weit zu fassen. Dazu zählen z. B. Lager- und

---

[10] Vgl. zum Folgenden jeweils mit ausführlichen Nachweisen Th. Maunz / G. Dürig / R. Herzog / R. Scholz, Grundgesetz, RdNr. 3c ff. zu Art. 13 GG; P. Dagtoglou, in: Bonner Kommentar, RdNr. 16 ff. zu Art. 13 GG; I. v. Münch, Grundgesetz, RdNr. 9 ff. zu Art. 13 GG.

[11] Th. Maunz u. a., RdNr. 3c zu Art. 13 GG halten den Begriff des befriedeten Besitztums für weiter als den der Wohnung in Art. 13 GG.

[12] Zum Grundstück wiederum gehören auch alle mit dem Grund und Boden auf Dauer fest verbundenen Sachen, insbesondere Gebäude wie Fabrikhallen, Büro- und Geschäftsräume und unter Umständen auch technische Aggregate (§ 94 BGB). Soweit Anlagen nicht als wesentliche Bestandteile eines Grundstücks anzusehen sind, kann eine Befugnis, in sie – soweit möglich – hineinzugelangen, nicht aus dem Zutrittsrecht hergeleitet werden. Die Begehung kann aber zu einer Funktionsprüfung gehören, die gegebenenfalls ein Zutrittsrecht zu Grundstücken beinhalten muß (vgl. § 24b GewO und unten VII.4.).

[13] Die Schutzfunktion in dieser Hinsicht erfüllt Art. 14 GG. Die Eigentumsordnung wird durch Art. 13 GG nicht berührt.

Büroräume, Arbeitszimmer, Ateliers und Werkstätten, Scheunen und Stallungen, Parkhäuser, dem Personal vorbehaltene Speise- und Erfrischungsräume sowie der Öffentlichkeit zugängliche Läden[14].

Ein Gesetz kann den Begriff „Wohnung" für seinen Anwendungsbereich selbständig umfassender prägen, solange sich dies innerhalb eines vernünftigen Rahmens bewegt. Dieser umfassendere Begriff genießt dann ebenfalls den Schutz des Art. 13 GG. Dagegen kann die einzelgesetzliche Prägung nicht hinter dem in Art. 13 GG allgemein verstandenen Begriff zurückbleiben, da dessen Schutz sonst unzulässigerweise eingeengt würde[15].

Das BVerfG stützt die weite Auslegung des Begriffs „Wohnung" auf die entsprechende nationale und internationale Verfassungstradition, den Willen der Mitglieder des Parlamentarischen Rats sowie den Grundsatz, wonach in Zweifelsfällen diejenige Auslegung von Grundrechtsnormen zu wählen sei, welche deren juristische Wirkungskraft am stärksten entfaltet[16]. Nur die weite Auslegung des Wohnungsbegriffs füge sich sinnvoll in die Grundsätze ein, die das BVerfG zur Interpretation des Grundrechts der Berufsfreiheit entwickelt hat[17]. Hinzu kommt die Überlegung, daß durch eine engere Auslegung juristische Personen und Personenvereinigungen den Schutz des Art. 13 GG überhaupt und Gewerberäume bei Durchsuchungen den besonderen Schutz des Art. 13 II GG verlören.

3. Grundrechtsträger

Jede Person, die eine Wohnung bewohnt, bei Geschäftsräumen allerdings nur der Geschäftsinhaber, nicht auch jeder Angestellte, ist vom Grundrecht des Art. 13 geschützt. Das Grundrecht ist nicht auf Deutsche beschränkt. Ebenso geschützt sind juristische Personen des Privatrechts, weil das Grundrecht der Unverletzlichkeit der Wohnung „seinem Wesen nach" auf diese anwendbar ist (Art. 19 III GG), denn auch juristische Personen sind Inhaber von Geschäftsräumen und damit einer „Wohnung" i. S. des Art. 13[18].

---

[14] Vgl. P. Dagtoglou, in: Bonner Kommentar, RdNr. 21 zu Art. 13 GG; I. v. Münch, RdNr. 10 zu Art. 13 GG; ausführlich M. Gentz, S. 24 ff.; Th. Maunz u. a., RdNr. 3c zu Art. 13 GG, halten dagegen der Öffentlichkeit zugängliche Räume für nicht unter den Wohnungsbegriff fallend (vgl. dazu ausführlich unten IV.1.).

[15] Vgl. Th. Maunz u. a., RdNr. 3c zu Art. 13 GG.

[16] Beschluß v. 13.10.1971, BVerfGE 32, S. 54 (68 ff.); vorher, Beschluß v. 13.2.1964, BVerfGE 17, S. 233 (251), hatte das Gericht die Frage der Einbeziehung der Geschäftsräume in den Wohnungsbegriff des Art. 13 GG dahingestellt gelassen; vgl. auch LG München I, Beschluß v. 5.5.1983, NJW 1983, S. 2390 f.

[17] Dem hohen Rang der Berufsfreiheit im Rahmen der individuellen Lebensgestaltung entspreche ein ebenso wirksamer Schutz des räumlichen Bereichs, in dem sich die Arbeit vollzieht.

IV. Beurteilung der Rechtslage

1. Die Trennung von Betriebs-, Geschäfts- und Wohnräumen

Neben den ungerechtfertigten Differenzierungen zwischen den verschiedenen Rechtsgrundlagen schafft die Trennung von Räumlichkeiten, die dem einfachen „Zugriff" der Wirtschaftsüberwachung vollständig entzogen sein sollen und den dem besonderen Schutz des Art. 13 GG nicht unterliegenden Räumen, auch innerhalb der einzelnen Rechtsgrundlagen Probleme und läßt Unzulänglichkeiten der derzeitigen Regelung zu Tage treten. Dies läßt sich auf verschiedene Weise belegen:

So soll nach Meinung des BVerfG[19] die gelegentliche Übernachtung in einem Büroraum diesen nicht zu einem Wohnraum machen. Andererseits verlöre ein zum Wohnen bestimmter Raum seine Eigenschaft als Wohnraum nicht dadurch, daß in ihm zugleich eine berufliche oder geschäftliche Tätigkeit ausgeübt wird.

Es kann aber doch kaum angehen, daß in letzterem Fall das Schutzbedürfnis dieser Räume voll erhalten bleibt, während es bei „reinen Geschäfts- und Betriebsräumen" durch den Zweck, den sie nach dem Willen des Inhabers selbst (!) erfüllen sollen, gemindert wird[20]. Folgte man dieser Ansicht, wäre es ein leichtes, durch „Flucht in die Wohnräume" gerade den Teil der Geschäftstätigkeit der Überwachung zu entziehen, der aller Wahrscheinlichkeit nach der am meisten überwachungsbedürftige ist. Das BVerfG[21] meint offensichtlich, die – vom Inhaber so gewollte – Zweckbestimmung der Räume bzw. der Wille des Inhabers sei bei gemischt genutzten Räumen rechtlich anders zu bewerten als im Falle reiner Geschäfts- und Betriebsräume. Gründe dafür sind nicht ersichtlich und werden auch vom BVerfG nicht genannt. Der Ansicht, die gemischt genutzte Räume ebenso wie reine Geschäftsräume behandelt, ist der Vorzug einzuräumen[22].

---

[18] Vgl. I. v. Münch, Rdnr. 3 zu Art. 13 GG; Th. Maunz u. a., RdNr. 4 ff. zu Art. 13 GG; P. Dagtoglou, in: Bonner Kommentar, RdNr. 29 ff. zu Art. 13 GG; BVerfG, Beschluß v. 26.5.1976, BVerfGE 42, S. 212 (219).

[19] Beschluß v. 13.10.1971, BVerfGE 32, S. 54 (75); vgl. auch K. Hansmann, in: R. v. Landmann / G. Rohmer, RdNr. 66 zu § 52 BImSchG.

[20] Vgl. BVerfG, Fn. 19.

[21] Vgl. ebenda, S. 75 f.

[22] P. Schiwy, Anm. zu § 21 III ChemG, weist im Zusammenhang mit den Leitsätzen des BVerfG (vgl. unten V.2.) zu Recht darauf hin, daß der Überwachungspflichtige sich nicht durch willkürliche und mißbräuchliche Änderungen der Betriebs- oder Geschäftszeiten den Maßnahmen nach § 21 I Nr. 1 ChemG entziehen könne. Solche Änderungen seien unbeachtlich. Diese Folgerung wird man aber auch ziehen müssen, wenn ein Überwachungspflichtiger die „Flucht in die Wohnräume i.e.S. " antritt. Der gemeinsame Erlaß des Ministers für Arbeit, Gesundheit und Sozialordnung, des Ministeriums für Ernährung, Landwirtschaft und Umwelt und des Innenministeriums über die Lebensmittelüberwachung v. 14.1.1980, GABl. S. 57, Pkt. 6.2, hat das auch getan. Dort heißt es: „Werden Wohnräume zur Herstellung oder Behandlung von

Elegant, bei der zugrundeliegenden Rechts- und Sachlage aber auch nicht schlüssig gelöst wird dieses Problem, wenn man die betriebliche Nutzung von Wohnräumen generell als eine dringende Gefahr für die öffentliche Sicherheit und Ordnung betrachtet[23]. Das hat das BVerwG[24] anläßlich einer Entscheidung im Zusammenhang mit § 11 II AbsatzfondsG und Art. 13 GG übersehen. Das BVerwG meint, nur für Bürozwecke genutzte Geschäftsräume, die ausschließlich über Wohn- oder gemischt genutzte Räume zugänglich sind, dürften bei Prüfungen und Besichtigungen i. S. des § 11 II AbsatzfondsG nicht ohne richterliche Anordnung betreten werden, weil reine und gemischt genutzte Wohnräume nach der Rechtsprechung des BVerfG[25] den Schutz des Art. 13 GG genössen und nur auf richterliche Anordnung betreten werden dürften. Das ist aus zwei Gründen ungenau bzw. nicht richtig[26]: zum einen ungenau, da sich die Erfordernis richterlicher Anordnung, entgegen dem Leitsatz des BVerwG, lediglich auf die reinen Wohn- bzw. gemischt genutzten Räume erstreckt, nicht aber auf die nur für Bürozwecke genutzten Räume. Zum anderen falsch, da das BVerfG die Möglichkeit nicht ausschließt, daß z. B. durch Gesetz, ohne die Notwendigkeit einer richterlichen Anordnung, „zur Verhütung dringender Gefahren für die öffentliche Sicherheit und Ordnung" das Betreten und Besichtigen reiner Wohnräume gestattet wird. Das BVerfG stellt lediglich fest, daß ein Betretungs- und Besichtigungsrecht der „hier geregelten Art"[27] bei Wohnräumen ausgeschlossen ist, wobei die Besonderheit der vom BVerfG vertretenen Ansicht darin besteht, daß das Betretungs- und Besichtigungsrecht eben nicht „der Verhütung dringender Gefahren für die öffentliche Sicherheit und Ordnung" dient, nur bei Betriebs- und Geschäftsräumen zulässig ist und auch nur dort keinen Eingriff im herkömmlichen Sinne des Art. 13 GG darstellt bzw. nicht als solcher empfunden wird. Besondere Regeln für

---

Lebensmitteln benutzt, handelt es sich insoweit um Betriebsräume im Sinne des § 41 Abs. 3 Nr. 1 LMBG, die nicht nur zur Verhütung dringender Gefahren für die öffentliche Sicherheit und Ordnung betreten werden dürfen." Ein Betreten gegen den Willen des Inhabers ist zulässig, wenn Tatsachen die Annahme rechtfertigen, daß der Raum entgegen der Behauptung des Inhabers als Betriebsraum benutzt wird. Art. 7 III der Durchführungsvorschrift zum LMBG bestimmt sogar: „Bei den Besichtigungen ist besonders darauf zu achten, ob Wohn- oder Schlafräume oder sonst ungeeignete Räume für den Gewerbebetrieb mitbenutzt werden." R. Schiedermair / J. Pieck, RdNr. 45 zu § 64 AMG halten zu Recht das Eintrittsrecht auch für Räume gegeben, „die überwiegend anderen Zwecken, z. B. Wohnzwecken dienen, die aber teilweise auch zur Abwicklung apothekenbetrieblicher Vorgänge, etwa als zusätzliche Lagerräume, herangezogen werden." Vgl. auch G. Potrykus / J. Steindorf, zu § 46 II S. 2 WaffG; G. Honig, S. 190.

[23] Vgl. A. Kloesel / W. Cyran, RdNr. 30 zu § 64 AMG.

[24] Beschluß v. 5.5.1986, NVwZ 1986, S. 831.

[25] Beschluß v. 13.10.1971, BVerfGE 32, S. 54 (75).

[26] Vgl. zur Rechtsprechung des BVerwG neuerdings auch M. Sachs, Behördliche Nachschaubefugnisse und richterliche Durchsuchungsanordnung nach Art. 13 II GG, NVwZ 1987, S. 560.

[27] BVerfG, Beschluß v. 13.10.1971, BVerfGE 32, S. 54 (75).

die reinen Wohnräume will das BVerfG nicht aufstellen; für diese bleibt es bei der herkömmlichen Auslegung des Art. 13 GG[28].

Eine ungerechtfertigte Differenzierung im Hinblick auf behördliche Zutrittsrechte wird auch dann vorgenommen, wenn man innerhalb der reinen Geschäftsräume nochmals eine Unterteilung in „allgemein zugängliche" und „nicht allgemein zugängliche" vornimmt und erstere dem Grundrechtsschutz des Art. 13 vollständig entzieht[29]. Es ist richtig, daß der Wille des Geschäftsinhabers den Privatcharakter dieser Räume „in gewisser Hinsicht" aufhebt. Wenn man diesen Willen jedoch einschränkend so auslegt, daß der Inhaber seine Geschäftsräume zwar nicht schlechthin allen Menschen zugänglich machen will, sondern nur denjenigen, die ein Geschäft mit ihm abzuschließen beabsichtigen oder mit denen er ein Geschäft abschließen möchte, wird man uno actu diesem Willen keinesfalls entnehmen können, daß Gesetze nicht grundgesetzwidrig sind, die gegenüber Inhabern allgemein zugänglicher Räume ein schärferes Einwirken zulassen, als es an sich dem Art. 13 GG entsprechen würde, weil sich der Schutz des Art. 13 GG von den Voraussetzungen her nicht auf sie erstreckt[30]. Wenn man die „allgemeine Zugänglichkeit" von Geschäftsräumen als nur schwer bestimmbaren Begriff erkennt und diesen vom Willen des Inhabers her zu bestimmen versucht, wird man aus dem so gewonnenen Begriff der allgemeinen Zugänglichkeit nicht in einer solch offensichtlich widersprüchlichen und daher unhaltbaren Weise auf ein uneingeschränktes Zutrittsrecht des Staates schließen können[31]. Es muß dem Inhaber der Räume vorbehalten bleiben, in welchem Umfang und wem gegenüber er ihre Privatheit aufgibt, und wann er sie wiederherstellen will[32]. „Unverletzlichkeit" der Wohnung bedeutet ja gerade das Verbot des Eindringens in die Wohnung oder des Verweilens darin durch Organe der öffentlichen Gewalt „ohne oder gegen den Willen des Wohnungsinhabers"[33]. Das „Eindringen", unter dem in erster Linie das physische Betreten der Wohnung durch staatliche Organe zu verstehen ist[34],

---

[28] So auch E. Michel / W. Kienzle, RdNr. 10 zu § 22 GastG.

[29] So Th. Maunz u. a., RdNr. 3c ff., 9 zu Art. 13 GG; B. Drews u. a., S. 203 f.

[30] So aber Th. Maunz u. a., RdNr. 4 zu Art. 13 GG; vgl. zu einer vergleichbaren Problematik im Rahmen des § 123 StGB das OLG Oldenburg, Urteil v. 21.1.1985, NJW 1985, S. 1352 und im Anschluß daran B. Müller-Christmann, Warenhauspassage als Geschäftsraum oder befriedetes Besitztum? JuS 1987, S. 19 ff.

[31] Zur Fragwürdigkeit einer auf Willen und Empfindungen des Inhabers von Räumlichkeiten gestützten Grundrechtsinterpretation auch unten V.3.

[32] Vgl. P. Dagtoglou, Bonner Kommentar, RdNr. 25 zu Art. 13 GG; wenn derselbe, Das Grundrecht ..., S. 754, meint, seine Auffassung insoweit revidieren zu müssen, als die Wiederherstellung – analog wohl die Beibehaltung – der Privatheit nicht allein gegen Staatsorgane gerichtet sein könne, da sonst die Umgehungsgefahr auf der Hand läge, kann dem nicht zugestimmt werden. Eine „Umgehungsgefahr" besteht dadurch, daß staatlicher Zutritt nur unter besonderen Voraussetzungen zulässig ist, nicht. Eine Gefahr ist eher darin zu sehen, daß mittels der anerkannt schwer bestimmbaren "allgemeinen Zugänglichkeit" der Schutz des Art. 13 GG ausgehöhlt werden könnte.

[33] P. Dagtoglou, Das Grundrecht ..., S. 754.

setzt dabei nicht die Überwindung eines physisch wirkenden Hindernisses voraus; es reicht die Überwindung einer „geistigen Barriere“[35]. Der Staat hat nun grundsätzlich, auch bei sonst allgemein zugänglichen Räumen, vom Vorhandensein einer solchen Barriere auszugehen, wie auch trotz einer generellen Zutrittserlaubnis ein Hausfriedensbruch durch Eindringen i.S.v. § 123 I 1. Alt. StGB vorliegen könnte, wenn die generelle Zutrittserlaubnis dazu mißbraucht wird, eine Straftat zu begehen[36]. Die allgemeine Zugänglichkeit von Räumen wirkt nicht bis zur Kundgabe des Gegenteils als factum concludentium, aus dem sich für den Staat die Einwilligung zum Betreten der Räume ergibt, die den Schutz des Art. 13 GG gegenstandslos macht[37]. Dem widersprechen auch die Anforderungen, die an eine solche Einwilligung gestellt werden[38].

2. Die Vereinbarkeit der Trennung mit dem GG

Oben wurden Literatur und Rechtsprechung zum Schutzgut des Art. 13 GG dargestellt[39]. Daraus ergibt sich zunächst, daß Betriebs- und Geschäftsräume der Wohnung im engeren Sinne gleichgestellt sind, was die Möglichkeit staatlichen Eingriffs betrifft. Eingriffe unterliegen denselben Beschränkungen. Wie ebenfalls bereits gezeigt, berücksichtigt dies ein Großteil der Zutrittsrechte enthaltenden Rechtsgrundlagen nicht entsprechend[40].

Wo der Gesetzgeber davon ausgeht, daß das Zutrittsrecht zu Geschäftsräumen den Schutz des Art. 13 GG nicht einschränkt, ist es deshalb fraglich, ob diese Rechtsvorschriften noch als verfassungsrechtlich zulässig anzusehen sind. Einer Erörterung dieses Problems auszuweichen, indem man von einer Lücke im Grundgesetz ausgeht oder sich schlicht auf Gewohnheitsrecht beruft, kann nicht gutgeheißen werden[41].

---

[34] Vgl. P. Dagtoglou, Bonner Kommentar, RdNr. 42 zu Art. 13 GG.

[35] So für die strafrechtliche h. M. J. Seier, Problemfälle des § 123 StGB, JA 1978, S. 622 m.w.N.

[36] Vgl. B. Steinmetz, Hausfriedensbruch bei Räumen mit genereller Zutrittserlaubnis, JuS 1985, S. 94.

[37] So aber P. Dagtoglou, Bonner Kommentar, RdNr. 25 zu Art. 13 GG.

[38] Vgl. dazu ebenda RdNr. 54 ff.; M. Gentz, S. 38 ff.; G. Rößler, Verletzen die Finanzämter mit der Durchführung von Außenprüfungen in den Räumlichkeiten von Steuerpflichtigen Artikel 13 GG? StBp. 1979, S. 242; G. Papperitz, Die Durchführung einer Außenprüfung in den Geschäftsräumen des Steuerpflichtigen, BB 1980, S. 676 f. und die Erwiderung von G. Rößler, BB 1980, S. 1636 f.

[39] III.2.

[40] Oben II.2.

[41] So schon K. Tipke, Betriebsprüfung – unzulässiger Eingriff in die „Unverletzlichkeit der Wohnung“ (Art. 13 GG)? DStR 1967, S. 79 f.; Th. Maunz u. a., RdNr. 22 zu Art. 13 GG; gegen gewohnheitsrechtliche Einschränkungen der Wohnungsfreiheit auch M. Gentz, S. 120 m.w.N.

Das Bundesverfassungsgericht und im Zusammenhang mit einer von diesem zu treffenden Entscheidung der Bundesminister der Justiz haben die mit einer der h. M. entsprechenden Grundrechtsinterpretation einhergehenden Probleme im Rahmen behördlicher Prüfungen erkannt und eine Lösung gesucht. Bereits vorher hat sich E. Stein dazu geäußert. Die entwickelten Lösungsansätze entsprechen einander im Ergebnis, was die Zulässigkeit behördlicher Betretungs- und Besichtigungsrechte betrifft; sie unterscheiden sich jedoch vom Weg her.

V. Lösungsvorschläge

1. Der Bundesminister der Justiz und E. Stein

Der BMJ[42] vertritt die Auffassung, daß der Begriff „Wohnung" in Art. 13 GG seinem Wortsinn entsprechend nur Wohnräume, nicht aber Geschäfts- und Betriebsräume umfasse. Ein angemessener Schutz der Geschäfts- und Betriebsräume sei durch andere Grundrechte, insbesondere durch Art. 2 I GG, hinreichend gewährleistet. Er beruft sich dabei zunächst auf den Wortlaut des Art. 13 GG, der für die engere Auslegung des Wohnungsbegriffs spreche. Daneben macht er jedoch auch geltend, daß die Auslegung des Begriffs „Wohnung" vom Sinn des Grundrechts und seiner Stellung im Grundrechtssystem her zu ermitteln sei. Dem der Einwirkung der öffentlichen Gewalt entzogenen unantastbaren Bereich privater Lebensgestaltung, der „Wohnung" im engen Sinne des Wortes, stehe derjenige Bereich individueller Lebensentfaltung gegenüber, der seiner Natur nach einen Bezug zur „Außenwelt" habe: die geschäftliche Betätigung, die Berufs- und Arbeitswelt. Hier trete der Bürger in einen sozialen Bezug und berühre mit der Außenwelt den Bereich des öffentlichen Interesses. Diesem grundsätzlichen Verhältnis zwischen „Innenwelt" und „Außenwelt" entspreche die Regelung der Vorbehaltsschranken in Art. 13 II und III GG. Das Grundrecht der Unverletzlichkeit der Wohnung sei mit einem relativ engen Vorbehalt versehen; Einschränkungen seien nur unter ganz bestimmten, genau umschriebenen Voraussetzungen zulässig. Das deute darauf hin, daß nur der Bereich der Innenwelt durch dieses Grundrecht geschützt werden solle, also nur die eigentlichen Wohnräume, nicht auch Betriebs- und Geschäftsräume. Zur Staatspraxis legt der BMJ dar, daß in der Bundesgesetzgebung etwa seit 1965 ein enger Begriff der „Wohnung" verwendet werde, während vorher durchweg von einem weiten Wohnungsbegriff ausgegangen worden sei.

---

[42] Vgl. Stellungnahme des Bundesministers für Justiz – im Einvernehmen mit den Bundesministerien des Innern, für Wirtschaft, der Finanzen und für Arbeit und Sozialordnung – zur Auslegung des Art. 13 GG im Zusammenhang mit behördlichen Prüfungen, zitiert nach BVerfGE 32, S. 60 ff.

E. Stein[43] vertritt ohne nähere Untersuchung die Auffassung, daß sich das behördliche Zutrittsrecht nicht mehr unter den Tatbestand „Verhütung dringender Gefahren für die öffentliche Sicherheit und Ordnung" subsumieren läßt und alle sonstigen Einschränkungsmöglichkeiten des Art. 13 GG völlig ausscheiden. Durch eine Analyse der historischen Wurzeln des Art. 13 GG versucht er – im Ergebnis wie der BMJ – nachzuweisen, daß Betriebs- und Geschäftsräume nicht durch den Begriff der „Wohnung" in Art. 13 GG erfaßt werden und sich die entgegenstehende Auffassung allein kraft ihres herrschenden Charakters freischwebend selbst trägt. Die enge Auslegung des Wohnungsbegriffs ergäbe sich auch daraus, daß Betriebsstätten der räumliche Mittelpunkt der Arbeitsverhältnisse seien, deren öffentlich-rechtlicher Einschlag längst anerkannt ist. Entscheidendes Kriterium für die Ausgliederung eines Raumes aus der Sphäre des Privatlebens und damit aus dem verfassungsrechtlichen Begriff der Wohnung sei nicht die gewerbliche oder geschäftliche Nutzung als solche, sondern die Bestimmung als Arbeitsplatz für familienfremde Personen. „Nur dieser öffentlich-rechtliche Bereich der Arbeitsverhältnisse interessiert in der Wirtschaftsaufsicht. Daher sind, soweit der Schutz von Art. 13 I GG reicht, Überwachungsmaßnahmen der Wirtschaftsaufsichtsbehörden weder sachlich gerechtfertigt noch verfassungsrechtlich zulässig. Dagegen berührt die Überwachung betrieblicher Räume, d. h. der Arbeitsstätten von Arbeitnehmern, nie den Schutzbereich von Art. 13 GG, so daß es in den Wirtschaftsaufsichtsgesetzen auch nicht seiner ausdrücklichen Einschränkung nach Art. 19 I bedarf"[44].

2. Das Bundesverfassungsgericht

Im Gegensatz zu den dargestellten Ansätzen vertritt das BVerfG die Auffassung, daß Geschäfts- und Betriebsräume unter den Begriff der „Wohnung" fallen und damit dem Schutzbereich des Art. 13 GG zugehörig sind[45]. Es sieht trotz der anstehenden Problematik keine Veranlassung, von der weiten Auslegung des Wohnungsbegriffs abzugehen.

Bezüglich der Ausführungen des BMJ hält es das BVerfG für bedenklich, den Wirkungsbereich des Grundrechts vom Schrankenvorbehalt her zu bestimmen. Vielmehr sei zunächst die materielle Substanz des Grundrechts zu ermitteln und erst danach seien unter Beachtung der grundsätzlichen Freiheitsvermutung und des Verfassungsgrundsatzes der Verhältnismäßigkeit und Zumutbarkeit die rechtsstaatlich vertretbaren Schranken der Grundrechtsausübung zu fixieren. Die befürchteten Schwierigkeiten mit

---

[43] Vgl. Die Wirtschaftsaufsicht, S. 121 ff.

[44] Ebenda, S. 129.

[45] Vgl. oben III.2.

behördlichen Betretungsrechten ließen sich durch eine differenzierende Auslegung weithin überwinden.

Diese Differenzierung wird aus den Schrankenvorbehalten in Art. 13 II und III entwickelt. Durchsuchungen in Wohn- und Gewerberäumen seien nur unter den Bedingungen des Art. 13 II GG zulässig, alle sonstigen Eingriffe und Beschränkungen in Wohnräume, einschließlich der Betretungs- und Besichtigungsrechte, unter den Einschränkungen des Art. 13 III GG.

Betretungs- und Besichtigungsrechte in bezug auf Gewerberäume, die nach herkömmlicher Auslegung nicht mehr auf Art. 13 III gestützt werden könnten, seien nicht als Eingriffe oder Beschränkungen des Rechts auf Unverletzlichkeit der Wohnung zu qualifizieren.

Es sei nicht anzunehmen, daß der Parlamentarische Rat diese unentbehrlichen Elemente moderner Wirtschaftsaufsicht habe beseitigen wollen. Es erscheine deshalb eine Auslegung geboten und zulässig, die bereits bei dem Begriff der Eingriffe und Beschränkungen ansetze und ihn in einer Weise interpretiere, die dem Schutzzweck des Grundrechts gerecht werde und dem erkennbaren Willen des Verfassungsgebers Rechnung trüge, aber auch die sachlichen Notwendigkeiten der Verwaltung eines modernen Staates angemessen berücksichtige. Das Schutzbedürfnis bezüglich reiner Gewerberäume werde durch die vom Inhaber gewollte Zweckbestimmung gemindert. Die nach außen gerichteten Tätigkeiten des Inhabers könnten auch die Interessen anderer und der Allgemeinheit berühren, weshalb die mit dem Schutze dieser Interessen beauftragten Behörden diese Tätigkeiten auch kontrollieren müßten. Eine Störung des Hausfriedens liege nicht eigentlich vor. Der Inhaber werde in aller Regel keinen Eingriff in sein Hausrecht empfinden.

Betretungs- und Besichtigungsrechte seien deshalb nicht mehr als Eingriffe und Beschränkungen im Sinne des Art. 13 III GG zu qualifizieren und immer dann zulässig, wenn

- eine besondere gesetzliche Vorschrift zum Betreten der Räume ermächtige,
- Betreten, Besichtigungen und Prüfungen für einen erlaubten Zweck erforderlich seien,
- das Gesetz den Zweck des Betretens sowie Gegenstand und Umfang der Besichtigung und Prüfung deutlich erkennen lasse und
- die beschriebenen Kontrolltätigkeiten während der Geschäftszeiten erfolgen[46].

---

[46] Vgl. BVerfG, Beschluß v. 13.10.1971, BVerfGE 32, S. 54 (75 ff.) und im Anschluß daran der VGH Kassel, Beschluß v. 12.4.1973, NJW 1973, S. 1855 (1856); G. Kahl, in: R. v. Landmann / G. Rohmer, RdNr. 37 zu § 139 GewO; P. Heckel, S. 92 ff.; W.

3. Ergebnis und Kritik

Im Hauptergebnis sind die dargestellten Lösungsansätze identisch: Art. 13 GG steht den üblichen Zutrittsrechten zu Betriebs- und Geschäftsräumen nicht entgegen, ohne daß diese „der Verhütung dringender Gefahren für die öffentliche Sicherheit und Ordnung" dienen müssen. Art. 13 wird, im Gegenteil, überhaupt nicht berührt[47].

Im Detail liegt ein Unterschied darin, daß bei der Lösung des BVerfG – Zutritt zu Betriebs- und Geschäftsräumen kein Eingriff oder eine Beschränkung i.S.d. Art. 13 III GG – für Durchsuchungen[48] der Art. 13 II GG einschlägig bliebe, was bei einer Ausklammerung der Betriebs- und Geschäftsräume aus dem Wohnungsbegriff des Art. 13 I nicht der Fall wäre.

Im Grunde bedient sich das BVerfG jedoch der gleichen Argumentation wie der BMJ und E. Stein, nur daß es den Betriebs- und Geschäftsräumen eignenden „Bezug zur Außenwelt" dazu benutzt, mit Hilfe einer „Zweistufentheorie"[49] (nur) den Eingriffscharakter des Zutritts zu verneinen, während letztere aufgrund dieses Arguments die Einschlägigkeit des Art. 13 GG völlig bestreiten.

Die durch die Rechtsprechung des BVerfG hervorgerufene Kritik hat kaum Resonanz gefunden, was auch nicht verwunderlich ist, da die höchstrichterliche Rechtsprechung den Erfordernissen der Praxis Rechnung trägt. Wenn auch das Ergebnis der dargestellten Lösungsansätze in der Tat mit Einschränkungen befriedigen mag, so kann man doch mit den dorthin beschrittenen Wegen keinesfalls einverstanden sein:

Der BMJ und E. Stein vertreten die Auffassung, Betriebs- und Geschäftsräume seien aus dem engen Wohnungsbegriff des Art. 13 I GG auszuklammern. Ohne Zweifel würde so das Problem der Vereinbarkeit behördlicher Zutrittsrechte mit Art. 13 GG auf die einfachste Art und Weise gelöst, da dann nicht mehr das Spezialgrundrecht des Art. 13, sondern das Auffanggrundrecht des Art. 2 I einschlägig wäre. Letzteres steht jedoch nicht unter qualifizierten Einschränkungsvorbehalten, sondern unter einem im Begriff

---

Schick, in: Hübschmann u. a., RdNr. 485 ff.zu § 200 AO; H. Söhn, in: Hübschmann u. a., RdNr. 18 ff. zu § 93 AO.

[47] A. Mertens, s.i.s. 1979, S. 368 f., sieht eine Übereinstimmung zwischen dem einfachen Gesetzgeber und dem BVerfG hinsichtlich des Grundrechtsschutzes von Betriebs- und Geschäftsräumen, die sich in der Nennung der Grundrechtseinschränkung in verschiedenen Rechtsgrundlagen ausdrückt. „Andernfalls wären die in den Gesetzen gemachten Einschränkungen nicht erforderlich." Genau das Gegenteil kommt jedoch durch die Nennung der Grundrechtseinschränkung zum Ausdruck. Nachdem das BVerfG, Urteil v. 31.10.71, BVerfGE 32, S. 52 (75 f.) in den Zutrittsrechten eben keine Eingriffe und Beschränkungen im Sinne des Art. 13 III GG sieht, wäre die Nennung einer Grundrechtseinschränkung überflüssig.

[48] Vgl. ausführlich zu der damit verbundenen besonderen Problematik unten VII.

[49] P. Dagtoglou, Das Grundrecht ..., S. 754.

der „verfassungsmäßigen Ordnung“ verborgenen allgemeinen Rechtssatzvorbehalt, der Eingriffe in die verbürgte Freiheitssphäre in viel weitergehendem Umfange zuläßt. Zu Recht ist das BVerfG einer solchen Problemlösung entgegengetreten. Ebenso hat das Gericht die rechtshistorische Begründbarkeit eines engen Wohnungsbegriffs widerlegt[50]. Das GG will, ebenso wie seine Vorläufer, einen möglichst umfassensden Schutz gewähren, was nur durch eine weite Auslegung des Wohnungsbegriffs zu erreichen ist.

Insbesondere den Ausführungen Steins[51] kann nicht zugestimmt werden: Er meint, zwischen den Räumlichkeiten einer reinen Privatsphäre und solchen Räumlichkeiten, die vom Eigentümer selbst aus dieser Privatsphäre herausgenommenen wurden, unterscheiden zu können. Dabei wird dem Unternehmer der Wille, zumindest das Inkaufnehmen, unterstellt, durch die Einstellung familienfremder Mitarbeiter und deren Beschäftigung in Betriebs- und Geschäftsräumen auch den Grundrechtsschutz des Art. 13 aufzugeben. Dies ist nicht nachvollziehbar. Als entscheidendes Kriterium für die Ausgliederung von Betriebs- und Geschäftsräumen aus dem verfassungsrechtlichen Begriff der Wohnung wird ausdrücklich nicht – und damit konträr zum BMJ – die gewerbliche oder geschäftliche Nutzung als solche, sondern die Bestimmung eines Raumes zum Arbeitsplatz für familienfremde Personen genannt[52], was in der unzutreffenden Feststellung endet, nur dieser öffentlich-rechtliche Bereich der Arbeitsverhältnisse interessiere in der Wirtschaftsaufsicht. Dabei wird übersehen, daß sich das Gebiet der Wirtschaftsüberwachung (i.w.S.) keinesfalls im Arbeitsschutz erschöpft und die Überwachung in der Regel überhaupt nicht an bestehende Arbeitsverhältnisse, gleich welcher Art, geknüpft ist. Nach Stein entzögen sich die Räumlichkeiten von Familienbetrieben, wie häufig z. B. Gaststätten und Beherbergungsbetriebe aber auch unendlich viele andere, jeglicher Überwachung, da keine familienfremden Personen beschäftigt werden. Die Beschäftigung familienfremder Mitarbeiter kann deshalb niemals Kriterium sein für die Unterscheidung zwischen der Überwachung unterliegenden Räumlichkeiten und solchen, die sich der Überwachung entziehen.

---

[50] Vgl. BVerfG, Beschluß v. 31.10.87, BVerGE 32, S. 68 ff. m.w.N. und auch P. Dagtoglou, Das Grundrecht ..., S. 753 f.; oben III.2. Zu beachten ist vor allem, daß die Vorläufer des Art. 13 GG zwar ursprünglich nur den privaten Hausfrieden schützten, daß darunter aber auf Grund der damaligen Gegebenheiten selbstverständlich auch die Betriebsräume fielen, deren Schutz als Sonderproblem somit gar nicht existent war. Erst die weitgehende räumliche Verselbständigung der Betriebsräume konnte die Diskussion über deren Grundrechtsschutz entfachen, sie kann jedoch nicht bewirken, daß der bis dahin unbestrittene Grundrechtsschutz entfallen muß (insoweit zutreffend U. Battis, Schutz der Gewerberäume durch Art. 13 GG und Wirtschafts-, Arbeits- und Steueraufsicht – BVerfGE 32, 54, JuS 1973, S. 30).

[51] Die Wirtschaftsaufsicht, S. 121 ff.; oben 1.

[52] Ohne Begründung meint Stein dann wieder, daß bei Hausangestellten nicht von einem festen Arbeitsplatz in diesem Sinne gesprochen werden könne (Die Wirtschaftsaufsicht, S. 129, Fn. 36).

Überwacht werden sollen Gefahrenursachen auch für die Allgemeinheit, nicht nur für familienfremde Mitarbeiter.

Das BVerfG beläßt Betriebs- und Geschäftsräume unter dem Schutzmantel des Art. 13 GG[53]. Um den Weg zwischen einfachgesetzlichen Regelungen und Grundgesetz zu ebnen, benutzt es einen – auf den ersten Blick – anderen Weg als der BMJ und E. Stein. Das Gericht hält das Zutrittrecht der Überwachungsbehörden nicht für einen Eingriff oder eine Beschränkung i.S.d. Art. 13 III GG. Damit unterfällt auch der behördliche Zutritt zu Betriebs- und Geschäftsräumen nicht mehr der in Art. 13 III enthaltenen Voraussetzung.

Auch dieser Lösungsweg gibt Anlaß zu Kritik:

Weil das Gericht für einen praktisch unentbehrlichen Eingriff in die Wohnungsfreiheit keine verfassungsrechtliche Grundlage findet, verneint es schließlich, daß es sich hier überhaupt um einen Eingriff handelt, um die Maßnahme von den Schranken des Art. 13 GG freizumachen[54]. Den schwächsten Teil der Entscheidung bildet die Relativierung des Schutzbedürfnisses für die Gewerberäume aufgrund der vom Inhaber gewollten Zweckbestimmung. Das wird durch die Wortwahl dokumentiert: „nicht eigentlich", „in aller Regel", „mag", „im allgemeinen"[55]. Die Feststellung, der Inhaber werde in der Regel keinen Eingriff in sein Hausrecht empfinden, wenn Betriebs- und Geschäftsräume zu Zwecken der Wirtschaftsüberwachung betreten und besichtigt werden, interpretiert bzw. übergeht die Empfindungen der Kläger in einer nicht nachvollziehbaren Art und Weise. Zudem wird übersehen, daß es auf diese Empfindungen überhaupt nicht ankommen kann, da das Vorliegen eines Eingriffs in ein Grundrecht sich immer nur nach objektiven Kriterien richtet. Und was das Betreten betrifft, so kann man die Annahme, daß die klassische Form des Eingriffs in die Wohnungsfreiheit, eben dieses Betreten, bei Betriebs- und Geschäftsräumen nicht als Eingriff aufzufassen sei, wohl nur als abwegig bezeichnen[56]. Es erübrigt sich deshalb, an dieser Stelle zu untersuchen, wie das Prüfen und das Besichtigen einzuordnen sind[57].

Daneben versäumt es das BVerfG nicht nur, die Einschlägigkeit der Einschränkungsvorbehalte des Art. 13 II und III GG eingehend zu prüfen[58], es

---

[53] Vgl. oben 2.

[54] Vgl. P. Dagtoglou, Das Grundrecht ..., S. 761.

[55] Vgl. U. Battis, Schutz ..., S. 29.

[56] Vgl. E. Schwan, Artikel 13 GG und die gefahrenabwehrenden Eingriffe in die Wohnungsfreiheit, DÖV 1975, S. 662.

[57] Vgl. dazu unten VII.

[58] Das BVerfG stellt lediglich fest, daß eine verfassungsrechtliche Grundlage für das Recht der Behörden, Betriebs- und Geschäftsräume zu Überwachungszwecken zu betreten, „nach herkömmlicher Auffassung nur durch eine nicht mehr vertretbare

bemüht sich auch nicht, den Einschränkungsvorbehalt zu ermitteln und aufzuzeigen, der die nach seiner Auffassung nicht einschlägigen geschriebenen Einschränkungsvorbehalte ersetzt und den Staat in den grundrechtlich verbürgten Freiheitsraum einzudringen befugt. Stattdessen entwickelt es sogleich Regeln für die Zulässigkeit des Betretens und Besichtigens von Betriebs- und Geschäftsräumen, unter Beachtung von sich aus Art. 2 I GG und dem Grundsatz der Verhältnismäßigkeit ergebenden Voraussetzungen[59]. Diese Regeln stellen jedoch nicht mehr als Konkretisierungen allgemein geltender Beschränkungen staatlichen Handelns dar. Sie können das Fehlen einer verfassungsrechtlichen Ermächtigung nicht ersetzen[60]. Die Spaltung des Grundrechtsschutzes zwischen Spezialgrundrecht und allgemeiner Handlungsfreiheit ist bedenklich. Während beide Stufen der Berufsfreiheit ausschließlich im Rahmen des Art. 12 I geschützt werden, nimmt das BVerfG den Schutz der „reinen Betriebs- und Geschäftsräume" gegen Betretungs- und Besichtigungsrechte aus dem Anwendungsbereich des Art. 13 GG vollkommen heraus[61].

Einer derartigen Grundrechtsinterpretation kann nicht gefolgt werden. Wenn der Schutzbereich des Art. 13 GG nach der Rechtsprechung des BVerfG unangetastet bleibt, so ist dem Schutz des Grundrechtsinhalts nicht dadurch gedient, daß stattdessen das Betreten und Besichtigen von Geschäftsräumen, im Rahmen behördlicher Prüfungen praktischen Notwendigkeiten folgend, in fragwürdiger Art und Weise mit außerhalb des Art. 13 GG liegenden Maßstäben definiert und damit von diesem überhaupt nicht mehr erfaßt wird[62]. Das BVerfG versäumt es auch zu erklären, wie die von ihm anerkannten praktischen Schwierigkeiten, die sich bei einer engen Auslegung des Wohnungsbegriffs ergeben würden, bei seiner „differenzierenden Auslegung" überwunden werden sollen.

Die erörterten Lösungsmöglichkeiten und die daran anknüpfende Literatur betreiben auf verschiedenen Wegen, mehr oder weniger offensichtlich, eine Sozialisierung der Gewerberäume, aus der dann ein im Vergleich zur eigentlichen Wohnung vermindertes Schutzbedürfnis bezüglich staatlicher Eingriffe hergeleitet wird.

Es ist jedoch fraglich, ob es zur Rechtfertigung der wirtschaftsüberwachungsrechtlichen Betretungs- und Besichtigungsrechte sinnvoll ist, von

---

Überdehnung des Anwendungsbereichs des Abs. 3 zu gewinnen" sei (Beschluß v. 13.10.1971, S. 74).

[59] Vgl. E. Schwan, Artikel 13 GG ..., S. 664; oben V.2.

[60] Vgl. F. E. Schnapp / K.-H. Rawert, Examensklausur Öffentliches Recht, Jura 1983, S. 164.

[61] Vgl. P. Dagtoglou, Das Grundrecht ..., S. 761.

[62] So auch F. E. Schnapp / K.-H. Rawert, S. 164; P. Dagtoglou, Das Grundrecht ..., S. 761 bezeichnet die Argumentation des BVerfG milde als „rechtslogisch bedenklich"; vgl. auch neuerdings die Kritik von M. Sachs, S. 561.

einem gewandelten Verständnis hinsichtlich des Rechtsschutzbedürfnisses der in Frage stehenden Räume auszugehen[63], zumal hier auch noch der Wille des Inhabers ein entscheidendes Argument darstellen soll. Gewandelt hat sich nicht der Wohnungsbegriff oder das Empfinden des „Bewohners" darüber, was zu seinem ureigenen Privatbereich zu rechnen und damit staatlicher Einflußnahme entzogen sein soll. Gewandelt hingegen haben sich die tatsächlichen Gefahren, ihre Dringlichkeit bzw. die Erkenntnis ihres Bestehens und damit die Anzahl der Regelungsgegenstände; was in der Flut von Einzelgesetzen, vor allem auf dem Gebiet des Wirtschaftsüberwachungsrechts, zum Ausdruck kommt. Soweit diese Gesetze Betretungs- und Besichtigungsrechte statuieren, ist deshalb zuerst zu prüfen, ob dem der Vorbehalt des Art. 13 III GG nicht entgegensteht[64].

Einzig wandlungsfähig ist die Antwort auf die Frage, was unter die „dringenden Gefahren für die öffentliche Sicherheit und Ordnung" zu subsumieren ist; welchen Schranken mithin dieser Begriff unterliegt. Sie wird im Laufe der gesellschaftlichen, hier vor allem der wirtschaftlichen Entwicklung, unterschiedlich ausfallen. Ob es dabei zur Rechtfertigung wirtschaftsüberwachungsrechtlicher Betretungs- und Besichtigungsrechte überhaupt einer „maßvollen Ausdehnung des Begriffs ‚Verhütung dringender Gefahren für die öffentliche Sicherheit und Ordnung'"[65] bedarf, ist im folgenden zu prüfen.

VI. Alternative Lösungsmöglichkeit

1. Allgemeines

Die Auslegung der Abs. 2 und 3 des Art. 13 GG bereitet in zweierlei Hinsicht Schwierigkeiten. Zum einen ist strittig, wie sich der Geltungsbereich des Abs. 2 von dem des Abs. 3 abgrenzt; zum anderen, was unter dem Begriff der „Verhütung dringender Gefahren für die öffentliche Sicherheit und Ordnung" in Abs. 3 zu verstehen ist. Letzteres soll zuerst untersucht werden.

---

[63] U. Battis, Schutz ..., S. 30, meint, daß der Grundrechtsschutz dem Wandel anzupassen sei. „Der Differenzierung der zu ordnenden Wirklichkeit entspricht die Differenzierung der Normaussage." „Einmal geht es um die Unverletzlichkeit der Wohnung in der Gesellschaft und Wirtschaftsordnung des liberalen Rechtsstaats, das andere Mal um Art. 13 in dem zur Konjunktur- und Wachstumspolitik verpflichteten (Art. 109) sozialen Rechtsstaat" (ebenda, S. 28). Die Einbindung in einen sozialen Rechtsstaat, insbesondere die Zulässigkeit wirtschaftssteuernder Maßnahmen, rechtfertigt die Aufweichung individueller Abwehrrechte gegen den Staat jedoch nicht.

[64] So auch K. Tipke, S. 80; I. L. Bähre, Anm.2 zu § 44 KWG.

[65] P. Dagtoglou, Das Grundrecht ..., S. 761.

2. Art. 13 III GG

a) Der Begriff der „Verhütung"

Das BVerfG[66] führt dazu aus: „Es braucht also eine dringende Gefahr für die öffentliche Sicherheit und Ordnung nicht bereits eingetreten zu sein; es genügt, daß die Beschränkung des Grundrechts dem Zweck dient, einen Zustand nicht eintreten zu lassen, der seinerseits eine dringende Gefahr für die öffentliche Sicherheit und Ordnung darstellen würde."

Unter „Verhütung" ist somit nicht die aus dem allgemeinen Polizeirecht bekannte „Abwehr" von Gefahren zu verstehen.

Es fallen auch Maßnahmen darunter, die vorbeugen und verhindern sollen, daß ein Gefahrenzustand überhaupt eintritt; Maßnahmen also, die vor allem für das Wirtschaftsüberwachungsrecht typisch sind[67].

Daß nur eine solche Auslegung des Begriffs „Verhütung" gemeint sein kann, ergibt sich auch daraus, daß statt des im Polizeirecht üblichen Attributs der „drohenden" Gefahr bei Art. 13 III GG das Attribut „dringend" hinzugefügt und somit vermieden wurde, den Kreis der Gefahren und damit den Kreis der Verhütungsmaßnahmen durch eine gewisse Aktualität, eine zeitlich-quantitative Nähe und Dichte, einzuengen[68].

b) Die „dringende" Gefahr

Es steht negativ fest, daß durch das Attribut „dringend" nicht nur die Steigerung der zeitlichen Komponente einer Gefahr in den Vordergrund gerückt wird. Unter „dringender" Gefahr ist weder die „drohende" Gefahr im Sinne des § 14 PrPVG zu verstehen[69], noch gar die „unmittelbar bevorstehende", gesteigerte Gefahr im Sinne der §§ 15 I und 21 PrPVG, noch schließlich eine Steigerungsstufe zwischen der „drohenden" und der „unmittelbar bevorstehenden" Gefahr[70].

Man kann dem Begriff der „dringenden" Gefahr eine positive inhaltliche Ausgestaltung insoweit geben, daß darunter eine Gefahr zu verstehen ist, aus der sich Schäden für besonders wichtige Rechtsgüter oder in besonders großem Ausmaß ergeben können[71].

---

[66] Urteil v. 13.2.1964, BVerfGE 17, S. 232 (251 f.).

[67] Vgl. auch H. Schiedermair / J. Pieck, RdNr. 40 zu § 64 AMG.

[68] Vgl. E. Schwan, Artikel 13 GG ..., S. 666 und unten b).

[69] So aber Th. Maunz u. a., RdNr. 20a zu Art. 13 GG.

[70] Vgl. F. Hansen-Dix, S. 46 ff. insbes. S. 54.

[71] Vgl. K. Tipke, S. 80; I. v. Münch, RdNr. 37 zu Art. 13 GG; M. Gentz, S. 118; F.-L. Knemeyer, Polizei- und Ordnungsrecht, RdNr. 69.

Das Attribut „dringend" stellt demnach nicht in erster Linie eine zeitlich-quantitative Steigerung der Gefahrendichte, genauer: des Grades der Wahrscheinlichkeit eines Schadenseintritts dar, sondern eine qualitative Steigerung der Anforderungen an das gefährdete Rechtsgut und an das Ausmaß des zu befürchtenden Schadens, der eintreten könnte, wenn der Eingriff in die Wohnungsfreiheit unterbliebe.

Versteht man den Begriff der „dringenden" Gefahr so, verbirgt sich dahinter letztlich nichts anderes als ein besonderer Anwendungsfall des Übermaßverbotes, genauer: des Grundsatzes der Verhältnismäßigkeit i.e.S.[72].

Zudem geht aus dem Urteil des BVerwG v. 13. 12. 1964[73] hervor, daß die „dringende" Gefahr des Art. 13 III GG nicht nur eine „konkrete", sondern auch eine „abstrakte" Gefahr im Sinne des Polizeirechts sein kann[74]; denn die dort zugrundegelegte und inzwischen allgemein anerkannte Auslegung des Begriffs der „Verhütung"[75] ist nur dann richtig und haltbar.

Die Verfassung hat somit, und sie darf das im Gegensatz zum Rechtsanwender, eines der Teilelemente des an sich auf der Ebene der Schrankenschranken angesiedelten Übermaßverbotes auf die Ebene der Einschränkungsvorbehalte transformiert und für die Umschreibung der Qualifizierung eines der Einschränkungsvorbehalte benutzt[76]. Dies hat jedoch nicht generell für den einzelnen Rechtsanwender zur Folge, daß er die Güterabwägung zwischen der Wohnungsfreiheit einerseits und dem gefährdeten Rechtsgut und der Schwere des befürchteten Schadens andererseits bereits auf der Ebene der Einschränkungsvorbehalte vorzunehmen hat und nicht erst auf der Ebene der Schrankenschranken. Die Güterabwägung auf der Ebene der Einschränkungsvorbehalte hat nämlich in aller Regel vor dem einzelnen Rechtsanwender bereits der zwischen ihm und dem GG stehende einfache Gesetzgeber vorzunehmen, wenn er Vorschriften mit behördlichen Betretungsrechten versieht; vor allem, wo das behördliche Betreten von Privaträumen den Erfolg eines ganzen Rechtsinstituts entscheidend mitträgt und nicht die ausdrückliche Ausnahme, sondern die nicht durch besondere Umstände bzw. Gefahrenlagen ausgezeichnete Regel ist, mithin regelmäßig nicht eines besonderen Anlasses bedarf[77], wie im Wirtschaftsüberwachungsrecht, aber auch in anderen Rechtsgebieten, z. B. dem Steuerrecht. Auf Intention und Gesamtzusammenhang des Gesetzes kommt es hier an, und die Frage muß dementsprechend lauten: Dient das BImSchG, das ChemG,

---

[72] Vgl. E. Schwan, Artikel 13 GG ..., S. 666; F. Hansen-Dix, S. 54.
[73] BVerfGE 17, S. 251 f.
[74] Vgl. zu diesen Begriffen V. Götz, Allgemeines ..., S. 67.
[75] Vgl. oben 2a).
[76] Insoweit ist E. Schwan, Artikel 13 GG ..., S. 666, zuzustimmen.
[77] Vgl. § 4 I.

das LMBG oder ein beliebiges anderes bzw. dessen Überwachung und in deren Rahmen das Betreten der Wohnung zu Prüfungszwecken, „der Verhütung dringender Gefahren für die öffentliche Sicherheit und Ordnung“[78]? Die Suche nach Gefahren, die den besonderen Einzelfall auszeichnen, führt in diesem Zusammenhang zu keinem Ergebnis mehr und ist kein taugliches Kriterium zur Unterscheidung von zulässigem und unzulässigem Betreten.

Wo in den einschlägigen Vorschriften zum Ausdruck kommt, daß der einfache Gesetzgeber die Güterabwägung überhaupt nicht oder rechtsfehlerhaft vorgenommen hat[79], sind diese Vorschriften nicht unbedingt verfassungswidrig, aber durch eine verfassungskonforme Auslegung i.S.d Art. 13 GG zu ergänzen[80]. Die vom einzelnen Gesetzesanwender vorzunehmenden Güterabwägungen[81] spielen dabei keine Rolle.

c) Ergebnis

Es läßt sich kaum leugnen, daß Rechtsverletzungen, Rechtsmißbräuche, Nachlässigkeiten und Mängel im Betrieb von Wirtschaftsunternehmen schwere Gefahren und Schäden besonderen Ausmaßes für die Betriebsangehörigen, den Kunden bzw. Verbraucher, aber auch die Bürger im Allgemeinen, kurz die öffentliche Sicherheit und Ordnung[82], mit sich bringen können. Da solche Gefahren wiederum nur durch eine wirksame Wirtschaftsüberwachung zu verhüten sind, die ihrerseits wieder ohne das Betreten von

---

[78] Das, und nicht den Einzelfall, prüft auch K. Tipke, S. 80, wenn er der Frage nachgeht, ob die Betriebsprüfung einen unzulässigen Eingriff in die Wohnungsfreiheit darstellt. Auch P. Dagtoglou, Das Grundrecht ..., S. 756, weist auf die Bedeutung des Gesamtzusammenhangs des Gesetzes hin. Wenn keine der Zweckbindungen des Art. 13 III GG maßgebend ist, bedarf das behördliche Betretungs- und Besichtigungsrecht unmittelbar kraft Art. 13 II GG richterlicher Anordnung (vgl. ausführlich unten VII.). M. Gentz, S. 163, weist auch auf die Bedeutung der Intention des Gesetzes hin, verweist jedoch ohne nähere Prüfung Gesetze wie das GWB in den Bereich des Wirtschaftslenkungsrechts bzw. deren Überwachung unter- bzw. außerhalb des Anwendungsbereich von Art. 13 III 2.Alt GG. P. Schiwy, Anm. zu § 21 III ChemG erkennt zwar, daß die Behörden von den Befugnissen des § 21 III ChemG gegen den Willen des Pflichtigen nur dann Gebrauch machen können, wenn eine Gefahr für die öffentliche Sicherheit und Ordnung besteht. Auch er geht jedoch offensichtlich davon aus, daß das in jedem einzelnen Fall zu prüfen ist; das trifft aber nicht zu.

[79] Vgl. oben II.4.

[80] Vgl. dazu unten VII.2.

[81] Zu diesen vgl. oben § 6.

[82] Vgl. dazu V. Götz, Allgemeines ..., S. 41 ff. Die Begriffe „öffentliche Sicherheit“ und „öffentliche Ordnung“ sind in Art. 13 III GG genauso zu interpretieren wie im allgemeinen Polizeirecht. Eine extensive Auslegung würde die Begriffe nicht nur inhaltsleer und damit wertlos machen, sondern auch die Bemühungen des Parlamentarischen Rates ignorieren, das Grundrecht der Unverletzlichkeit der Wohnung nicht mit einem einfachen Gesetzesvorbehalt zu versehen (vgl. M. Gentz, a.a.O., S. 112 ff.). Eben das tun letztlich jedoch Th. Maunz u. a., a.a.O., RdNr. 22a zu Art. 13 GG, die für ein Einschreiten auch ohne Gesetzesvorbehalt plädieren, soweit überragende Gesichtspunkte des Gemeinwohls, bei ihnen die Erhaltung des allgemeinen, normalen, geordneten Gemeinschaftslebens, es erfordern.

Betriebs- und Geschäftsräumen nicht durchführbar ist, muß auch die darin liegende Beeinträchtigung des Grundrechts der Wirtschaftsangehörigen aus Art. 13 GG hingenommen werden. Sie ist durch den in Art. 13 III 2. Alt. GG erwähnten Zweck der „Verhütung dringender Gefahren für die öffentliche Sicherheit und Ordnung" gerechtfertigt[83]. Dazu bedarf es auch keiner „Überdehnung des Anwendungsbereichs des Abs. 3"[84].

Ebensowenig wird der Schutz der Wohnung i.e.S. auf den geringeren Schutz der Betriebsstätten herabgedrückt[85]. Ganz im Gegenteil: es bleibt den Betriebs- und Geschäftsräumen derselbe Schutz wie den Wohnungen erhalten. Der Bürger verliert nichts; er gewinnt gegenüber der engen Auslegung des Wohnungsbegriffs etwas hinzu: Ein verstärkter Schutz der Wohnung i.e.S. ergibt sich ohne weiteres aus den Verhältnismäßigkeitserwägungen[86], die eine Behörde bei Eingriffen in die Freiheit immer anzustellen hat und auf Grund derer das Betreten der Wohnung i.e.S. immer die ultima ratio behördlicher Prüfungen sein muß. Wo der Unternehmer Geschäft und Wohnung getrennt hält, bleibt die Wohnung nicht minder unantastbar, als sie das schon immer gewesen ist. Die oben[87] dargestellten unerwünschten Folgen und Probleme einer grundsätzlichen Trennung von Betriebs- und Geschäfts- sowie Wohnräumen i.e.S. entfallen jedoch.

VII. Inhalt und Umfang des Zutrittsrechts

Es bedarf nicht der ausdrücklichen Erläuterung, daß das behördliche Zutrittsrecht kein Selbstzweck ist. Mit dem Zutritt verbunden sind immer weitergehende Maßnahmen der Behörde, die, oftmals entgegen dem reinen Gesetzeswortlaut, über das bloße Sichbegeben an einen Ort hinausgehen[88]. Es ist nun von Bedeutung, wie diese Maßnahmen zu qualifizieren sind, insbesondere in welchem Verhältnis sie zu „Durchsuchungen" und damit dem Richtervorbehalt des Art. 13 II GG stehen. Dazu muß in einem ersten Schritt untersucht werden, welche über das bloße Betreten hinausgehende Maßnah-

---

[83] Vgl. das BVerfG selbst ohne jeglichen Zweifel bezüglich des Betretens im Rahmen der Apothekenüberwachung (Urteil v. 13.2.1964, BVerfGE 17, S. 232 (252)); P. Dagtoglou, Das Grundrecht ..., S. 761; E. Schwan, Artikel 13 GG ..., S. 666; auch bereits E. R. Huber, Wirtschaftsverwaltungsrecht, S. 700 f. im Zusammenhang mit § 139b RGewO; OLG Braunschweig, Urteil v. 9.5.1952, DVBl. 1952, S. 533; OLG Oldenburg, Urteil v. 14.4.1953, DVBl. 1953, S. 640 (641).

[84] Wie vom BVerfG, trotz seiner eigenen vorhergehenden Entscheidung (vgl. Fn. 83) befürchtet (Urteil v. 13.10.1971, BVerfGE 32, S. 54 (74)).

[85] Das befürchtet E. Stein, Die Wirtschaftsaufsicht, S. 128, bei einer weiten Auslegung des Wohnungsbegriffs.

[86] Vgl. P. Dagtoglou, Das Grundrecht ..., S. 757.

[87] IV.1.

[88] Das Betreten umfaßt auch das Befahren, sofern es sonst üblich oder erforderlich ist, z. B. bei großen Betriebsgrundstücken, -hallen oder Gewässern (vgl. P. Gieseke u. a., RdNr. 14 zu § 21 WhG).

men in den einschlägigen Rechtsgrundlagen mit dem Zutrittsrecht verbunden werden.

1. Betreten, Besichtigen, Prüfen

Verschiedene Gesetze befugen die Behörde, im Zusammenhang mit dem Zutritt „Prüfungen und Besichtigungen" vorzunehmen[89]. Die §§ 44 I KWG und 24b GewO sprechen nur von der Vornahme von „Prüfungen", die §§ 22 I Nr. 3 BtMG und 3b FleischbeschauG nur von Besichtigungen; § 11 IV AbfG zusätzlich von „technischen Ermittlungen". Teilweise werden die Prüfungen näher spezifiziert[90]. Manche Vorschriften weisen auf den Zusammenhang mit der behördlichen Überwachungsaufgabe hin: § 15 IV KWaffG befugt zum Betreten, „soweit es der Auftrag erfordert", § 19 II AtG um „alle Prüfungen anzustellen, die zur Erfüllung der Aufgaben erforderlich sind", § 16 III TierSchG zur „Erfüllung der Aufsichtspflicht", § 54a PBefG um die zur „Durchführung der Aufsicht und zur Vorbereitung von Entscheidungen erforderlichen Ermittlungen anzustellen"[91]. Auch § 55 I Nr. 3 GüKG befugt zum Betreten, um „Ermittlungen" durchzuführen. § 52 II BImSchG verpflichtet, den Zutritt zur „Vornahme von Prüfungen einschließlich der Ermittlung von Emissionen und Immissionen" zu gestatten[92].

Festzustellen ist, daß sich die behördliche Befugnis nicht nur auf das Betreten beschränkt, sondern daß dieses Betreten regelmäßig nur als Mittel zum Zweck dient, nämlich die je nach den Eigenarten und Erfordernissen des jeweiligen Überwachungsgegenstandes zur Durchführung der Überwachung nötigen „Prüfungen" vorzunehmen.

Der die Rechte der Betroffenen am wenigsten einschränkende Modus der „Prüfung" ist sicherlich die reine Besichtigung. Sie läßt sich als „die gezielte optische Wahrnehmung der Personen, Gegenstände und Vorgänge, die sich in Räumen befinden" ohnehin vom Zutrittsrecht kaum trennen[93]. Man muß davon ausgehen, daß das Besichtigungsrecht im Zutrittsrecht enthalten ist[94]. Seine ausdrückliche Nennung erscheint deshalb überflüssig. Ebenso bedeutungslos und überflüssig ist es, wenn mittels verschiedener Formulie-

---

89 Vgl. § 22 II GastG; 7 II GerätesicherheitsG; 30 II BDSG; 46 II WaffG; 14 III WirtschaftssicherstellungsG; 31 II SprengG. Wenn die hier und im Folgenden genannten Vorschriften im Zusammenhang mit dem Zutrittsrecht die Befugnis enthalten, Auskünfte zu verlangen, Einsicht in Geschäftsunterlagen zu nehmen oder Proben zu entnehmen, wird das nicht weiter berücksichtigt, da diese mit dem Zutrittsrecht verbundenen Befugnisse insoweit klar und an anderer Stelle behandelt sind.

90 Vgl. § 21 III ChemG.

91 Vgl. auch die § 73 III TierSG; 41 III LMBG; 23 II PflSchG.

92 Ähnlich umfassend § 21 I WHG.

93 Ebenso U. Rüdt, Lebensmittel: Warenkunde, sachgemäßer Umgang, Kontrolle, S. 33; W. Schick, in: Hübschmann u. a., RdNr. 492 zu § 200 AO.

94 Vgl. W. Zipfel, RdNr. 37 zu § 41 LMBG; H. Mössbauer, Immissionsschutzrecht ..., S. 22; M. Gentz, S. 70; P. Heckel, S. 95.

rungsvarianten besonders herausgestellt wird, daß der Umfang der behördlichen Befugnis von deren gesetzlich zugewiesener Aufgabe begrenzt wird[95].

Die Meinungen der Kommentatoren über die mit der Befugnis zu Zutritt und Besichtigung verbundenen behördlichen Rechte gehen auseinander:

So wird die Ansicht vertreten, die Befugnis zur Besichtigung berechtige auch zum Suchen nach bestimmten Gegenständen oder Stoffen, für deren Anwesenheit Anhaltspunkte bestünden und deren Besitz oder Verwendung einen Verstoß gegen Vorschriften begründen würde[96]. P. Schiwy mißt dem Besichtigungsrecht – neben dem Zutrittsrecht – eine eigenständige Bedeutung insofern bei, als dadurch sichergestellt werde, daß die Überwachungspersonen nicht nur auf das Betriebs- und Geschäftsgelände gelangen, sondern dort auch Besichtigungsmaßnahmen wie das „Öffnen von Türen und Schränken" vornehmen lassen könnten[97]. P. Münz / K. Haselau[98] halten eine Durchsuchung von nur gemischt genutzten Räumen ohne richterliche Anordnung für unzulässig; woraus zu schließen ist, daß sie die Durchsuchung bei reinen Geschäftsräumen auch ohne dieses Erfordernis für zulässig erachten. Dem Betretungs- und Besichtigungsrecht des § 22 BtMG wird eine Ermächtigung entnommen, „Hausdurchsuchungen dort durchzuführen, wo mit BtM umgegangen wird"[99].

Ein „Gemeinsamer Erlaß des Ministeriums für Arbeit, Gesundheit und Sozialordnung, des Ministeriums für Ernährung, Landwirtschaft und Umwelt und des Innenministeriums über die Lebensmittelüberwachung"[100] will die Befugnis zum Betreten bestimmter Grundstücke und Räume aus § 41 III Nr. 1 und 2 LMBG so verstanden wissen, daß sie auch dazu berech-

---

[95] Vgl. dazu § 4 I.

[96] Vgl. A. Kloesel / W. Cyran, zu § 64 IV AMG; Holthöfer u. a., RdNr. 44 zu § 41 LMBG; W. Zipfel, RdNr. 38 ff. zu § 41 LMBG. Kloesel / Cyran äußern sich zwar nicht dazu, was sie unter dieser „Suche" verstehen und wie diese genau vonstatten gehen soll; oder ob sie etwa nur ein „visuelles" Suchen meinen. Eine über letzteres hinausgehende Befugnis zur „Suche" nach „Verstecktem", etwa durch eigenhändiges Öffnen von Behältnissen etc., kann man den § 64 IV Nr. 1 und 66 S. 1 AMG nicht entnehmen, auch nicht wenn den Verpflichteten aufgegeben ist, auf Verlangen Räume, Behälter und Behältnisse zu öffnen. Zipfel sowie Holthöfer u. a. fassen unter das Besichtigungsrecht eine ganze Reihe von Befugnissen: von der Aufnahme von Lichtbildern über das Anfassen von Waren, das Beiseiterücken der Ladeneinrichtung und das Vornehmen diverser Prüfungen an Ort und Stelle bis hin zum Inbetriebsetzen und Zerlegen von Maschinen und Einrichtungen. Nach P. Heckel, S. 96 f. ermächtigt das Besichtigungsrecht zwecks Informationsgewinnung nicht nur zum Gebrauch des Gesichtssinns, sondern, je nach Sachlage, auch der übrigen Sinne, insbesondere des Geruchs- und Gehörsinns, aber auch des Geschmacks- und des Tastsinns.

[97] Anm. zu § 21 III ChemG. Die Befugnis, das Öffnen von Schränken zu verlangen, ergibt sich dabei jedoch allenfalls aus § 21 III S. 3 ChemG. (Zimmer-) Türen müssen bereits auf Grund des Zutrittsrechts geöffnet werden (vgl. unten VIII.).

[98] RdNr. 2 zu § 55 GüKG.

[99] P. V. Lundt / P. Schiwy, Anm. zu § 22 BtMG.

[100] V. 14.1.1980, GABl. S. 57, Pkt. 6.1.

tige, Lebensmittel und Einrichtungen zu überprüfen (z. B. einzusehen und anzufassen) und auch zu diesem Zweck Einrichtungen beiseitezurücken, um an die dahinter befindlichen Einrichtungen und Lebensmittel zu gelangen. § 41 LMBG berechtige dagegen nicht zu Durchsuchungen mit dem Ziele des Auffindens oder der Beschlagnahme von Sachen[101]. Auch die Meinungen über die Zulässigkeit fotografischer Aufnahmen zur Beweissicherung gehen auseinander[102].

Zusammenfassend läßt sich sagen, daß, entsprechend den sich nach dem jeweiligen Regelungsgegenstand richtenden Erfordernissen der Überwachung, die entsprechenden behördlichen Maßnahmen für zulässig erachtet werden, auch wenn das dem Gesetzestext oft nicht direkt entnehmbar bzw. nur unter die sehr allgemeinen Begriffe der „Prüfung" oder „Ermittlung" subsumierbar ist. Detailliertere Aufzählungen der vorzunehmenden „Prüfungen" können auch nur beispielhaften Charakters sein, da eine umfassende, genaue und abschließende Aufzählung der Prüfungsgegenstände und Prüfungsmaßnahmen nicht möglich ist. Insoweit ist eine gewisse Flexibilität nötig, um mit den laufend sich verändernden Gegebenheiten Schritt zu halten.

2. Durchsuchen

Das BVerfG stellt in seinem Urteil v. 13. 10. 1971 lapidar fest, daß nicht entschieden zu werden brauche, wie weit der verfassungsrechtliche Begriff der „Durchsuchung" im einzelnen zu erstrecken sei, „denn die hier in Frage stehenden handwerksrechtlichen Betretungs- und Besichtigungsrechte sind keine Durchsuchungen"[103]. Auf der anderen Seite wird ohne weiteres davon ausgegangen, daß Besichtigung und Durchsuchung identisch sind[104].

---

[101] Vgl. auch H. Birn, Abfallbeseitigungsrecht für die betriebliche Praxis, Anm. 4.3 zu § 11 AbfG.

[102] Für zulässig erachten sie A. Kloesel / W. Cyran, zu § 64 IV AMG, W. Zipfel, RdNr. 38 zu § 41 LMBG; für unzulässig G. Schiedermair / J. Pieck, RdNr. 49 zu § 64 AMG. In Anbetracht der h. M., daß Kopien von Unterlagen etc. zulässig sind (vgl. oben § 10), wird man analog auch photografische Aufnahmen von und in Räumen zulassen müssen.

[103] BVerfGE 32, S. 54 (73), kritisch dazu die Anm. von H. Weber, JuS 1972, S. 99; vgl. auch jüngst wieder den BayVGH, Urteil v. 10.4.1986, BayVbl. 1987, S. 21 (22), sowie G. Kahl, in: R. v. Landmann / G. Rohmer, RdNr. 37 zu § 139b GewO. Damit, daß Betretung- und Besichtigungsrechte keine Durchsuchungen „sind", hat das BVerfG sicherlich Recht. Es vermischt bei dieser Aussage jedoch Rechte bzw. Befugnisse und Tathandlungen in unzulässiger Art und Weise, wodurch die Aussage wertlos ist, da man zu gar keinem anderen Ergebnis kommen kann. Bereits vorher (Beschluß v. 13.2.1964, BVerfGE 17, S. 232 (251 f.) hat das BVerfG das Betreten und die Besichtigung der Geschäftsräume einer Apotheke durch Überwachungsorgane ohne weitere Prüfung nicht als Durchsuchungen i.S. v. Art. 13 II GG betrachtet. Auch das Urteil des BVerwG v. 12.12.1967, BVerwGE 28, S. 285, gibt keine Antwort auf die Frage, was unter einer Durchsuchung zu verstehen ist.

[104] Vgl. G. Kopperschmidt, S. 17.

Ob im „Betreten" und „Besichtigen" die hinreichenden Elemente enthalten sind, um es als „Durchsuchen" zu qualifizieren oder nicht, kann jedoch erst entschieden werden, wenn man zunächst untersucht hat, was unter einer Durchsuchung zu verstehen ist; und dann, welche gemeinsamen Merkmale Betreten, Besichtigen und Durchsuchen aufweisen, bzw. wodurch sie sich unterscheiden.

Nachdem die höchstrichterliche Rechtsprechung zur Auslegung des Begriffes der „Durchsuchung" in Art. 13 II GG lange Zeit geschwiegen hatte, hat das BVerwG sich schließlich dazu geäußert:

„Kennzeichnend für die Durchsuchung ist das ziel- und zweckgerichtete Suchen staatl. Organe in einer Wohnung, um dort planmäßig etwas aufzuspüren, was der Inhaber der Wohnung von sich aus nicht offenlegen oder herausgeben will, etwas nicht klar zutage Liegendes, vielleicht Verborgenes aufzudecken oder ein Geheimnis zu lüften; mithin das Ausforschen eines für die freie Entfaltung der Persönlichkeit wesentlichen Lebensbereichs, das unter Umständen bis in die Intimsphäre des Betroffenen dringen kann"[105].

M. Gentz versteht unter einer Durchsuchung die „Suche in der Wohnung nach Personen, Sachen oder wissenswerten Tatbeständen, bei der ein Träger öffentlicher Gewalt in die Wohnung eindringt und darin die zur Erreichung des Durchsuchungszwecks notwendigen Handlungen vornimmt"[106].

Das entscheidende Kriterium dafür, ob der tatsächliche Vorgang einer Durchsuchung vorliegt, ist das Element der „Suche". Wann nun eine solche „Suche" vorliegt, ist umstritten. Gentz deutet das Element der Suche weit. Er ist der Auffassung, daß jedes Betreten der Wohnung durch ein Staatsorgan bereits eine „Durchsuchung" darstelle, „da sich das Handeln im Betreten niemals erschöpft und sich daran jeweils eine – wie auch immer geartete – Suche anschließt. Wenigstens wird damit ein Besichtigungsrecht verbunden sein, das regelmäßig die Befugnis einschließt, die Hindernisse auszuräumen, die sich der Besichtigung entgegenstellen"[107]. Das BVerwG ist, wie aus seiner oben wiedergegebenen Definition hervorgeht, bemüht, das Element der „Suche" eng zu deuten. Die mit dem Betreten notwendig einhergehende Kenntnisnahme von der Beschaffenheit der Wohnung macht nach seiner Definition den Eingriff noch nicht zu einer „Durchsuchung"[108].

---

[105] BVerwG, Urteil v. 6.9.1974, BVerwGE 47, S. 31 (37).

[106] S. 70, 95.

[107] Ebenda, S. 70 f.; vgl. auch das OVG Berlin, Urteil v. 18.10.1972, DÖV 1974. S. 28, und E. Forsthoff, S. 102 f.

[108] So auch Th. Maunz u. a., RdNr. 13 zu Art. 13 GG; V. Götz, Allgemeines ..., RdNr. 387. Ungeeignet ist der von E. Stein, Lehrbuch des Staatsrechts, S. 208, und im Anschluß daran von H. Söhn, in: Hübschmann u. a., RdNr. 17 zu § 99 AO, unternommene Versuch, den Begriff des „Suchens" zu bestimmen. Nach Stein gehört zur „Suche" „eine Unsicherheit über das, was man finden will". Unsicherheit kann jedoch allenfalls darüber bestehen, was man finden wird. Eingriffe des Staates, der

Es ist jedoch zu bezweifeln, ob gerade das vom BVerwG genannte Beispiel für das Nichtvorliegen einer „Durchsuchung", nämlich die Besichtigung einer Wohnung zum Zwecke der Feststellung, ob der Inhaber seinen Beruf ordnungsgemäß ausübt, sonderlich glücklich gewählt ist. Denn für eine solche Feststellung wird nicht nur im Einzelfall, sondern in aller Regel die Vornahme von Handlungen erforderlich sein, die sämtlichen vom BVerwG aufgestellten Anforderungen an das Vorliegen einer „Suche" genügen. Es ist dafür sehr wohl ein „ziel- und zweckgerichtetes Suchen", ein „planmäßiges Aufspüren" von Umständen, die „der Inhaber der Wohnung von sich aus nicht offenlegen" will, die Lüftung eines „Geheimnisses" oder das Aufdekken von „Verborgenem", das nicht „klar zutage" liegt, erforderlich[109].

Es erscheint sinnvoll, bereits das Hineinblicken in die Privatsphäre des Inhabers gegen dessen Willen als „Durchsuchung" zu betrachten. Die Wohnung als weitestes Objekt dieser privaten Sphäre unterscheidet sich nämlich in keiner Weise von den – lediglich andersartigen, in der Regel kleineren – Objekten, bei denen man allein das Hineinblicken auch herkömmlich schon als „Durchsuchung" versteht: Es macht keinen Unterschied, ob man eine Haus- bzw. Zimmertüre öffnet oder einen Schrank, eine Kiste oder irgend ein anderes „Behältnis". Das betroffene Rechtsgut ist immer die Privat- bzw. Geheimsphäre, und auch die Beeinträchtigung vollzieht sich in gleicher Art, eben durch das Hineinblicken, das der Anfang jeglicher „Suche" und damit auch jeglicher „Durchsuchung" ist. Die räumliche Privatsphäre des Einzelnen beginnt an seiner Türschwelle: bereits deren Überschreiten stellt den Beginn einer Durchsuchung dar[110].

3. Ergebnis

Nach der Rechtsprechung des BVerwG regelt Art. 13 II GG sämtliche „Durchsuchungen" unabhängig davon, ob sie im Rahmen eines gerichtlichen Verfahrens stattfinden oder nicht. Auch auf Durchsuchungen im Rahmen eines Verwaltungsverfahrens soll Art. 13 II GG anzuwenden sein[111].

---

nicht weiß, was er will, sind immer unzulässig. Das Nichtwissen einer Behörde über das, was sie will, kann demnach auch nicht Kriterium für die Unterscheidung zwischen „Durchsuchungen" und „sonstigen Eingriffen und Beschränkungen" sein.

[109] Vgl. E. Schwan, Der Artikel 13 GG ..., S. 668.

[110] E. Stein, Lehrbuch ..., S. 208, bestätigt dies im Grunde, wenn er meint: „Durchsuchungen sind daher alle Beschränkungen der Unverletzlichkeit der Wohnung, die gleichzeitig einen Einbruch in die Geheimsphäre des Betroffenen darstellen."

[111] Vgl. BVerwG, Beschluß v. 12.12.1967, BVerwGE 28, S. 285 (288); ebenso VGH Kassel, Beschluß v. 12.4.1973, NJW 1973, S. 1855. Entgegen der bis dahin h.L. erfordert Art. 13 II GG auch bei der Zwangsvollstreckung gem. § 758 ZPO, außer bei Gefahr im Verzuge, eine – besondere – richterliche Anordnung für die Durchsuchung der Wohnung des Schuldners zum Zwecke der Pfändung beweglicher Sachen (vgl. BVerfG, Beschluß v. 3.4.1979, BVerfGE 51, S. 97).

Auch mit den Kriterien, auf die das BVerwG in seiner Entscheidung v. 6. 9. 1974[112] die Definition des Begriffs der „Durchsuchung" stützt, ist eine Zuordnung behördlicher Zutritts- und Besichtigungsrechte im Rahmen der Wirtschaftsüberwachung nur zu dem Einschränkungsvorbehalt des Art. 13 II GG möglich; denn in aller Regel beinhalten diese Rechte, wie oben gezeigt wurde, weitaus mehr als das Betreten und das reine Besichtigen; zumindest auch das Recht zum Beiseiteräumen von Hindernissen, die dem Besichtigen entgegenstehen, und damit zur „Suche"[113]. Im Rahmen wirtschaftsüberwachungsrechtlicher Prüfungen geht es schon bei Besichtigungen in der Regel nicht nur darum, „daß sich der Prüfer einen Überblick über den gesamten Betrieb – sozusagen als Hintergrundinformation über seine Prüfungstätigkeit – verschaffen soll"[114], wie das im Rahmen der steuerlichen Außenprüfung der Fall sein mag. Die Besichtigung selbst stellt die Prüfung dar; und sie muß schon deshalb wesentlich intensiver sein, als dies zur Beschaffung von „Hintergrundinformationen" erforderlich ist. Auch kann die Prüfung im Wirtschaftsüberwachungsrecht dazu dienen, nach unbekannten Gegenständen bzw. Verhältnissen zu forschen, was im Steuerrecht zwar nach § 99 II AO ausdrücklich für die Einnahme des Augenscheins und unter Berücksichtigung ihrer geringeren Intensität im Vergleich zur Augenscheinnahme auch für die Betriebsbesichtigung verboten ist[115], in der Praxis dort jedoch auf die gleichen Abgrenzungsprobleme stößt wie in anderen Rechtsgebieten. Wenn die Polizei Nachschau hält, ob ein Milchhändler gepanschte Milch in seinem Eisschrank hat, eine Maßnahme, die im Rahmen der Lebensmittelüberwachung überall vorkommen kann, stellt das BVerwG selbst fest, daß eine Durchsuchung vorliegt[116], wie überhaupt die Aussagen von Betroffenen

---

[112] BVerwGE 47, S. 31 (37).

[113] Die in § 46 GWB getroffene Unterscheidung zwischen dem Recht zum Betreten (Abs. 3) und dem Recht zur Durchsuchung (Abs. 4) ist deshalb falsch und überflüssig, weil die Beauftragten der Kartellbehörde mit Hilfe des bloßen Rechts zum Betreten die gewünschten Informationen nicht erlangen können. Die „Suche" muß sich anschließen; das bloße Betreten ist ein ungeeigneter und daher unzulässiger Eingriff (vgl. M. Gentz, S. 71). Der Ausschuß für Wirtschaftspolitik des Deutschen Bundestages, zu Drs. 2 / 3644, S. 33, und im Anschluß daran H. J. Wieckmann, S. 125 f., meinen, daß das Durchsuchungsrecht erst dann praktisch wird, wenn der Beaufsichtigte sich der Ausübung der bestehenden Ermittlungsrechte widersetzt. Sie gehen dabei fälschlicherweise davon aus, daß die „anderen Ermittlungsbefugnisse" die freiwillige Mitarbeit der(s) Verpflichteten voraussetzen und die Durchsuchung hier das (einzige) Mittel des Verwaltungszwanges darstellt. Zurückzuführen ist dies wohl in erster Linie darauf, daß weder das „Betreten" noch die „Durchsuchung" einer näheren Untersuchung unterzogen, geschweige denn voneinander abgegrenzt werden.

[114] W. Schick, in: Hübschmann u. a., Anm. 262 zu § 200 AO.

[115] Vgl. ebenda, Anm. 266 zu § 200 AO. Das Zutrittsrecht des Wirtschaftsüberwachungsrechts besteht nicht nur für Grundstücke, Geschäfts- und Betriebsräume, für die eine Erlaubnis erteilt ist oder die in einer eventuell notwendigen Anzeige bei der zuständigen Behörde angegeben sind, sondern für alle mit dem Geschäftsbetrieb zusammenhängenden Räumlichkeiten (a. A. offensichtlich A. Kloesel / W. Cyran, zu § 64 IV Nr. 1 AMG). Um die Überwachung nicht leerlaufen zu lassen, müssen dazu auch Orte zählen, über deren Zuordnung bzw. Nutzung keine Gewißheit besteht (vgl. dazu oben IV.1.).

in Gesprächen darauf schließen lassen, daß bei behördlichen Prüfungen Durchsuchungen im Sinne der Definition des BVerwG sehr häufig sind. Der Auffassung des BVerwG[117], unangemessene Erschwerungen verwaltungsüblicher Durchsuchungen (!) durch die Anwendung des Art. 13 II GG ließen sich durch eine vernünftige, nicht zu weite Auslegung des Begriffs „Durchsuchung" vermeiden, kann nicht gefolgt werden. Die Grenzziehung zwischen der „Durchsuchung" und den sonstigen „Eingriffen und Beschränkungen" ist mit Schwierigkeiten verbunden, die kaum sagen lassen, wo ein „Eingriff" oder eine „Beschränkung" aufhört und eine „Durchsuchung" beginnt[118]. Eine Entscheidung im Einzelfall, ob das bloße Besichtigen, der bloße Rundblick, innerhalb der Prüfung ausreicht, oder ob ein „Mehr" im Sinne eines darüber hinausgehenden „Suchens" erforderlich ist, kann zudem im vorhinein kaum je getroffen werden[119]. Folgte man der Rechtsprechung des BVerwG, wären die Überwachungsbehörden immer dann zur Umkehr gezwungen, wenn sie ohne richterliche Anordnung, nur innerhalb einer auch im Rahmen des Art. 13 III GG zulässigen „reinen" Besichtigung auf das kleinste Hindernis stoßen würden, das beseitigt werden müßte[120]. Die Beseitigung dieses Hindernisses würde bereits die Kriterien der „Durchsuchung" erfüllen, mithin nur nach richterlicher Anordnung zulässig sein[121].

Betrachtet man jedoch die Beispiele[122], die der Verfassungsgeber als Berechtigung zu Eingriffen und sonstigen Beschränkungen auf Grund eines Gesetzes zur Verhütung dringender Gefahren für die öffentliche Sicherheit und Ordnung i.S.d. Art. 13 III GG anführt, erscheint es doch sehr unwahr-

---

116 Urteil v. 12.12.1967, BVerwGE 28, S. 285 (288). Das Öffnen von Behältnissen wird man generell als „Durchsuchung" ansehen müssen (vgl. V. Götz, Allgemeines ..., RdNr. 388).

117 Vgl. oben, Fn. 116, S. 289.

118 Vgl. P. Dagtoglou, Das Grundrecht ..., S. 756. Das OVG Münster, Urteil v. 20.5.1969, GewArch 1969, S. 248 (249), meint im Zsh. mit einer Nachschau gem. § 4 der Pfandleihverordnung v. 1.2.1961, BGBl. I, S. 58): „Die Art der Nachschau, ..., kommt aber mindestens sehr nahe an eine Durchsuchung heran". P. Lundt / P. Schiwy, Anm. zu § 22 BtMG, entnehmen diesem die Befugnis, „Hausdurchsuchungen dort durchzuführen, wo mit BtMG umgegangen wird."

119 Im Grunde erübrigt es sich deshalb weiterzuverfolgen, ob jegliches Betreten der Wohnung durch Staatsorgane bereits eine „Durchsuchung" darstellt.

120 Man kann hier banale Beispiele zur Illustration verwenden: Wären z. B. zu besichtigende Anlagen, Maschinen, Regale etc. mit Tüchern verhängt oder abgedeckt, dürften diese Hindernisse nicht weggenommen werden. Solche Fälle werden die Regel sein; auch ohne daß hier böswilliges Verhalten der Überwachungspflichtigen vorliegen muß.

121 Man könnte hier höchstens argumentieren, die Beseitigung solcher Hindernisse wäre dem Verpflichteten im Rahmen seiner Mitwirkungspflichten (vgl. dazu unten VIII.) selbst aufgegeben. Ob der Prüfer die entsprechende Handlung nun selbst vornimmt und eigenhändig „sucht" oder ob er nun „suchen" läßt, ändert jedoch im Ergebnis, nämlich der Qualifizierung dieses Vorgangs als Durchsuchung, nichts. Zu Recht bezeichnet ihn P. Heckel, S. 109, als eine „de facto-Durchsuchung".

122 Daß es sich um solche handelt, geht aus dem Wort „insbesondere" hervor.

scheinlich, daß insbesondere zur Behebung der Raumnot, der Bekämpfung von Seuchengefahr oder zum Schutze gefährdeter Jugendlicher im Rahmen des Art. 13 III GG gerade nur solche Eingriffe zulässig sein sollen, die die äußeren Merkmale der Durchsuchung nicht erfüllen[123]. Geradezu paradox mutet dies an, wenn es um die Abwehr einer gemeinen Gefahr oder einer Lebensgefahr für einzelne Personen geht. Soll etwa die Polizei nicht berechtigt sein, den Schrank zu öffnen, in dem sie die Bombe vermutet[124]?

All dies deutet darauf hin, daß der verfassungsrechtliche Durchsuchungsbegriff nicht identisch ist mit dem einfachgesetzlichen, sondern enger; und daß es die Modalität des Eingriffs, insbesondere das Element der „Suche" bzw. die Gegenüberstellung der Begriffe „Durchsuchung" einerseits und „Eingriffe und Beschränkungen" andererseits nicht sein kann, wonach Art. 13 II und III GG zu trennen sind[125]. Im folgenden muß deshalb geprüft werden, nach welchen Kriterien sie stattdessen zu unterscheiden sind und welche Folgen sich für wirtschaftsüberwachungsrechtliche Zutrittsrechte daraus ergeben.

4. Art. 13 II, III GG und behördliche Zutrittsrechte im Rahmen der Wirtschaftsüberwachung

An Stelle des herkömmlichen Durchsuchungsbegriffs bieten sich die richterliche Anordnung auf der einen und die Zweckbindung auf der anderen Seite als systematische Grundpfeiler der Abs. 2 und 3 des Art. 13 GG an[126], zumal die in Art. 13 III GG genannten Voraussetzungen für zulässige „Eingriffe und Beschränkungen" nicht gleichzeitig auch für „Durchsuchungen" gem. Art. 13 II GG gelten[127]. Die Einschränkung des Grundrechts der Unverletzlichkeit der Wohnung wird dann dadurch in Schranken gehalten, daß sie entweder – im Normalfall, soweit keine Gefahr im Verzuge vorliegt – durch einen Richter angeordnet wird oder daß sie an einen der in Art. 13 III GG genannten Zwecke gebunden ist[128]. Dies gewährt einen lückenlosen

---

[123] Vgl. E. Schwan, Artikel 13 GG ..., S. 669.

[124] Vgl. auch M. Gentz, S. 124 ff.

[125] Vgl. E. Schwan, Artikel 13 GG ..., S. 669, im Gegensatz zum BVerwG, Urteil v. 12.12.1967, BVerwGE 28, S. 285 (287), und Th. Maunz u. a., RdNr. 13 zu Art. 13 GG.

[126] Vgl. grundlegend M. Gentz, S. 129 ff.; P. Dagtoglou, Das Grundrecht ..., S. 755 f., derselbe, Bonner Kommentar, RdNr. 68 ff zu Art. 13 GG; E. Schwan, Artikel 13 GG ..., S. 667 ff. Die Unterscheidung besteht somit im Grunde, wie schon oben in § 8 IV., in einer Trennung von Maßnahmen zur Gefahrenabwehr- und verhütung auf der einen und Maßnahmen zu anderen Zwecken auf der anderen Seite, insbesondere solchen der Strafverfolgung. Letztere müssen strengeren Anforderungen unterliegen; hier nun der richterlichen Anordnung.

[127] Vgl. BVerfG, Beschlüsse v. 13.10.1971, BVerfGE 32, S. 54 (73) und v. 16.6.1981, BVerfGE 57, S. 346 (355); a. A. E. Stein, Staatsrecht, S. 208 f.

[128] Vgl. OLG Braunschweig, Urteil v. 9.5.1952, DVBl. 1952, S. 533. Auch das BVerwG, Urteil v. 6.9.1974, BVerwGE 47, S. 31 (38), kommt, wenn auch nicht widerspruchsfrei und eher ungewollt, zu einer Auslegung des Begriffes der „Durchsu-

und zugleich flexiblen Schutz der Unverletzlichkeit der Wohnung, der nur durch gerichtliche oder – im Sinne des Art. 13 III zweckgebundene – administrative Eingriffe[129] durchbrochen werden kann. Art. 13 II und III GG besagen demnach je ein Doppeltes:

- Eingriffe, die nicht einen der in Art. 13 III genannten Zwecke verfolgen, dürfen nur durch den Richter, bei Gefahr im Verzuge auch durch die in den Gesetzen vorgesehenen anderen Organe angeordnet werden.
- Gerichtliche oder bei Gefahr im Verzuge durch andere Organe angeordnete Eingriffe sind an die in Art. 13 III genannten Zwecke nicht gebunden.
- Eingriffe, die einen der in Art. 13 III genannten Zwecke verfolgen, bedürfen nicht der richterlichen Anordnung, sondern dürfen im Rahmen der Zweckbindungen des Art. 13 III durch nichtrichterliche Organe angeordnet werden.
- Nichtrichterliche und ohne das Vorliegen einer Gefahr im Verzuge angeordnete Eingriffe sind an die in Art. 13 III genannten Zwecke gebunden.

Diese Regeln sind, soweit zulässig, im Rahmen einer verfassungskonformen Gesetzesauslegung heranzuziehen: Sieht ein Gesetz Eingriffe vor, ohne deren richterliche Anordnung oder Zweckbindung ausdrücklich vorzuschreiben, so ist deshalb das Gesetz zwar nicht verfassungswidrig, wohl aber durch unmittelbare Anwendung des Art. 13 GG zu ergänzen[130]. Diese verfassungskonforme Auslegung führt unter Berücksichtigung der bisherigen Ergebnisse bei all den Rechtsvorschriften, die ausdrücklich nur das Betreten der Wohnung i.e.S. an die Bedingung des Art. 13 III GG knüpfen[131] und damit das Betreten der Betriebs- und Geschäftsräume außerhalb dessen Zweckbestimmung für zulässig erachten, zu einer Anwendung des Art. 13 II GG und damit zum Erfordernis einer richterlichen Anordnung im einzelnen Fall. Das erscheint nicht zweckmäßig, ist aber unumgänglich, da eine Auslegung wider den ausdrücklichen Wortlaut und Zusammenhang des Gesetzes nicht zulässig ist. Es liegt hier am Gesetzgeber, durch eine Nachbesserung und Vereinheitlichung der Rechtsgrundlagen klare und sachgemäße Verhältnisse zu schaffen.

---

chung“ bei Art. 13 II GG, die diese Grundrechtsauslegung stützt. Wörtlich führt das BVerwG aus: „Die polizeilichen Mittel dienten nicht einem solchen Zweck, wie ihn die Durchsuchung einer Wohnung verfolgt“. Auch in dem zu entscheidenden Fall war es somit letztlich keine Frage der Modalität des Eingriffs, an der das Vorliegen einer „Durchsuchung“ scheitert, sondern eine solche der Zweckrichtung.

[129] Unter „Eingriffen“ sind nun jegliche Art von Beschränkungen zu verstehen; einschließlich der herkömmlichen „Durchsuchungen“.

[130] Vgl. auch F. E. Schnapp / K.-H. Rawert, S. 165; BVerwG, Urteil v. 12.12.1967, BVerwGE 28, S. 285 (290), allerdings nur in bezug auf Art. 13 II GG.

[131] Vgl. die Beispiele oben II.2a).

Hält man die verfassungskonforme Auslegung für unzulässig, sind die entsprechenden Vorschriften verfassungswidrig[132].

Zutrittsrechte im Zusammenhang behördlicher Prüfungen sind demnach vom Gesetzgeber zunächst am Maßstab des Art. 13 III GG auf ihre Zulässigkeit hin zu überprüfen, gleich mit welchen besonderen Modalitäten sie verbunden sind[133]. Erfüllen sie dessen Voraussetzungen nicht, ist Art. 13 II GG einschlägig.

VIII. Mitwirkungspflichten

Schon die Pflicht, den Zutritt zu Grundstücken und Wohnräumen zum Zwecke von Prüfungen zu gestatten, beinhaltet mehr als eine bloße Duldungspflicht[134]. Wie selbstverständlich bei der Erteilung von Auskünften, aber auch im Rahmen der Mitwirkung bei der Einsichtnahme in Unterlagen, verlangt die Gestattungspflicht auch hier ein aktives Tätigwerden des Verpflichteten. Und zwar hat er Hindernisse, die dem Zugang entgegenstehen können, zu beseitigen, Türen zu öffnen und für eine gefahrenfreie Begehung, z. B. durch ausreichende Beleuchtung oder Beheizung, zu sorgen[135]. Darüber hinaus sind den Verpflichteten teilweise ausdrücklich Mitwirkungspflichten auferlegt, die entweder pauschal die „allgemeine Unterstützung" oder aber detailliert das Bereitstellen von Arbeitskräften, Maschinen, Betriebsstoffen und anderer Hilfsmittel, das Öffnen von Behältnissen oder die Inbetriebnahme bzw. Abschaltung einer Anlage umfassen[136].

Diese Mitwirkungspflichten sind im Rahmen einer umfassenden allgemeinen Unterstützungspflicht zu verstehen, die sich nicht in den regelmäßig nur beispielhaft aufgeführten Pflichten erschöpft[137]. Über die speziell geregelten Pflichten hinausgehende Unterstützungspflichten ergeben sich aus dem Prüfungsrechtsverhältnis, das auf einem Zusammenwirken zwischen Prüfer und Geprüftem beruht. Der Verpflichtete muß alles tun, um einen ordnungsgemäßen Ablauf der Prüfung zu ermöglichen und gleichzeitig alles unterlas-

---

132 Vgl. B. Drews u. a., S. 203.

133 Vgl. dazu oben VI.

134 Wenn man unter dem „Dulden" seinem Wortsinn entsprechend das Unterlassen jeglicher Behinderung versteht (vgl. W. Zipfel, RdNr. 12 zu § 43 LMBG).

135 Vgl. K. Hansmann, in: R. v. Landmann / G. Rohmer, RdNr. 63 zu § 52 BImSchG. Soweit in einzelnen Vorschriften nur vom „Duldenmüssen" die Rede ist, ist das ungenau bzw. nicht ausreichend, da diese Pflichten trotzdem enthalten sein müssen (vgl. § 31 SprengG; 30 III S. 2 BDSG; 22 II GastG; 14 V KWaffG; 73 V TierSG).

136 Vgl. nur die § 7 I S. 1, II S. 1 GerätesicherheitsG; 43 LMBG; 54a I S. 4 PBefG; 55 II GüKG; 24b S. 1 GewO; 19 II S. 3 AtG; 11 IV S. 5 AbfG; 52 II S. 4 BImSchG; 24 I BtMG; 21 I WhG und auch § 200 I S. 1 AO.

137 Dafür spricht auch, daß sich nicht wenige Vorschriften zu den Mitwirkungspflichten ganz und gar ausschweigen, es jedoch außer Frage steht, daß diese trotzdem bestehen (vgl. P. Heckel, S. 106; § 14 WirtschaftssicherstellungsG; 44 I Nr. 1 KWG; 3b FleischbeschauG).

sen, was dies verhindern würde[138]. Insbesondere darf er keine Aufzeichnungen verstecken, Räumlichkeiten unzugänglich machen oder etwa die Prüfer durch beleidigendes Schimpfen oder ausfallende Redensarten in der Durchführung der Prüfung so stark beeinträchtigen, daß diese nicht fortgeführt werden könnte[139]. Darüber hinaus lassen sich allgemeingültige Feststellungen über die Mitwirkungspflichten kaum treffen, da diese weitgehend von der jeweiligen Einzelregelung bzw. dem Einzelfall abhängen[140]. Da die Nicht- oder Schlechterfüllung von Mitwirkungspflichten jedoch durchweg Bußgeldsanktionen nach sich ziehen kann, ist es erforderlich, daß dort, wo die Mitwirkungspflichten keine konkrete gesetzliche Festlegung erfahren haben, streng auf den Zusammenhang mit der anzustellenden „Prüfung" i.w.S. geachtet wird[141].

§ 11 Die Entnahme von Proben

I. Bedeutung

Wo das Bestehen einer Gefahr von der Zusammensetzung von Stoffen abhängt, wird der Behörde das Recht eingeräumt, (Stich-) Proben der Rohstoffe, Halb- und Fertigerzeugnisse zu entnehmen, die durch Untersuchungen der Beschaffenheit ihren befugniserweiternden Sinn erhalten[1]. Die Probenahme wurde im Lebensmittelrecht näher entwickelt und in andere Rechtsgebiete übernommen.

Gewöhnlich wird die Befugnis zur Probenahme ausdrücklich erteilt[2]. Eine Ausnahme bildet § 21 WhG, obwohl Probenahmen gerade im Rahmen der Gewässerüberwachung eines der wichtigsten Instrumente darstellen dürften. Die Befugnis zur Entnahme von Proben wird hier unter die „technischen Ermittlungen und Prüfungen" des § 21 I S. 3 WhG subsumiert[3].

Proben können beim Hersteller und auf allen Vertriebswegen, wie beim Importeur, Groß- und Einzelhandel, auf Märkten, beim Straßenverkauf, auf öffentlichen Plätzen, im Reisegewerbe und während des Transportes zur Abgabe an den Verbraucher entnommen werden[4].

---

[138] Vgl. W. Schick, in: Hübschmann u. a., Anm. 338 ff. zu § 200 AO. Zum Prüfungsrechtsverhältnis vgl. oben § 3 III. Hierher gehört und hier entscheidet sich auch die Frage der „guten Beziehungen" und des „Prüfungsklimas".

[139] Vgl. W. Zipfel, RdNr. 12 zu § 43 LMBG.

[140] Vgl. P. Heckel, S. 99.

[141] Vgl. ebenda, S. 106 f.

[1] Vgl. H. Mössbauer, Immissionsschutzrecht . . ., S. 28.

[2] Z. B. § 65 AMG; 23 BtMG; 42 LMBG; 22 WeinG; 21 ChemG; 46 II WaffG; 31 II SprengG.

[3] Vgl. P. Gieseke u. a., RdNr. 22 zu § 21 WhG.

[4] Vgl. § 42 IV LMBG.

II. Gegenstand und Umfang

Gegenstand der Probenahme sind alle Erzeugnisse bzw. Stoffe, die Regelungsgegenstand der jeweiligen Rechtsvorschrift sind[5].

Ob und welche Proben entnommen werden ist eine Ermessensfrage. Die beauftragten Personen sind befugt, Proben nach ihrer Auswahl zu entnehmen[6].

Da die Probenahme in Verkaufsräumen während der Öffnungszeiten unauffällig zu geschehen hat[7], haben die Beamten grundsätzlich nicht das Recht, Proben in den Räumen zu untersuchen. Kleinere Kostproben dagegen gestalten die Besichtigung unauffällig und sind nicht untersagt[8]. Eine Untersuchung an Ort und Stelle kann jedoch zwingend erforderlich und zulässig sein, wenn sie nach der Natur der Probe aus technischen Gründen sach- und zweckgemäß dort erfolgen muß[9].

Die Probemenge richtet sich nach dem Umfang der beabsichtigten Untersuchung und kann daher variieren[10].

III. Form

1. Gegen- bzw. Zweitprobe

Unter der Gegenprobe ist ein Teil der Probe, d. h. ein Teil der bereits zum Zwecke der Untersuchung entnommenen Ware zu verstehen, die amtlich verschlossen oder versiegelt an Ort und Stelle zurückgelassen wird. Wenn die Probe nicht geteilt werden kann, z. B. bei Lebensmitteln in Dosen oder Flaschen oder Bedarfsgegenständen, oder wenn die geteilte Probe für die Gesamtheit nicht mehr repräsentativ genug wäre oder zur Untersuchung dann nicht mehr ausreichen würde, muß ein zweites Stück gleicher Art und Herkunft, die sog. Zweitprobe, hinterlassen werden[11]. Ist das als Probe zu entnehmende Produkt in seiner Art nur einmal im Betrieb vorhanden, so

---

[5] Ausgenommen sind nur zum persönlichen Gebrauch bestimmte Gegenstände, wie z. B. mitgebrachte Frühstücksbrote oder angezogene Kleider. Die private Zweckbestimmung dieser Sachen muß jedoch erkennbar sein (vgl. W. Zipfel, RdNr. 12 zu § 42 LMBG).

[6] Vgl. R. Schiedermair / J. Pieck, RdNr. 72 zu § 18, 19 ApoG. Im Lebensmittelrecht wird zwischen Planproben und Proben aus besonderem Anlaß (Verdachtsproben) unterschieden. Für erstere gelten bezüglich Häufigkeit und Verteilung besondere Regeln (vgl. Art. I-III DVO LMBG).

[7] Vgl. Art. 7 VI DVO LMBG. Auf die berechtigten Interessen des Verpflichteten ist Rücksicht zu nehmen.

[8] Vgl. H. Schönhals, S. 175.

[9] Vgl. W. Zipfel, RdNr. 21 zu § 43 LMBG; H. Holthöfer u. a., RdNr. 16 zu § 43 LMBG.

[10] Vgl. U. Rüdt, Lebensmittel und Bedarfsgegenstände, S. 48.

[11] Das ist heute der Normalfall (vgl. BT-Drs. 7 / 255, S. 39 zu § 41 RegE LMBG).

kann es trotzdem gefordert bzw. entnommen werden[12], eine Gegenprobe kann jedoch ebensowenig zurückgelassen werden, wie bei der Entnahme von Lebensmitteln aus Automaten oder von Rohmilch aus dem Hofbehälter während der Abholung durch den Milchsammelwagen. Verwertbarkeit und Aussagefähigkeit der gezogenen Probe werden hierdurch jedoch nicht beeinträchtigt[13].

Der Sinn der Gegenprobe besteht darin, dem Verpflichteten die Möglichkeit zu eröffnen, selbst durch (behördlich anerkannte und zugelassene) Sachverständige seines Vertrauens eine Untersuchung zu veranlassen, um das Ergebnis mit dem amtlich ermittelten Befund vergleichen zu können[14]. Sie dient in erster Linie seinem Interesse[15]. Das Reichsgericht[16] hatte noch hervorgehoben, daß die Gegenprobe nicht bloß dem Interesse des Verpflichteten dient, bei dem die Probe erhoben worden ist, sondern dem Zwecke der Untersuchung überhaupt, der künftigen Vergleichung, und daß auch die Behörde darauf zurückgreifen kann. Dem wird heute offensichtlich keine Bedeutung mehr beigemessen, da z. B. nach § 31 II S. 3 SprengG der Betriebsinhaber, nach § 65 I S. 2 AMG der pharmazeutische Unternehmer, nach § 42 I S. 3 LMBG Hersteller und Importeure, auf die Gegenprobe verzichten können[17]. Der Verzicht muß ausdrücklich erklärt werden. Alle anderen Überwachungspflichtigen können auf die Zurücklassung der Gegenprobe nicht wirksam verzichten, vor allem auch nicht der „Hersteller" für von ihm zugekaufte Ware[18]. Die Verweigerung von Annahme und Aufbewahrung einer Gegenprobe verstößt gegen Mitwirkungspflichten[19].

Der Verpflichtete erhält nicht einen Teil seines Eigentums in Form der Gegenprobe zurück, sondern es wird ihm ein bereits weggenommener, seiner Verfügung bereits entrückter Teil eines ausschließlich der amtlichen Machtbefugnis unterliegenden Gegenstandes zurückgelassen. Durch die Teilung der Probe wird das am Ganzen begründete Rechtsverhältnis nicht wieder geändert oder aufgehoben[20].

---

[12] Vgl. W. Zipfel, RdNr. 19 zu § 42 LMBG.

[13] Vgl. U. Rüdt, Lebensmittel und ..., S. 46.

[14] Vgl. E. Benk, S. 584.

[15] Vgl. R. Schiedermair / J. Pieck, RdNr. 81 zu § 18, 19 ApoG.

[16] Urteil v. 29.6.1914, RGStE 48, S. 361 (354).

[17] Die Begr. zu § 41 des RegE zum LMBG weist darauf hin, daß die Möglichkeit des Verzichts auf die Gegenprobe angebracht erscheint, da nur zwischen 3 und 10 % der zurückgelassenen Gegenproben einer Untersuchung zugeführt wurden (BT-Drs. 7 / 255, S. 40). Trotzdem wird in der Literatur noch von einem „weiteren Beweismittel" gesprochen (vgl. U. Rüdt, Lebensmittel und ..., S. 46) und dringend geraten, nicht auf die Zurücklassung einer Gegenprobe zu verzichten (vgl. Bund für Lebensmittelrecht und Lebensmittelkunde e.V., RdNr. 153).

[18] Vgl. U. Rüdt, Lebensmittel und ..., S. 46.

[19] Vgl. W. Zipfel, RdNr. 30 zu § 42 LMBG.

[20] Vgl. RGSt, Urteil v. 29.6.1914, RGStE 48, S. 361 (364); R. Schiedermair / J. Pieck, RdNr. 79 zu § 18 / 19 ApoG.

Der Besitzer einer versiegelten Gegenprobe darf diese nicht selbst öffnen, andernfalls liegt Siegelbruch im Sinne von § 136 StGB vor. Er kann sie einem zur Untersuchung von Gegenproben öffentlich bestellten oder durch die Überwachungsbehörde zum Bruch des Siegels ermächtigten Sachverständigen zur Untersuchung auf seine Kosten übersenden[21]. Die Ermächtigung zum Bruch des Siegels kann unter Bedingungen erteilt werden[22].

Zur Vereinfachung des Verfahrens und zur Vermeidung von Problemen im Hinblick auf § 136 StGB (Siegelbruch) bestimmt § 65 II S. 2 AMG, daß zugleich mit dem amtlichen Verschluß oder der Versiegelung ein Datum zu bestimmen ist, nach dessen Ablauf der Verschluß oder die Versiegelung als aufgehoben gelten. Dieses Datum ist auf dem Behältnis der Gegenprobe anzubringen[23]. Die Übersendung der Gegenprobe hat in der Regel innerhalb von zwei Wochen zu erfolgen, immer jedoch bevor Veränderungen eintreten, z. B. indem sie sich zersetzt. Eine nach Ablauf der Frist durchgeführte Untersuchung ist zulässig, wird jedoch bei leicht verderblichen Waren nur noch geringen oder gar keinen Beweiswert haben.

2. Geheime Probenahme

Hierunter versteht man den unauffälligen Ankauf einer Probe zum Zwecke der amtlichen Untersuchung. Dieses Vorgehen ist keine Probenahme i.S.d. einschlägigen Vorschriften, sondern ein rein privatrechtlicher Kauf, was sich schon aus dem Rechtsanspruch auf Empfangsbestätigung und Gegenprobe ergibt[24]. Ein solcher Kauf ist zweifellos zulässig, es wird jedoch vom Einzelfall abhängen, wieweit diese „Probe“ einen Beweiswert hat[25].

IV. Empfangsbescheinigung

Der Verpflichtete hat einen Rechtsanspruch auf Erteilung einer Empfangsbescheinigung[26]. Sie ist Zug um Zug gegen die Entnahme der Probe zu übergeben.

---

[21] Vgl. Art. 9 VIII DVO LMBG.

[22] Z. B. unter der Maßgabe, daß ein Beamter der Behörde anwesend sein muß (vgl. R. Schiedermair / J. Pieck, RdNr. 80 zu § 18, 19 ApoG).

[23] Vgl. § 42 II LMBG: „Zurückgelassene Proben sind amtlich zu verschließen oder zu versiegeln. Sie sind mit dem Datum der Probenahme und dem Datum des Tages zu versehen, nach dessen Ablauf der Verschluß oder die Versiegelung als aufgehoben gelten“.

[24] Vgl. R. Schiedermair / J. Pieck, RdNr. 82 zu § 65 ApoG.

[25] Vgl. U. Rüdt, Lebensmittel und ..., S. 48.

[26] Vgl. § 42 I S. 1 LMBG; 65 I S. 1 AMG; 23 I S. 1 BtMG; 22 S. 2 WeinG; 31 II S. 2 SprengG.

Die Empfangsbescheinigung ist keine Quittung i.S.d. § 368 BGB, denn sie muß nicht nur schriftlich abgefaßt und mit Datum und Unterschrift des entnehmenden Beamten versehen sein und die Tatsache des Empfangs bestätigen, sondern sie muß auch darüber Auskunft geben, welchem Warenvorrat und an welchem Ort die Probe entnommen wurde. Soweit es sich um fertige Produkte handelt, werden sich dabei keine Probleme ergeben. Anders liegt die Sache aber dann, wenn es sich um die Probe eines Rohstoffvorrats handelt, der zur Weiterverarbeitung bestimmt ist. In diesem Falle muß die Empfangsbescheinigung auch ersehen lassen, welcher größeren Menge die Probe entnommen wurde – gegebenenfalls – in welchem Herstellungsstadium sich der Vorrat befunden hat[27].

V. Mitwirkungspflichten

Der Betriebsinhaber oder ein ihn vertretender Mitarbeiter sind verpflichtet, bei der Durchführung der Betriebsbesichtigung und Probeentnahme dadurch mitzuwirken, daß sie den Überwachungsbeamten und den Sachverständigen auf Verlangen die zu besichtigenden Räume zugänglich machen[28], verschlossene Behältnisse öffnen, Proben aushändigen oder ihre Entnahme ermöglichen und im Zusammenhang mit diesen Tätigkeiten gestellte Fragen beantworten[29].

Probengefäße werden im allgemeinen von den Prüfern mitzubringen sein. Eine Pflicht zum Vorrätighalten geeigneter Gefäße besteht nicht. Die Überlassung von Verpackungsmaterial mit geringem Wert, wie z. B. Einwickelpapier oder Kunststofftüten, kann aus der Pflicht zur Unterstützung der Probenahme[30] abgeleitet werden[31]. Je nach den Umständen des Einzelfalles sind weitere Hilfsdienste zu leisten, soweit sie sich in einem zumutbaren Rahmen halten[32].

---

[27] Vgl. R. Schiedermair / J. Pieck, RdNr. 76 ff. zu § 18, 19 ApoG. Bei der Entnahme einer amtlichen Probe im Rahmen der Lebensmittelüberwachung werden auf einem Erhebungsbogen (auch Meldung genannt) wesentliche Angaben über die Probe festgehalten, wie z. B. genaue Bezeichnung, entnommene Menge, noch vorhandene Menge, Lieferant, Hersteller usw. Eine Durchschrift dieses Erhebungsbogens kann dann die Empfangsbescheinigung darstellen (vgl. U. Rüdt, Lebensmittel und ..., S. 46).

[28] Wie schon oben, beim Recht auf Einsichtnahme (§ 9), ergibt sich das Zutrittsrecht und das damit zwangsläufig verbundene Besichtigungsrecht auch hier direkt aus dem Recht auf Probeentnahme. Ohne Besichtigung können sinnvolle Proben nicht entnommen werden (vgl. W. Zipfel, RdNr. 18 zu § 42 LMBG). Die Problematik ist jedoch auch hier dieselbe wie in § 10 erörtert.

[29] Vgl. E. Benk, S. 584. Zu beachten ist jedoch auch hier das Auskunftsverweigerungsrecht (vgl. oben § 8 IV.).

[30] Vgl. § 43 LMBG; 24 I BtMG; 66 AMG. Auch § 21 I S. 3 WhG verpflichtet technische Ermittlungen und Prüfungen „zu ermöglichen".

[31] Vgl. U. Rüdt, Lebensmittel und ..., S. 47 f.

[32] So muß der Unternehmer zur Gewichtskontrolle bei Brötchen im Betrieb u. U. eine Waage zur Verfügung stellen (vgl. OLG Frankfurt, Urteil v. 22.10.1958, BB 1958,

VI. Rechtsnatur

Die Probenahme unterscheidet sich von den anderen Prüfungsmitteln dadurch, daß dem Unternehmen Substanzteile für immer entzogen werden, falls sie nicht später unverändert zurückgegeben werden[33]. Durch die Entnahme wird die Probe mittels öffentlichrechtlicher Maßnahme der Staatsgewalt zunächst der freien Verfügung des Besitzers entzogen und der ausschließlichen amtlichen Verfügungsmacht unterstellt. Ohne Rücksicht auf wie immer geartete bürgerlich-rechtliche Rechtsverhältnisse an ihr bleibt sie vorerst zur weiteren Verfügung in der Gewalt des sie dem Warenvorrat entnehmenden zuständigen Beamten, der mit ihr gesetzmäßig zu verfahren hat, um der berufenen Behörde die Unterlage für eine sachverständige Untersuchung zu schaffen. Bei der Probenahme handelt es sich um keinen bürgerlich-rechtlichen Kaufvertrag mit Kontrahierungszwang. Auch wird kein Kaufpreisanspruch für die entnommene Probe gewährt. Sie ist als Sonderfall einer öffentlich-rechtlichen Beschlagnahme anzusehen. Strafrechtlich bedeutet sie eine Pfandverstrickung im Sinne des § 137 StGB[34].

Gleichwohl ist für die entnommene Probe zumeist eine Entschädigung vorgesehen[35]. Es ist jedoch fraglich, ob diese Entschädigung rechtlich gefordert ist; auch, da nicht allein die Probenahme sondern in gleichem Maße die anderen Prüfungsmittel dem Unternehmen „Substanzanteile" entziehen, zwar in der Regel nicht stofflicher Art, aber in Form von oftmals nicht unerheblichem Arbeitsaufwand, der mit den entsprechenden Kosten verbunden ist, für die jedoch grundsätzlich kein Ersatz vorgesehen ist[36].

Es wird die Ansicht vertreten, die Probenahme stelle eine enteignungsähnliche Verfügungsbeschränkung dar, woraus sich eine Entschädigungspflicht ergebe[37]. Andererseits heißt es, in der Entnahme einer Probe könne keine Enteignung gesehen werden[38].

S. 279) oder ein Band bzw. eine Maschine zum Zwecke der Entnahme einer Probe kurz anhalten, wenn die Probe sonst nicht oder nur unter großen Schwierigkeiten entnommen werden kann (vgl. W. Zipfel, RdNr. 21 zu § 42 LMBG). Im Rahmen einer Probenahme nach dem WhG sind u. U. die betrieblichen Voraussetzungen dafür zu schaffen, daß an der Probenahmestelle ein ausreichender, repräsentativer Abwasserteilstrom zur Verfügung steht (vgl. P. Gieseke u. a., RdNr. 33 zu § 21 WhG). Vgl. auch oben § 10 VIII.

[33] Vgl. E. Stein, Die Wirtschaftsaufsicht, S. 161.

[34] Vgl. RGSt, Urteil v. 29.6.1914, RGStE 48, S. 361 ff. und im Anschluß daran R. Schiedermair / J. Pieck, RdNr. 73 ff. zu § 18, 19 ApoG; H. Schönhals, S. 175 und auch die § 803 ff. ZPO.

[35] Vgl. nur § 42 III LMBG; 65 III AMG; 21 IV S. 3 ChemG; 23 III BtmG; 22 S. 4 WeinG.

[36] Vgl. Hess.VGH, Beschluß v. 6.11.1985, DB 1986, S. 685 f.; Th. J. Meyer, S. 174.

[37] Vgl. RGSt, Urteil v. 14.6.1914, RGStE 48, S. 361 (363); W. Zipfel, RdNr. 33 zu § 42 LMBG.

[38] Vgl. R. Schiedermair / J. Pieck, RdNr. 85 zu § 18, 19 ApoG.

Die Antwort auf die Frage, ob eine Probenahme nach Art. 14 III GG entschädigungspflichtig ist, hängt zwar nicht allein davon ab, ob auf das Eigentum an den einzelnen als Probe entnommenen Stoffen, oder auf die vermögensrechtliche Position des Unternehmensinhabers als ganze abzustellen ist[39], da der Entzug der gesamten verfassungsrechtlich geschützten Eigentümerposition an einer Sache eben nicht notwendig eine entschädigungspflichtige Enteignung darstellt[40]. Trotzdem sind E. Steins Ausführungen[41] zu dieser Problematik richtungsweisend:

In Art. 14 GG geht es nicht um die Garantie bestimmter formaler Rechtspositionen, sondern um den Schutz der materiellen Voraussetzungen des freien Lebens und Wirkens in Staat und Gesellschaft. Daher sind auch die Gegenstände des Eigentums i.S.v. Art. 14 GG nicht nach formalen Gesichtspunkten, sondern nach ihrer Rolle als materielle Grundlage des Wirkens des Einzelnen zu umgrenzen. Der verfassungsrechtliche Begriff des Eigentums ist deshalb teils weiter, teils enger als der zivilrechtliche und in gewissen Grenzen geschichtlich wandelbar, insbesondere in bezug auf das Maß an sozialer Bindung, das er sich gefallen lassen muß[42].

So hat das BVerfG[43] es als berechtigt angesehen, die Sach- und Rechtsgesamtheit, als die sich der Gewerbebetrieb darstellt, also die vermögensrechtliche Position des Unternehmensinhabers, als Eigentum i.S.v. Art. 14 GG anzusehen, obwohl es sich nicht um Eigentum im zivilrechtlichen Sinne handelt. Andererseits hat sich das BVerWG in ständiger Rechtsprechung gegen den Enteignungscharakter von Flurbereinigung[44] und städtebaulicher Umlegung[45] ausgesprochen, obwohl dabei regelmäßig ein Teil des Landes für Erschließungszwecke verwandt, also der Gesamtheit der Eigentümer entzogen wird. Dabei hält das BVerwG es für entscheidend, daß die Erschließung zwar im Interesse der Allgemeinheit erfolge, aber zugleich im Interesse der betroffenen Eigentümer liege[46]. Zur Verneinung des Enteignungscharakters jener Maßnahmen kommt das Gericht dadurch, daß es nicht auf die einzelnen dinglichen Rechtsverhältnisse achtet, sondern sämtliche Grundstücke des Umlegungsgebietes als Einheit betrachtet, als ob sie den Eigentümern gemeinschaftlich gehörten, und zudem nicht auf die materielle Substanz, sondern auf den Wert dieser Masse abstellt, der sich durch

---

[39] So aber E. Stein, Die Wirtschaftsaufsicht, S. 162.

[40] Vgl. dazu unten VI.

[41] Vgl. Die Wirtschaftsaufsicht, S. 162 ff.

[42] Vgl. BGH, Beschluß v. 10.6.1952, BGHZ 6, S. 270 (277).

[43] Urteil v. 30.4.1952, BVerfGE 1, S. 264 (277).

[44] Vgl. BVerwG, Beschlüsse v. 9.11.1954, BVerwGE 1, S. 225 (226 f.), v. 21.6.1955, BVerwGE 2, S. 154 (155) und v. 13.1.1959, BVerwGE 8, S. 95 (96).

[45] Vgl. BVerwG, Beschlüsse v. 19.12.1957, BVerwGE 6, S. 79 (81 ff.), v. 6.8.1959, BVerwGE 10, S. 3 (4) und v. 6.10.1960, BVerwGE 12, S. 1 (2 ff.).

[46] Vgl. BVerwG, Beschlüsse v. 9.11.1954, BVerwGE 1, S. 225 (227 f.) und v. 19.12.1957, BVerwGE 6, S. 79 (81).

die Umlegung erhöht und daher einen Abzug für Erschließungszwecke ermöglicht, ohne daß sich der Grenzwert vermindert[47].

Bei Übertragung dieser Grundsätze auf die Entnahme von Proben im besonderen, sowie auf alle anderen Aufwendungen im Zusammenhang mit behördlichen Prüfungen im allgemeinen, kommt man zur Verneinung einer entschädigungspflichtigen Enteignung. Wenn es bereits möglich ist, die Grundstücke verschiedener Eigentümer als Einheit zu behandeln, können keine Bedenken dagegen bestehen, im Rahmen des Art. 14 GG die einzelnen Gegenstände eines Unternehmens nur als Bestandteile der gesamten vermögensrechtlichen Position des Inhabers zu sehen. Durch die Einbringung der Wirtschaftsgüter in das Unternehmen seitens des Eigentümers werden sie für das Verfassungsrecht zu Bestandteilen des Unternehmens mit der Wirkung, daß die Abgrenzung von Eigentumsbindung und Enteignung nur für die vermögensrechtliche Position des Unternehmensinhabers als Ganzes vorgenommen werden kann. Innerhalb dieser von Art. 14 GG geschützten vermögensrechtlichen Position gehören die Verpflichtung, im Interesse des Schutzes der Allgemeinheit die Entnahme von Proben entschädigungslos zu gestatten sowie die Hinnahme weiterer durch Prüfungsmaßnahmen entstehender Nachteile zu den Bindungen, denen die vermögensrechtliche Position jedes Unternehmensinhabers unterliegt. Eine Enteignung liegt hier nicht vor, Entschädigungen erfolgen allenfalls aus Billigkeitsgründen[48].

Auch wenn man in Art. 14 GG eine Garantie der Eigentumsrechte an den einzelnen zum Unternehmen gehörenden Sachen erblickt, würde die Entnahme einer Probe nicht zwangsläufig eine entschädigungspflichtige Enteignung darstellen. Eine dem Sacheigentum immanente Sozialbindung kann nämlich auch dann vorliegen, wenn Sachen als Ganze dem Eigentümer entzogen oder vernichtet werden. Hier lassen sich die Ausführungen des OVG Koblenz, das gegen seuchenkrankes und auch nur -verdächtiges Vieh zu ergreifende Maßnahmen, wie z. B. die Tötung der Tiere, der polizeilichen Zustandshaftung zurechnet, da sie den „Eigentümer nur in die Grenzen seiner Eigensphäre zurückweisen“[49], auch für die Probenahme des Wirt-

---

[47] Vgl. BVerwG, Beschluß 6.10.1960, BVerwGE 12, S. 1 (5 f.).

[48] Vgl. BVerfG, Urteil v. 8.3.1961, BVerfGE 20, S. 351 (359); Hess.VGH, Urteil v. 6.11.1985, DB 1986, S. 685 f.; O. Kimminich, in: Bonner Kommentar, RdNr. 191 f. zu Art. 14 GG. Unklar das RGSt, Urteil v. 29.6.1914, RGStE 48, S. 361 (363), demzufolge die Probenahme „Verwirklichung und Anfang der Durchführung einer dem Besitzer zugunsten des Staates aus öffentlich-rechtlichen Gründen auferlegten Verfügungsbeschränkung und eines der Behörde durch Gesetz im Interesse des Gemeinwohls verliehenen Zugriffsrechts, einer Art Enteignungsanspruch auf gewisse in bestimmten Räumlichkeiten befindliche Waren“ darstellt, „wodurch Entschädigungsansprüche begründet werden können“.

[49] Urteil v. 25.8.1955, NJW 1956, S. 886 ff.; zustimmend das BVerwG, Urteil v. 14.10.1958, BVerwGE 7, S. 257 ff. und das BVerfG, Beschluß v. 17.11.1966, BVerfGE 20, S. 352 ff.; vgl. auch BVerfG, Urteil v. 28.2.1961, BVerfGE 12, S. 87 (96). W. Weber vertritt in seiner Anmerkung zum vorerwähnten Urteil des OVG Koblenz die Auffas-

schaftsüberwachungsrechts fruchtbar machen: Die Verpflichtung des Viehhalters, die Tötung seuchenkranker und auch nur -verdächtiger Tiere zu dulden, entspricht ebenso nur einer seinem Eigentum wegen dessen potentieller Gefährlichkeit von vorneherein innewohnenden Begrenzung, wie die Pflicht, von potentiell gefährlichen Stoffen oder Produkten Proben zu geben oder ihre entschädigungslose Entnahme und gegebenenfalls endgültige Vernichtung hinnehmen zu müssen. Auch hier liegt eine „eigenartige Verquikkung polizeilicher und individueller Interessen vor“[50]; der für die Enteignung charakteristische Widerstreit zwischen öffentlichem und privatem Interesse spielt nicht die entscheidende Rolle[51]. Der Staat ist nicht primär am Eigentum interessiert; er bedarf seiner nicht, er will es nicht wirtschaftlich oder sonstwie nutzen, er wird „nicht im Blick auf die Eigentumsentziehung tätig; sondern erfüllt die Pflicht der Abwehr von Gefahren für die Allgemeinheit. Daß er dabei das Privateigentum angreifen und schmälern, äußersten Falls vernichten muß, ist eine im Prinzip unerwünschte, aber notwendige Nebenwirkung[52]. Im Streitfall kommt deshalb die Rechtswegbestimmung in Art. 14 GG nicht zum Zuge. Es bleibt bei der Regelzuständigkeit der Verwaltungsgerichte gem. § 40 Abs. 1 VWGO[53].

Dies würde auch bedeuten, daß selbst beim Entzug der gesamten verfassungsrechtlich garantierten Eigentümerposition am eingerichteten und aus-

---

sung, daß für den Fall, daß polizeilich die Tötung von Tieren verlangt wird, die nur für verdächtig gehalten werden, in Wahrheit aber nicht krank sind, sich die polizeiliche Maßnahme gegen einen „Dritten“, d. h. gegen einen Eigentümer, der nicht kraft polizeilicher Zustandshaftung polizeipflichtig ist, richtet; mit der Folge, daß es sich dabei um den Sonderfall einer „Aufopferungsenteignung“ handle, weshalb nach Art. 14 III GG Entschädigung geleistet werden müsse. Das OVG Koblenz und im Anschluß daran das BVerwG vertreten jedoch in den vorgenannten Entscheidungen zu Recht die Auffassung, daß auch die Tötung bloß seuchenverdächtiger Tiere nicht zur Annahme eines Enteignungstatbestandes zwinge, sondern sich in den Rahmen der polizeilichen Zustandshaftung einfüge, da es für die polizeiliche Haftung nicht darauf ankomme, ob im einzelnen Fall ein Tier verdächtig, tatsächlich aber nicht von der Seuche erfaßt war. Der Gesetzgeber habe die Tötungsbefugnis auch an den bloßen Seuchenverdacht geknüpft. Ist in einer Rechtsnorm ein Tatbestand als gefährlich festgelegt, stehe dem daraufhin durch eine polizeiliche Verfügung in Anspruch Genommenen nicht der Gegenbeweis zu, daß diese vorausgesetzte Gefahr bei ihm tatsächlich nicht bestehe. Auch das Wirtschaftsüberwachungsrecht erkennt Tatbestände als gefährlich und sieht deshalb Maßnahmen zur Gefahrenverhütung vor, wie z. B. die Probenahme. Stellt sich nach der Untersuchung heraus, daß die Probe in Ordnung war, wird der Verpflichtete dadurch jedoch auch hier nicht zu einem „Dritten“ bzw. die Probenahme zu einer entschädigungspflichtigen Enteignung.

50 BVerfG, Beschluß v. 17.11.1966, BVerfGE 20, S. 351 (357).

51 Vgl. BVerwG, Urteil v. 14.10.1958, BVerwGE 7, S. 257 (263).

52 So das BVerfG, Urteil v. 8.3.1961, BVerfGE 20, S. 351 (359) für den insofern gleichartigen Fall der Hundetötung im Rahmen des ViehseuchenG.

53 Die hierüber vor allem im Zusammenhang mit Ansprüchen aus dem ViehseuchenG wegen des Verlustes seuchenkranker und -verdächtiger Tiere lange Zeit bestehende Kontroverse zwischen BGH und BVerwG wurden ausdrücklich beigelegt (vgl. BVerwG, Urteil v. 19.10.1971, BVerwGE 39, S. 10 ff. m.w.N.). Vgl. auch R. Schiedermair / J. Pieck, RdNr. 85 zu § 18, 19 ApoG, a. A. der BGH, Urteil v. 21.4.1955, NJW 1955, S. 990.

geübten Gewerbebetrieb, der im Rahmen der wirtschaftsüberwachungsrechtlichen Probenahme kaum denkbar ist, eine Entschädigungspflicht aus dem GG nicht herleitbar wäre.

Im übrigen liegt es ohnehin zu einem großen Teil im Interesse des Gewerbetreibenden selbst, durch die Untersuchung von Stoffen und Produkten dafür Sorge zu tragen, daß eine auf Dauer erfolgreiche Gewerbeausübung sichergestellt wird; ganz abgesehen davon, daß demjenigen, der einen potentiellen Gefährdungstatbestand setzt und nicht der Allgemeinheit, die Rechtspflicht obliegt, alle vom Eigentumsobjekt ausgehenden Gefahren zu unterbinden und die daraus entstehenden Kosten zu tragen. Gewissen Stoffen haftet dabei gleichsam von vornherein die Pflichtigkeit an, ihre Ungefährlichkeit „unter Beweis zu stellen". Wenn der Staat diese Aufgabe aus Gründen der Effektivität und Lückenlosigkeit der Kontrolle selbst übernimmt, kann der Betroffene nicht unter Berufung auf Grundrechte Bezahlung der geprüften Produkte verlangen[54]. Auch zu Regelungen, die den zuständigen Behörden das Recht verleihen, Gebühren und Auslagen für Prüfungen und Untersuchungen zu erheben[55], steht eine Entschädigungspflicht für entnommene Proben im Widerspruch.

VII. Entschädigungsanspruch

Ungeachtet des oben gefundenen Ergebnisses bestehen auf Grund etlicher einfachgesetzlicher Vorschriften Entschädigungsansprüche für entnommene Proben[56]. Die dabei zu beachtenden Probleme und Grundsätze sollen deshalb dargestellt werden.

Nach § 42 III LMBG ist für Proben, die nicht beim Hersteller oder Einführer entnommen werden, eine angemessene Entschädigung zu bezahlen.

---

[54] Vgl. BVerfG, Beschluß v. 10.4.1977, ZLR 1977, S. 199 f.

[55] Z. B. § 25 BtMG.

[56] Vgl. § 23 III BtMG; 42 III LMBG; 22 S. 4 WeinG; 65 III AMG; unklar, aber wohl im Sinne einer Entschädigungspflicht zu interpretieren: § 21 IV S. 3 ChemG (vgl. P. Schiwy, Anm. zu § 21 IV CHemG; zum Verhältnis von § 21 IV und IV ChemG vgl. E. Rehbinder u. a., RdNr. 39 zu § 21 ChemG). Das genaue Gegenteil tut § 52 IV S. 2 BImSchG, welcher Kosten, die bei der Entnahme von Stichproben und deren Untersuchung entstehen, dem Verpflichteten auferlegt. Ansonsten geht das BImSchG über andere Regelungen insoweit hinaus, als dem Verpflichteten die Kosten der Prüfung auferlegt werden, soweit die Ermittlungen (nicht nur die Prüfung als solche!) ergeben, daß Anordnungen oder Auflagen nicht erfüllt wurden oder geboten sind (§ 52 IV S. 3; vgl. K. Hansmann, in: R. v. Landmann / G. Rohmer, RdNr. 89 zu § 52 BImSchG); ähnlich § 21 IV S. 1, 2 ChemG nur für die Probeentnahme. A. Kloesel / W. Cyran, Anm.1 zu § 65 I AMG meinen, die Kosten der Untersuchung (der Probe) könnten dem jeweiligen Adressaten der Überwachungsmaßnahme auferlegt werden. Dies ist den einschlägigen Vorschriften des AMG nicht zu entnehmen und stünde auch im Widerspruch zur Entschädigungspflicht des Art. 65 III AMG. Ein solcher Widerspruch zwischen Entschädigungspflicht auf der einen und Kostenerstattungspflicht auf der anderen Seite ist in den § 23 III und 25 I BtMG zu sehen.

Der Gesetzgeber geht offensichtlich davon aus, daß Herstellern und Einführern wegen ihrer Wirtschaftskraft bzw. der großen Menge der bei ihnen vorhandenen Stoffe oder Produkte die Probeentnahme entschädigungslos zugemutet werden kann, weil sie objektiv geringfügig und daher subjektiv nicht oder kaum fühlbar ist[57] und die Verwaltung bzw. der Steuerzahler vor nicht zu rechtfertigenden Kosten geschützt werden sollen[58]. Insbesondere die Herausnahme der „Hersteller", in geringerem Maße der „Einführer", aus der Entschädigungspflicht, führt jedoch zu Konsequenzen, die der Gesetzgeber wohl nicht bedacht hat. § 7 I LMBG definiert „Herstellen" als das „Gewinnen, Herstellen (!), Zubereiten, Be- und Verarbeiten". Schließt man hieraus auf den Begriff des „Herstellers", unterfällt diesem Begriff jeder kleine Handwerker; und er erhält im Gegensatz zum Großhändler keine Entschädigung für entnommene Proben. Das verdeutlicht die Problematik dieser Regelung, die ihrem Anspruch nicht gerecht wird, da es sowohl kleine bzw. wirtschaftlich schwache Hersteller und Einführer gibt, denen nach der eigentlichen Absicht des Gesetzgebers eine Entschädigung zukommen müßte, als auch Händler, denen eine entschädigungslose Probenahme zugemutet werden kann[59]. Auch der Verweis auf das Verursacherprinzip kann, vor allem bei leicht verderblichen Stoffen und Produkten, nicht überzeugen. Der Versuch einer Kompromißlösung ist hier mißglückt; von einer „Billigkeitsentschädigung"[60] zu sprechen verfehlt. Wenn man schon nicht gleichmäßig allen Betroffenen eine Entschädigung zugestehen will, sollte man nicht über das rechtlich Geforderte hinausgehen, sondern auf die Entschädigung ganz verzichten. Die Fälle, bei denen die Entnahme einer Probe eine spürbare Belastung für den Betroffenen darstellt, dürften in der Praxis ohnehin selten sein[61].

Ist die Probe verdorben, und damit zu ihrer ursprünglichen Bestimmung unbrauchbar, dann hat sie im Zeitpunkt der Probenentnahme den ursprünglichen Wert verloren, so daß die Entschädigung entfällt. Kann die Probe noch zu anderen Zwecken verwendet werden, so ist bei der Bemessung der Entschädigung dieser „Restwert" zu berücksichtigen[62]. Zweckmäßigerweise ist die Entschädigung auch erst dann zu leisten, wenn feststeht, welchen Wert die Probe hat. Das wird regelmäßig erst nach deren Untersu-

---

[57] Vgl. BGH, Urteil v. 20.9.1971, BGHZ 57, S. 278 (285); B. Bender, Haftung der öffentlichen Hand und Grundrechtsbindung des Privatrechts, NJW 1975, S. 1815; W. Zipfel, RdNr. 33 zu § 42 LMBG.

[58] Vgl. die Begr. zu § 41 des RegE zum LMBG (BT-Drs. 7 / 255, S. 40)

[59] Gleichwohl hat das BVerfG sie für zulässig erachtet (Urteil v. 10.4.1977, ZLR 1977, S. 199 f.).

[60] Ebenda; vgl. auch W. Zipfel, RdNr. 33 zu § 42 LMBG.

[61] Vgl. zu dieser Problematik auch H. Holthöfer u. a., RdNr. 32 zu § 42 LMBG, H. H. Schiedermaier, S. 113, die ähnliche Regelung des § 65 III AMG und dazu R. Schiedermair / J. Pieck, RdNr. 83 f. zu § 18, 19 ApoG sowie A. Kloesel / W. Cyran, RdNr. 7 zu § 65 AMG.

[62] Vgl. A. Kloesel / W. Cyran, Anm.8 zu § 65 III AMG.

chung möglich sein. Ein Anspruch auf Leistung Zug um Zug, wie im Zivilrecht, besteht nicht[63].

Wird der Entschädigungsanspruch bejaht, dann ist Entschädigung für die Probe und für die Gegenprobe zu leisten, weil die Gegenprobe einen Teil der Probe bildet und dem Betroffenen durch die amtliche Verschließung oder Versiegelung entzogen wird[64]. Eine Entschädigung für die Gegenprobe wird jedoch nur bei leicht verderblicher Ware oder dann in Frage kommen, wenn der Nachweis erbracht ist, daß die Probe einem Sachverständigen zur Untersuchung übergeben wurde[65]. Sinn der Entschädigungspflicht kann es nämlich nicht sein, daß der Verpflichtete doppelten Nutzen durch die Entschädigung und durch einen möglichen Verkauf hätte[66].

Einige Vorschriften heben hervor, daß der Verpflichtete auf die Entschädigung verzichten kann[67], was bereits allgemeinen verwaltungsrechtlichen Grundsätzen entspricht, da es sich bei dem Entschädigungsanspruch um einen öffentlich-rechtlichen Anspruch auf eine Geldleistung handelt, der nur dem Interesse des Betroffenen dient[68].

Grundsätzlich ist für die Probe eine „angemessene" Entschädigung zu leisten, d. h., daß für nicht oder nur bedingt verkehrsfähige Ware keine bzw. nur eine verminderte Entschädigung in Frage kommt, da der Betroffene durch die Probenahme weder einen Nutzen erzielen noch einen Schaden erleiden soll[69]. Die Entschädigung ist kein Kaufpreis[70]. Auf den Abgabepreis kann es nicht ankommen[71]. Angemessen ist eine Entschädigung, wenn sie

[63] Vgl. H. H. Schiedermaier, S. 114; W. Zipfel, RdNr. 34 zu § 42 LMBG; H. Holthöfer u. a., RdNr. 32a zu § 42 LMBG; H. Schönhals, S. 175.

[64] Vgl. oben III. 1. und R. Schiedermair / J. Pieck, RdNr. 86 zu §§ 18 / 19 ApoG; E. Benk, S. 582; U. Rüdt, Lebensmittel und ..., S. 47.

[65] A. A. H. H. Schiedermaier, S. 113 f., der eine Entschädigung für die Gegenprobe zwar dann für erforderlich hält, wenn diese durch die Versiegelung und Aufbewahrung nicht mehr verkehrsfähig oder wertgemindert ist, eine Entschädigungspflicht jedoch verneint, wenn der Gewerbetreibende die Gegenprobe in seinem eigenen Interesse untersuchen läßt. Die Untersuchung der Gegenprobe ist jedoch zum einen eine unmittelbare Folge der behördlichen Probenahme. Zum anderen bilden Probe und Gegenprobe rechtlich eine Einheit (vgl. oben), einschließlich des Rechts auf Untersuchung des einen Teils auf Veranlassung des Gewerbetreibenden, weshalb eine Entschädigung für die Gegenprobe auch dann zu leisten ist, wenn das Recht auf ihre Untersuchung ausgeübt wird (vgl. auch Bund für Lebensmittelrecht und Lebensmittelkunde e.V., RdNr. 162).

[66] Vgl. U. Rüdt, Lebensmittel und ..., S. 47.

[67] Vgl. § 21 IV S. 3 ChemG; 23 III BtMG; 65 III AMG; 22 S. 4 WeinG.

[68] Vgl. R. Schiedermair / J. Pieck, RdNr. 89 zu § 18 / 19 ApoG.

[69] Vgl U. Rüdt, Lebensmittel und ..., S. 47.

[70] Vgl. RGSt, Urteil v. 29.6.1914, RGStE 48, S. 361 (363).

[71] Vgl. R. Schiedermair / J. Pieck, RdNr. 88 zu § 18 / 19 ApoG. Wiedersprüchlich H. Schönhals, S. 175 und H. Holthöfer u. a., RdNr. 34 zu § 42 LMBG, die auf der einen Seite vom Selbstkostenpreis, auf der anderen Seite aber vom Groß- oder Kleinhandelspreis sprechen, zu dem in dem entsprechenden Betrieb Waren dieser Art abgesetzt (!) zu werden pflegen.

dem Selbstkostenpreis bzw. den Gestehungskosten, die für die Wiederbeschaffung der entnommenen Waren erwachsen, entspricht. Das ist in der Regel der Einkaufspreis zuzüglich der Mehrwertsteuer[72].

§ 12 Das Verhältnis der Prüfungsbefugnisse zueinander

Es ist zu fragen, ob die verschiedenen oben behandelten Prüfungsbefugnisse in einer Rangfolge hintereinander stehen, oder ob sie gleichrangig nebeneinander angeordnet sind; ob etwa die Behörde zunächst von ihrer Befugnis eine Auskunft zu verlangen, Gebrauch machen muß oder ob sie sogleich Einsicht in Unterlagen nehmen, betreten und besichtigen oder Proben entnehmen darf.

I. Rechtsgrundlagen und Meinungsstand

Aufbau und Wortlaut der einschlägigen Rechtsgrundlagen geben keinen Aufschluß; die verschiedenen Befugnisse werden aufgezählt, ohne daß den Aufzählungen eine Systematisierung hinsichtlich der Rangfolge zu entnehmen wäre[1].

Auch in Literatur und Rechtsprechung hat sich keine einheitliche Linie herausgebildet. Aus der Begründung zum Regierungsentwurf des KWaffG ist ersichtlich, daß die Verfasser an eine Rangfolge der Überwachungsmaßnahmen gedacht haben, und zwar vom Auskunftsverlangen über die Einsichtnahme in Unterlagen bis hin zur Besichtigung an Ort und Stelle[2]. Anderenorts wird ein grundsätzlicher Vorrang des Auskunftsrechts vor den weiteren Prüfungsbefugnissen aus dem Grundsatz der Verhältnismäßigkeit hergeleitet[3]. Das BayObLG[4] vertritt die Auffassung, daß eine Verwaltungs-

---

[72] Vgl. A. Kloesel / W. Cyran, Anm.8 zu § 65 AMG.

[1] So auch H.-J. Wieckmann, S. 119, und W. Blum, S. 185, bezüglich § 46 GWB sowie das OVG Hamburg, Urteil v. 2.4.1976, OVG Bf.I 44 / 74, bezüglich § 44 AWG.

[2] Vgl. BT-Drs. 3 / 1589, S. 23; so auch das OVG Hamburg, Urteil v. 2.4.1976, OVG Bf.I 44 / 74, und G. Kopperschmidt, S. 102 ff., 127 f.. § 97 II S. 1 AO bestimmt, daß die Vorlage von Büchern, Aufzeichnungen, Geschäftspapieren und anderen Urkunden in der Regel erst dann verlangt werden soll, wenn der Vorlagepflichtige eine Auskunft nicht erteilt hat, wenn die Auskunft unzureichend ist oder Bedenken gegen ihre Richtigkeit bestehen. Im Außenprüfungsverfahren dagegen gilt § 97 II AO gerade nicht (§ 200 I S. 4 AO). Auskünfte dürfen dort nur insoweit verlangt werden, als sie zum Verständnis vorgelegter Unterlagen erforderlich sind, als Unterlagen nicht vorgelegt werden, als Auskünfte zur Erreichung des Prüfungsziels zweckmäßig erscheinen oder als Auskunftsverlangen das verhältnismäßigere Mittel gegenüber einem Vorlageverlangen darstellen oder dort, wo der Prüfer Informationen aus den Unterlagen nur mit unverhältnismäßig großem Aufwand gewinnen könnte (vgl. W. Schick, in: Hübschmann u. a., RdNr. 112 ff. zu § 200 AO).

[3] Vgl. E. Rehbinder u. a., RdNr. 25 zu § 21 ChemG, die ihre Aussage jedoch insoweit relativieren, als die anderen Prüfungsbefugnisse auch sofort gebraucht werden kön-

behörde nicht darauf angewiesen sei, sich im Wege der Nachschau die erforderlichen Auskünfte selbst durch Einsicht in die Geschäftsunterlagen zu verschaffen, mögen sie auch dort ersichtlich sein. Das OLG Düsseldorf[5] meint, daß Auskünfte nach § 41 III Nr. 4 LMBG zur Ergänzung und Bestätigung der durch die Maßnahmen nach § 41 III Nr. 3 (Einsichtnahme in Unterlagen und Besichtigung) gewonnenen Erkenntnisse bestimmt seien.

A. Reuter hält ein Verlangen nach Vorlage von Unterlagen bei der Behörde für das mildere Mittel im Vergleich zur Einsichtnahme beim Unternehmen selbst, stellt jedoch fest, daß das GWB keine starre Regel aufstelle, die Kartellbehörde sich somit geschmeidig dem Einzelfall anpassen könne[6]. Andere wiederum stellen keinerlei Rangverhältnis zwischen der Vorlage von Unterlagen und der Auskunftserteilung[7] bzw. zwischen Auskunftserteilung und Betreten[8] fest.

II. Folgerungen

Nachdem die Zusammenschau von Gesetzesmaterialien, Literatur und Rechtsprechung keinen Aufschluß für das Verhältnis der verschiedenen Prüfungsbefugnisse zueinander ergibt, muß versucht werden, mit Hilfe der bereits oben herangezogenen allgemeinen Rechtsgrundsätze zu einer Aussage zu kommen[9]:

---

nen, wenn zu erwarten ist, daß ein Auskunftsverlangen nicht, nicht schnell genug oder inhaltlich nicht ausreichend erfüllt wird oder wenn der auf den Schutz von Mensch und Umwelt vor Stoffgefahren bezogene Gesetzeszweck dies erfordert. Aus dem Urteil des OVG Berlin v. 18.3.1982, GewArch 1982, S. 279 (280), läßt sich ersehen, daß die beklagte Behörde das Auskunftsverlangen als das mildere Mittel gegenüber der Betriebsbesichtigung betrachtet. H. Krüger, S. 72, spricht von einer zwingenden Rangordnung; so wohl auch J. Krieger, Die Ermittlungsmöglichkeiten der Kartellbehörden in Recht und Praxis, WuW 1962, S. 106 f.; W. Blum, S. 185 ff.

[4] Urteil v. 6.12.1962, GewArch 1963, S. 29.

[5] Beschluß v. 11.12.1985, GewArch 1986, S. 87 (88).

[6] Vgl. Kartellbehördliche ..., S. 30. Zu den Bedenken hinsichtlich des Vorlageverlangens „bei der Behörde" vgl. oben § 9 IV.

[7] Vgl. das BayObLG, oben Fn. 4.; K. Hansmann, in: R. v. Landmann / G. Rohmer, RdNr. 45 zu § 52 BImSchG. Bezüglich der Betretungs- bzw. Funktionsprüfungsbefugnis geht dieser offensichtlich ohne weiteres davon aus, daß aufgrund der vom Auskunfts- und Vorlageverlangen grundsätzlich unterschiedlichen Zweckbestimmung eine Rangfolge der Befugnisse nicht in Betracht kommt (vgl. ebenda, RdNr. 60 und 75).

[8] Vgl. VG Augsburg, Urteil v. 15.3.1974, GewArch 1974, S. 343 (344); G. Honig, S. 190. W. Hahn, S. 101, spricht von einer Parallelität der Auskunftsverpflichtung und der Befugnis, zu Zwecken der Überwachung Betriebsstätten an Ort und Stelle überprüfen zu können, durch die der Wert der Überwachungstätigkeit maßgeblich begründet werde.

[9] Vgl. § 4 II. Dort ging es um die Frage der Zulässigkeit behördlicher Prüfungen allgemein, d. h. im Verhältnis zu anderen Möglichkeiten der Informationsbeschaffung, während es hier nun um die Zulässigkeit der verschiedenen Instrumente innerhalb des Instituts der Prüfung geht.

Im Anschluß an das dort Gesagte muß ein Mittel zunächst einmal geeignet sein, den verfolgten Zweck zu erreichen.

Auf die hier behandelte Fragestellung angewendet folgt daraus, daß z. B. ein Auskunftsverlangen ebenso wie eine Einsichtnahme in Unterlagen von vornherein ausscheidet, wenn es darum geht, die hygienischen Verhältnisse eines Geschäftslokals oder einer Produktionsanlage zu überprüfen oder die Zusammensetzung von Stoffen oder Produkten festzustellen. Auskunftsverlangen können sich auch verbieten, da sie eine gewisse Warnfunktion haben und zu dem Versuch führen können, belastende Unterlagen bzw. Zustände im Hinblick auf etwa bevorstehende weitergehende Prüfungen zu beseitigen[10].

Ein Auskunftsverlangen kann angebracht sein, wenn es darum geht, eine Gesamtschau von Daten und Informationen zu erhalten, die nur durch Auswertung einer Vielzahl von Unterlagen erstellt werden kann und deren Anfertigung Außenstehenden aufgrund fehlender Kenntnis der Interna des betreffenden Unternehmens schwer oder gar nicht möglich wäre. Demgegenüber kann eine Einsichtnahme zweckmäßig sein, wenn der in den Einzelheiten unbekannte Inhalt bestimmter Schriftstücke geprüft werden soll und es auf die Unmittelbarkeit des Eindrucks ankommt.

Auf der anderen Seite hilft eine Besichtigung oder eine Probenahme nicht weiter, wenn die Behörde Informationen benötigt, die nur durch Wissenserklärungen, d. h. Auskünfte der Betroffenen, zu erlangen sind.

Welche Prüfungsbefugnis die Behörde anzuwenden hat, richtet sich demnach zu allererst nach der Art der benötigten Information. Sind zwei Eingriffsmöglichkeiten hinsichtlich der Möglichkeit zu ihrer Beschaffung nicht gleichwertig, ist die geeignetere zu wählen. Der Grundsatz des Verbots übermäßig belastender Maßnahmen greift hier zunächst einmal nicht[11].

In der Praxis wird die Palette der zur Verfügung stehenden Mittel so bereits begrenzt. Probenahme und Funktionsprüfung sind in der Regel keine sinnvollen Alternativen zu Auskunft, Einsichtnahme und Besichtigung. Eine Wahlmöglichkeit wird, wenn überhaupt, nur zwischen letzteren bestehen.

In einem zweiten Schritt ist dann unter den verbleibenden Prüfungsbefugnissen diejenige auszuwählen, die bei gleicher Zweckerfüllung die geringste Belastung für den Betroffenen darstellt bzw. seine Rechte am wenigsten einschränkt.

Hier kann man zunächst G. Kopperschmidt[12] zustimmen, wenn er feststellt, daß das Recht, die Geschäftsunterlagen an Ort und Stelle einzusehen

---

[10] Vgl. K. Hanebuth, S. 253.

[11] So auch D. R. Lupberger, S. 187.

[12] S. 102.

und Betriebseinrichtungen und Räume zu besichtigen und zu untersuchen, in mancher Hinsicht über das Auskunftsrecht hinausgeht. In der Tat ist es nicht zu vermeiden, daß bei derartigen Prüfungen mehr zu Kenntnis der Behörde gelangt, als zur Erfüllung ihrer Aufgabe an sich notwendig wäre. Die Betroffenen sind u.U. gezwungen, ihre Verhältnisse in viel weiterem Umfang offenzulegen, als sie das bei einer Auskunftserteilung tun müßten.

Wenn man jedoch die Meinungen zur derzeitigen Rechtslage betrachtet, gibt es zu denken, daß gerade gegenüber dem „mildesten Mittel" der Prüfung eine Vielzahl von Stimmen ein Gegenrecht in Form des Auskunftsverweigerungsrechts für unerläßlich hält, während die anderen Prüfungsbefugnisse uneingeschränkt auch mit Zwang durchsetzbar sein sollen[13]. Vor diesem Hintergrund läßt sich die Theorie vom Auskunftsverlangen als mildestem Mittel nicht uneingeschränkt aufrecht erhalten, auch wenn sie in der Praxis und nach dem Empfinden der Betroffenen in der Mehrzahl der Fälle durchaus zutreffen mag.

Im übrigen tut auch hier eine Differenzierung nach dem Einzelfall not. Die geläufige Gewichtung der Eingriffsmittel hinsichtlich der Schwere des Eingriffs ist nämlich auch sonst nicht immer zutreffend: Wenn es z. B. darum geht, eine Vielzahl von Unterlagen zu sichten und daraus Informationen mosaikähnlich zusammenzutragen, sind entsprechende Auskunftsverlangen für die Unternehmen oft mit erheblichem Kostenaufwand verbunden. Demgegenüber wäre ein Einsichtsverlangen, das die Arbeit der Zusammenstellung und Sichtung der Unterlagen der Behörde überläßt, auch wenn dies eventuell mit einer Einschränkung der räumlichen Integrität des Unternehmens verbunden ist, als das mildere Mittel, der geringere Eingriff zu werten.

Unter Berücksichtigung dieser Gesichtspunkte muß man davon ausgehen, daß den Behörden die jeweiligen Befugnisse grundsätzlich nebeneinander zur Verfügung stehen und nur im Einzelfall im Rahmen des pflichtgemäßen Ermessens zu entscheiden sein wird, welche Befugnis eingesetzt werden soll[14]. Die Behörde muß jedoch beim Erlaß einer Prüfungsanordnung dem Betroffenen gegenüber erkennbar machen, aus welchen Zweckmäßigkeitserwägungen sie welches Mittel wählt[15], um die Nachprüfbarkeit ihrer Entscheidung zu gewährleisten und dem Betroffenen die Möglichkeit einzuräumen, ein anderes, ihm angenehmeres Mittel anzubieten.

---

[13] Vgl. dazu oben § 8 IV.

[14] Vgl. H.-J. Wieckmann, S. 122 ff. Zur gleich gelagerten Problematik in Art. 47 I EGKS vgl. die zutreffenden Bemerkungen von K. Hanebuth, S. 252 ff.; H. Würdinger, S. 16 f.

[15] Vgl. OVG Hamburg, Urteil v. 2.4.1976, OVG Bf. I 44 / 74.

Empfehlungen und Leitsätze

Die Untersuchung hat gezeigt, daß die Ausgestaltung behördlicher Prüfungsbefugnisse im Recht der Wirtschaftsüberwachung in mancher Hinsicht einer Nachbesserung seitens des Gesetzgebers bedarf. Dabei soll hier nicht unbedingt einer Neuregelung in Form eines behördliche Prüfungen betreffenden Spezialgesetzes das Wort geredet werden, eine Verbesserung der bestehenden Vorschriften tut jedoch not, vor allem aber auch eine Vereinheitlichung. Viele Ungereimtheiten sind offensichtlich nur durch die sukzessive Einführung neuer, behördliche Prüfungsbefugnisse enthaltender Rechtsvorschriften entstanden und durch redaktionelle Überarbeitung zu beheben, wenn man das Institut behördlicher Prüfungen auf ein einheitliches rechtliches Fundament stellt.

Zu fordern ist vor allem eine klare, dem Regelungsgrund behördlicher Prüfungen gerecht werdende Ausgestaltung des Kreises der Verpflichteten, indem die Inanspruchnahme des Inhabers des Gegenmittels ermöglicht wird. Die zulässige Prüfungszeit muß sich am einschlägigen Gefahrentatbestand orientieren, nicht an Betriebs- und Geschäftszeiten. Das Auskunftsverweigerungsrecht sollte aus den Vorschriften entfernt werden. Zum Ausgleich bedarf es eindeutigerer Geheimhaltungsbestimmungen und Verwertungsverbote mit detailliert geregelten Durchbrechungstatbeständen. Die Regelung behördlicher Zutrittsbefugnisse sollte mit Art. 13 GG in Einklang gebracht werden. Dazu bedarf es nur redaktioneller Veränderungen der einschlägigen Vorschriften (vgl. auch unten die Leitsätze 27-30). Entschädigungszahlungen für entnommene Proben sind nach Art. 14 GG nicht gefordert. Wenn trotzdem Billigkeitsentschädigungen vorgesehen bleiben sollen, müßte auf eine sachgerechte Regelung geachtet werden.

Darüber hinaus lassen sich als Ergebnis der vorangegangenen Untersuchung und allgemeingültige Rechtsgrundsätze die folgenden Leitsätze für behördliche Prüfungen im Recht der Wirtschaftsüberwachung festhalten:

1. Behördliche Prüfungen finden in einem vom materiellen Überwachungsrechtsverhältnis unabhängigen Prüfungsrechtsverhältnis statt. Neben den Hauptpflichten innerhalb dieses Rechtsverhältnisses bestehen Nebenpflichten, wie z. B. besondere Mitwirkungspflichten.

2. Werden Private mit der Durchführung von Prüfungen betraut und sollen diese befugt sein, einzelne Prüfungsanordnungen zu treffen, bedarf es einer Beleihung.

3. Die Prüfenden haben sich grundsätzlich auszuweisen.
4. Den Betroffenen stehen grundsätzlich keine Ablehnungsrechte gegen die prüfende Behörde oder die Person des Prüfers zu.
5. Die Beendigung der Prüfung ist dem Betroffenen unter Angabe des Ergebnisses mitzuteilen.
6. Ein begründeter Verdacht oder besonderer Anlaß seitens der Behörde vor Einleitung einer Prüfungsmaßnahme ist in der Regel nicht erforderlich. Die Prüfungsbefugnis besteht nur in unmittelbarem Zusammenhang mit einem der Überwachung unterliegenden Tatbestand.
7. Die Prüfungsmaßnahme muß geeignet sein, den zulässigerweise angestrebten Zweck zu erreichen.
8. Die zu ermittelnden Informationen dürfen der Behörde nicht bereits vorliegen. Falls die Behörde sich die Informationen auch anderweitig verschaffen könnte, müssen ersparter Aufwand der Behörde und Aufwand des Betroffenen in einem angemessenen Verhältnis zueinander stehen, um eine unmittelbare Prüfung zu rechtfertigen.
9. Das öffentliche Interesse an der Durchführung einer Prüfung muß in einem angemessenen Verhältnis zu den Belastungen des Betroffenen stehen.
10. Informelles Vorgehen seitens der Behörden ist weder aus praktischen Gründen erforderlich noch rechtlich zulässig.
11. Mitwirkungspflichten bei behördlichen Prüfungen bestehen grundsätzlich nicht unmittelbar aufgrund Gesetzes. Sie bedürfen der Konkretisierung durch die zuständige Behörde.
12. Soweit keine Befugnisnorm vorhanden ist, ergibt sich die Prüfungsbefugnis aus den Normen, die die allgemeinen Mitwirkungspflichten für die Verpflichteten begründen.
13. Prüfungsverlangen sind Verwaltungsakte, die eine allgemeine gesetzliche Pflicht konkretisieren. Dabei handelt es sich um selbständige Verfügungen.
14. Vor Durchführung einer Prüfung ist grundsätzlich eine Anhörung durchzuführen.
15. Die Anordnung der sofortigen Vollziehung ist grundsätzlich nur bei außerordentlichen Prüfungen zulässig.
16. Die zulässige Häufigkeit von Prüfungen richtet sich nach der Dauer des Betriebes sowie vorherigen Beanstandungen.
17. Auskünfte müssen wahrheitsgemäß und rechtzeitig erteilt werden sowie die Nachprüfung ihrer Vollständigkeit und Richtigkeit ermöglichen.

18. Eine bestimmte Form für die Auskunftserteilung ist grundsätzlich nicht vorgeschrieben.

19. Die Auskunftspflicht erstreckt sich auf Tatsachen.

20. Den Verpflichteten obliegt eine gewisse Erkundigungspflicht.

21. Überwachungsmaßnahmen müssen sich grundsätzlich auf den Geschäftsbetrieb des in Anspruch genommenen Unternehmens beziehen.

22. Der Einsichtnahme unterliegt alles betriebliche Schriftgut nicht ausschließlich privaten Inhalts, auch in Form von fotografischen oder fotomechanischen Reproduktionen, Ton- oder Datenträgern, über welche der Verpflichtete Verfügungsgewalt hat und die sich in seinem Allein- oder Mitgewahrsam befinden.

23. Der Betroffenen ist nicht verpflichtet, den Gewahrsam an Geschäftsunterlagen aufzugeben.

24. Ort der Einsichtnahme in Unterlagen sind die Geschäftsräume des Verpflichteten, soweit nichts anderes bestimmt ist.

25. Die Verpflichteten unterliegen einer Aufbewahrungspflicht für bestimmte Unterlagen.

26. Die Unterlagen sind „lesbar“ zu machen.

27. Der Schutzbereich des Art. 13 GG umfaßt auch Betriebs- und Geschäftsräume.

28. Das Betreten von Betriebs- und Geschäftsräumen im Rahmen einer Prüfung stellt einen Eingriff in den Schutzbereich des Art. 13 GG dar.

29. Der Zutritt zu Betriebs- und Geschäftsräumen ist im Rahmen behördlicher Prüfungen durch den in Art. 13 III 2. Alt GG erwähnten Zweck der „Verhütung dringender Gefahren für die öffentliche Sicherheit und Ordnung“ gerechtfertigt.

30. Bei den mit dem Zutritt zu Betriebs- und Geschäftsräumen verbundenen Prüfungshandlungen handelt es sich nicht um Durchsuchungen im Sinne des Art. 13 II GG.

31. Die Verpflichteten haben im Rahmen ihrer Mitwirkungspflicht einen reibungslosen Ablauf der Prüfung zu ermöglichen.

32. Probenahmen in den Verkaufsräumen während der Öffnungszeiten haben unauffällig zu erfolgen. Eine Untersuchung der Proben an Ort und Stelle ist nur in Ausnahmefällen zulässig.

33. In der Regel ist eine Gegen- bzw. Zweitprobe zurückzulassen, die nur von einem besonders ermächtigten Sachverständigen untersucht werden darf. Dem Verpflichteten ist eine Empfangsbescheinigung für die Probe auszustellen.

34. Bei der Probenahme handelt es sich um einen Sonderfall einer öffentlich-rechtlichen Beschlagnahme und nicht um eine entschädigungspflichtige Enteignung i.S.d. Art. 14 III GG.

35. Dort, wo eine Entschädigung vorgesehen ist, entfällt sie trotzdem oder vermindert sich, wenn die Probe zum Zeitpunkt der Entnahme verdorben war oder später noch zu anderen Zwecken verwendet werden kann.

36. Zwischen den einzelnen Prüfungsbefugnissen besteht grundsätzlich keine Rangordnung. Der Einsatz der Prüfungsbefugnisse richtet sich nach den sachlichen Anforderungen und Umständen des Einzelfalls.

Literaturverzeichnis

Achterberg, Norbert: Allgemeines Verwaltungsrecht, Heidelberg 1982.

— Die Rechtsordnung als Rechtsverhältnisordnung, Berlin 1982.

Andrick, Bernd: Grundlagen der Staatsaufsicht über die juristischen Personen des öffentlichen Rechts, in: JA 1987, S. 546 ff.

Arbeiter, Hans-Christian: Die Durchsetzung gesetzlicher Pflichten, Berlin 1978.

Bachof, Otto: Die Dogmatik des Verwaltungsrechts vor den Gegenwartsaufgaben der Verwaltung, in: VVDStRL 30, Berlin 1972.

Badura, Peter: Das Verwaltungsverfahren, in: Erichsen, Hans-Uwe / Martens, Wolfgang (Hrsg.), Allgemeines Verwaltungsrecht, 6. Aufl., Berlin / New York 1983, S. 317 ff.

Bähre, Inge Lore: KWG-Kommentar, München 1986.

Bary, Otto G. v.: Das Auskunftsverlangen im Kartellrecht, in: GewArch 1962, S. 3 ff.

Battis, Ulrich: Bundesbeamtengesetz, München 1980.

— Schutz der Gewerberäume durch Art. 13 GG und Wirtschafts-, Arbeits- und Steueraufsicht – BVerfGE 32, 54, in: JuS 1973, S. 25 ff.

Bauer, Hartmut: Informelles Verwaltungshandeln im öffentlichen Wirtschaftsrecht, in: VerwArch 1987, S. 241 ff.

Baumbach, Adolf / *Hefermehl*, Wolfgang: Wettbewerbsrecht, 12. Aufl., München 1978.

Bender, Bernd: Haftung der öffentlichen Hand und Grundrechtsbindung des Privatrechts, in: NJW 1975, S. 1813 ff.

Benk, E.: Überprüfung von Lebensmittelbetrieben durch die amtliche Lebensmittelüberwachung, in: Die Ernährungswirtschaft 1964, S. 582 ff.

Benndorf, Michael: Zur Bestimmung der hoheitsrechtlichen Befugnisse gemäß Art. 33 Abs. 4 GG, in: DVBl. 1981, S. 23 ff.

Birn, Helmut: Abfallbeseitigungsrecht für die betriebliche Praxis, Kissing 1983.

Blum, Walter: Die Auskunfts- und sonstigen Ermittlungsrechte der Kartellbehörden nach dem Gesetz gegen Wettbewerbsbeschränkungen, dem Gesetz über Ordnungswidrigkeiten und dem europäischen Kartellrecht, 1968.

Börner, Achim-Rüdiger: Die Verfahren nach § 4, 11 EnWiG, insbesondere Auskunftsrecht und Geheimhaltung, in: Recht der Elektrizitätswirtschaft 1985, S. 182 ff.

Bohne, Eberhard: Informales Verwaltungs- und Regierungshandeln als Instrument des Umweltschutzes, in: VerwArch 1984, S. 343 ff.

Breit, Gottfried: Staatsaufsicht über Privatunternehmungen, Zeulenroda 1937.

Brenner, Karl: Zum Auskunftsverweigerungsrecht des Steuerpflichtigen bei der Betriebsprüfung, in: BB 1978, S. 910 f.

Breuer, Rüdiger: Konflikte zwischen Verwaltung und Strafverfolgung, in: DÖV 1987, S. 169 ff.

— Schutz von Betriebs- und Geschäftsgeheimnissen im Umweltschutzrecht, in: NVwZ 1986, S. 171 ff.

Brunner, Walter: Der Täterkreis bei Kartellordnungswidrigkeiten, Pfaffenweiler 1986.

Brustkern, Gisela: Zur Notwendigkeit einer künftigen Aussetzungsverpflichtung in Straf- und Ordnungswidrigkeitensachen, in: GewArch 1986, S. 321 ff.

Bull, Hans Peter: Allgemeines Verwaltungsrecht, Königstein / Ts. 1982.

Bullinger, Martin: Staatsaufsicht in der Wirtschaft, in: VVDStRL 22, Berlin 1965, S. 264 ff.

— Wettbewerbsgefährdung durch präventive Wirtschaftsaufsicht, in: NJW 1978, S. 2121 ff.

Bund für Lebensmittelrecht und Lebensmittelkunde e. V.: Leitfaden für die lebensmittelrechtliche Praxis, 2. Aufl., Stuttgart 1984.

Caemmerer, Ernst von (Hrsg.): Arbeiten zur Rechtsvergleichung, Frankfurt / Berlin 1964.

Dagtoglou, Prodromos: Befangenheit und Funktionenhäufung in der Verwaltung, in: Festgabe für Ernst Forsthoff zunm 65. Geburtstag, München 1967, S. 65 ff.

— Kommentierung zu Art. 13 GG, in: Kommentar zum Bonner Grundgesetz, Hamburg 1986.

— Das Grundrecht der Unverletzlichkeit der Wohnung (Art. 13 GG), in: JuS 1975, S. 753 ff.

— Der Private in der Verwaltung als Fachmann und Interessenvertreter, Heidelberg 1964.

Denninger, Erhard: Einführung in Probleme des Amtshilferechts, insbesondere im Sicherheitsbereich, in: JA 1980, S. 280 ff.

Dorn, Erwin: Auskunftspflicht und Auskunftsverweigerung im Steuerrecht, Münden 1953.

Dreher, Eduard / *Tröndle,* Herbert: Strafgesetzbuch, 42. Aufl., München 1985.

Dreier, Horst: Erkennungsdienstliche Maßnahmen im Spannungsfeld zwischen Gefahrenabwehr und Strafverfolgung, in: JZ 1987, S. 1009 ff.

Drews, Bill / *Wacke,* Gerhard / *Vogel,* Klaus / *Martens,* Wolfgang: Gefahrenabwehr, 9. Aufl., Köln u.a. 1986.

Düwel, Peter: Das Amtsgeheimnis, Berlin 1965.

Eichberger, Michael: Die Einschränkung des Rechtsschutzes gegen behördliche Verfahrenshandlungen, Berlin 1986.

Erichsen, Hans-Uwe: Der Schutz der Allgemeinheit und der individuellen Rechte durch die polizei- und ordnungsrechtlichen Handlungsvollmachten der Exekutive, in: VVDStRL 35, 1977, S. 171 ff.

— Kommunalaufsicht – Hochschulaufsicht, in: DVBl. 1985, S. 943 ff.

Erichsen, Hans-Uwe / *Martens,* Wolfgang: Das Verwaltungshandeln, in: dieselben (Hrsg.), Allgemeines Verwaltungsrecht, 6. Aufl., Berlin / New York 1983, S. 129 ff.

Ernst, Werner / *Zinkahn,* Willy / *Bielenberg,* Walter: Bundesbaugesetz, München 1985.

Eyermann, Erich / *Fröhler,* Ludwig: Handwerksordnung, München / Berlin 1967.

Feldhaus, Gerhard: Bundesimmisionsschutzrecht, Wiesbaden 1986.

Fischer, Bianca: Divergierende Selbstbelastungspflichten nach geltendem Recht, Berlin 1979.

Fischerhof, Hans: Deutsches Atomgesetz und Strahlenschutzrecht, 2. Aufl. 1978.

Forsthoff, Ernst: Die Verfahrensvorschriften im Kartellgesetz, in: Festschrift für Rudolf Isay, Köln / Berlin 1956, S. 95 ff.

Friauf, Karl Heinrich: Polizei- und Ordnungsrecht, in: I. v. Münch (Hrsg.), Besonderes Verwaltungsrecht, 7. Aufl., Berlin / New York 1985, S. 181 ff.

Fröhler, Ludwig / *Kormann,* Joachim: Kommentar zur Gewerbeordnung, Heidelberg 1978.

Fuhr, Eberhard: Kommentar zur Gewerbeordnung, Darmstadt 1985.

Gentz, Manfred: Die Unverletzlichkeit der Wohnung, Berlin 1968.

Gern, Alfons: Güterabwägung als Auslegungsprinzip des öffentlichen Rechts, in: DÖV 1986, S. 462 ff.

Gieseke, Paul / *Wiedemann,* Werner / *Czychowski,* Manfred: Wasserhaushaltsgesetz, 4. Aufl. 1985.

Gleiss, Wilhelm: Das Auskunftsrecht der Wirtschaftsverwaltung, in: BB 1950, S. 146 ff.

Götz, Volkmar: Allgemeines Polizei- und Ordnungsrecht, 8. Aufl., Göttingen 1985.

— Technischer Überwachungsverein und Verfassungsrecht, in: Götz, Volkmar / Lukes, Rudolf, Zur Rechtsstruktur der Technischen Überwachungs-Vereine, Heidelberg 1975, S. 32 ff.

Gottwald, Peter: Zur Wahrung von Geschäftsgeheimnissen im Zivilprozeß, in: JZ 1979, S. 1780 ff.

Grabitz, Eberhard: Der Grundsatz der Verhältnismäßigkeit in der Rechtsprechung des Bundesverfassungsgerichts, in: AöR 1973, S. 568 ff.

Gröschner, Rolf: Wirtschaftsüberwachung in gewerbepolizeirechtlicher Tradition und wirtschaftsverwaltungsrechtlichem Wandel, in: J. Makswit / F. K. Schoch, Aktuelle Fragen ..., Vom Gewerbepolizeirecht zum Wirtschaftsverwaltungsrecht, Berlin / New York 1986.

Grützner, Winfried: Richtiges Verhalten bei Kartellamts-Ermittlungen im Unternehmen, 2. Aufl., Heidelberg 1978.

Häberle, Peter: Das Verwaltungsrechtsverhältnis – eine Problemskizze, in: derselbe, Die Verfassung des Pluralismus, Königstein / Ts. 1980, S. 248 ff.

Hahn, Werner: Offenbarungspflichten im Umweltschutzrecht, Köln u. a. 1984.

Hamann, Andreas: Die Auskunftspflichtverordnung, in: BB 1954, S. 293 f.

Hamann, Volker / *Schnier,* Ludwig: Der Schutz des Verbrauchers durch die Lebensmittelüberwachung; ihre Durchführung und Fortentwicklung, Wiesbaden / Berlin 1958.

Hanebuth, Klaus: Das Auskunftsrecht im europäischen Wirtschaftsrecht, Baden-Baden 1967.

Hansen-Dix, Frauke: Die Gefahr im Polizeirecht, im Ordnungsrecht und im Technischen Sicherheitsrecht, Köln u. a. 1982.

Heckel, Peter: Das Informationsrecht der Verwaltung im Spannungsfeld mit der Informationsbeschaffung im straf- und bußgeldrechtlichen Ermittlungsverfahren, 1981.

Hein, G. / *Eichhoff,* E. / *Pukall,* A. / *Krien,* E.: Güterkraftverkehrsgesetz, Berlin 1985.

Heise, Gerd / *Riegel,* Reinhard: Musterentwurf eines einheitlichen Polizeigesetzes, 2. Aufl., Stuttgart u. a. 1978.

Held, Jürgen: Der Grundrechtsbezug des Verwaltungsverfahrens, Berlin 1984.

Helgerth, Roland: Der „Verdächtige" als schweigeberechtigte Auskunftsperson und selbstständiger Prozeßbeteiligter neben dem Beschuldigten und dem Zeugen, 1976.

Hellmann, Thomas: Materiellrechtlicher Auskunftsanspruch und prozessuale Auskunftspflicht, 1978.

Henke, Wilhelm: Besprechung zu Norbert Achterberg, Die Rechtsordnung als Rechtsverhältnisordnung und Allgemeines Verwaltungsrecht, in: NVwZ 1983, S. 534 f.

— Das Subjektive Öffentliche Recht, Tübingen 1968.

— Das subjektive Recht im System des öffentlichen Rechts, in: DÖV 1980, S. 621 ff.

— Die Rechtsformen der sozialen Sicherung und das Allgemeine Verwaltungsrecht, in: VVDStRL 28, Berlin 1970, S. 149 ff.

— Juristische Systematik der Grundrechte, in: DÖV 1984, S. 1 ff.

— System und Institute des öffentlichen Rechts der Wirtschaft, in: DVBl. 1983, S. 982 ff.

Henneberg, E.: Übergang vom Besteuerungsverfahren zum Strafverfahren, in: BB 1970, S. 1128 ff.

Hermanns, Ferdinand: Ermittlungsbefugnisse der Kartellbehörden, 2. Aufl., Köln 1978.

— Überspannte Anforderungen an die Aufsichtspflicht, in: Forschungsinstitut für Wirtschaftsverfassung und Wettbewerb e.V. Köln (Hrsg.), Schwerpunkte des Kartellrechts 1984/85, S. 15 ff.

Herold, Georg: Lebensmittelrecht und Lebensmittelüberwachung, in: Die Ernährungswirtschaft 1962, S. 410 ff.

Hill, Hermann: Das fehlerhafte Verfahren und seine Folgen im Verwaltungsrecht, Heidelberg 1986.

Hocke, Ernst / *Berwald,* Siegfried / *Maurer,* Heinz Dieter: Außenwirtschaftsrecht, Heidelberg 1984.

Hoffmann, Dietrich: Zur Bedeutung von § 46 GWB im Verwaltungs- und Ordnungswidrigkeitenverfahren, in: Forschungsinstitut für Wirtschaftsverfassung und Wettbewerb e.V. Köln, Rechtsfragen der Ermittlung von Kartellordnungswidrigkeiten, Köln u. a. 1974, S. 1 ff.

Hoffmann, Egon / *Seitter,* Oswald: Gaststättenrecht, 3. Aufl., Heidelberg 1985.

Holthöfer, Hugo / *Nüse,* Karl-Heinz / *Franck,* Rudi: Lebensmittelrecht, Köln 1982.

Honig, Gerhart: Die gesetzlichen Auskunftspflichten des Handwerksbetriebes, in: GewArch 1979, S. 187 ff.

Huber, Ernst Rudolf: Wirtschaftsverwaltungsrecht, 2. Aufl., Tübingen 1953.

Hübschmann / Hepp / Spitaler: Kommentar zur Abgabenordnung und Finanzgerichtsordnung, Köln 1986.

Hufen, Friedhelm: Fehler im Verwaltungsverfahren, Baden-Baden 1986.

Immenga / Mestmäker: GWB, München 1981.

Ipsen, Hans Peter: Gesetzliche Indienstnahme Privater für Verwaltungsaufgaben, in: Um Recht und Gerechtigkeit, Festgabe für Erich Kaufmann, Stuttgart 1950, S. 141 ff.

Isensee, Josef: Besprechung zu Helmuth Schulze-Fielitz, Der informale Verfassungsstaat, in: DVBl. 1986, S. 955 ff.

Jaag, Tobias: Die Abgrenzung zwischen Rechtssatz und Einzelakt, Zürich 1985.

Jakobs, Michael Ch.: Der Grundsatz der Verhältnismäßigkeit, Köln u. a. 1985.

Janssen, Fritz: Der praktische Vollzug der auf § 38 der Gewerbeordnung beruhenden Rechtsvorschriften, in: GewArch 1967, S. 193 ff., 217 ff.

Jarass, Hans D.: Bundes-Immissionsschutzgesetz, München 1983.

Jehle, Otto: Die Auskunftspflicht nach § 116 BSHG, in: Zeitschrift für das Fürsorgewesen 1970, S. 2 ff.

Kickartz, Peter:Ermittlungsmaßnahmen zur Gefahrenerforschung und einstweilige polizeiliche Anordnung, Gießen 1984.

Kimminich, Otto: Kommentierung zu Art. 14 GG, in: Kommentar zum Bonner Grundgesetz, Hamburg 1986.

Kleinknecht, Theodor / *Meyer,* Karlheinz: Strafprozeßordnung, 36. Aufl., München 1983.

Kloesel, Arno: Lebensmittelkontrollen in Abwesenheit des Betriebsinhabers, in: Deutsche Lebensmittel-Rundschau 1962, S. 111 ff.

Kloesel, Arno / *Cyran,* Walter: Arzneimittelrecht, 3. Aufl., Stuttgart 1986.

Knemeyer, Franz-Ludwig: Geheimhaltungsanspruch im Kartellverfahren, in: DB 1984, Beilage Nr. 18.

— Geheimhaltungsanspruch und Offenbarungsbefugnis im Verwaltungsverfahren, in: NJW 1984, S. 2241 ff.

— Polizei- und Ordnungsrecht, 2. Aufl., München 1985.

Kniesel, Michael: Neue Polizeigesetze contra StPO? in: ZRP 1987, S. 377 ff.

Knopp, Anton / *Fichtner,* Otto: Bundessozialhilfegesetz, 2. Aufl., Berlin 1971.

Knorr, Gerhard: Geheimhaltung und Gewerbeaufsicht, Berlin 1982.

— Probleme der Geheimhaltungspflichten im Bereich der Gewerbeaufsicht, in: GewArch 1980, S. 281 ff.

Kolbenschlag, Heinrich / *Lessmann,* Kurt: Taschenlexikon Handwerksrechtlicher Entscheidungen (THwE), Berlin 1963.

Kolbenschlag, Heinrich / *Lessmann,* Kurt / *Stücklen,* Richard: Die Deutsche Handwerksordnung, Berlin 1984.

Kopp, Ferdinand: Feststellende Verwaltungsakte und Vollziehungsverfügungen im Gewerberecht, in: GewArch 1986, S. 41 ff.

— Verwaltungsgerichtsordnung, 5. Aufl., München 1981.

— Verwaltungsverfahrensgesetz, 3. Aufl., München 1983.

Kopperschmidt, Gert: Die Auskunftspflicht gegenüber der Verwaltung, 1951.

Krasney, Otto Ernst: Zur Anhörungspflicht im Verwaltungsverfahren, in: NvWZ 1986, S. 337 ff.

Krieger, Jochen: Die Ermittlungsmöglichkeiten der Kartellbehörden in Recht und Praxis, in: WuW 1962, S. 104 ff.

Krüger, Herbert: Auskunftspflicht und Betriebsprüfung in der Regelung des Gesetzes gegen Wettbewerbsbeschränkungen, in: DB 1958, S. 71 ff.

Kühn, Rolf / *Kutter,* Heinz / *Hofmann,* Ruth: Abgabenordnung, 14. Aufl., Stuttgart 1983.

Landmann, Robert von / *Rohmer,* Gustav: Gewerbeordnung und ergänzende Vorschriften, Bände I - III, München 1987.

Langen, Eugen: Kommentar zum Kartellgesetz, 3. Aufl., Neuwied 1957.

Liekefett, Karlheinz: Das informelle Auskunftsersuchen des Bundeskartellamtes, in: DB 1975, S. 339 ff.

Ludwig, Wolfgang / *Cordt,* Adolf / *Stech,* Jürgen / *Odenthal,* Hans: Recht der Elektrizitäts-, Gas- und Wasserversorgung, Frankfurt/M. 1984.

Lüke, Gerhard: Der Informationsanspruch im Zivilrecht, in: JuS 1986, S. 1 ff.

Lundt, P. / *Schiwy,* P.: Betäubungsmittelrecht, Percha 1982.

Lupberger, Dirk R.: Auskunfts- und Prüfungsverfahren der Kartellbehörden gegen Unternehmen und verfassungsrechtlicher Datenschutz, Köln u. a. 1987.

Mandelartz, Herbert: Anhörung, Absehen von der Anhörung, Nachholen der unterbliebenen Anhörung – Zur Relativierung eines Verfahrensrechts, in: DVBL. 1983, S. 112 ff.

Martens, Joachim: Die Praxis des Verwaltungsverfahrens, München 1985.

Martens, Wolfgang: Wandlungen im Recht der Gefahrenabwehr, in: DÖV 1982, S. 89 ff.

Maunz, Theodor / *Dürig,* Günter / *Herzog,* Roman / *Scholz,* Rupert: Grundgesetz, München 1984.

Mayer, Otto: Deutsches Verwaltungsrecht, Bd. 1, Nachdruck der 3. Aufl. 1895, Berlin 1961.

Mayr, Christoph: Aufsichtsverhältnisse als Verwaltungsrechtsverhältnisse, Spardorf 1984.

Mertens, Alfred: Besichtigungs- und Prüfrecht der Aufsichtsdienste, in: „sicher ist sicher" 1979, S. 366 ff.

Messerschmidt, Lothar: Zur Heilung und Folgenlosigkeit von Verfahrens- und Formfehlern bei Verwaltungsakten gem. § 45 und 46 VwVfG, in: NvWZ 1985, S. 877 ff.

Meyer, Hans / *Borgs-Maciewski,* Hermann: Verwaltungsverfahrensgesetz, 2. Aufl., Frankfurt/M. 1982.

Meyer, Thomas J.: Das Auskunftsrecht der Kartellbehörde (§ 46 GWB), München 1987.

Michel, Elmar / *Kienzle,* Werner: Das Gaststättengesetz, 8. Aufl., Köln u. a. 1982.

Mörtel, Georg / *Metzner,* Richard: Gaststättengesetz, 4. Aufl., München 1988.

Mösbauer, Heinz: Der verwaltungsgerichtliche Überwachungsauftrag im Immissionsschutzrecht, in: NVwZ 1985, S. 457 ff.

— Immissionsschutzrecht und Staatsaufsicht, in: VerwArch 1981, S. 17 ff.

Müller-Christmann, Bernd: Warenhauspassage als Geschäftsraum oder befriedetes Besitztum? in: JuS 1987, S. 19 ff.

Müller-Heidelberg, K. / *Clauss,* H. W.: Das niedersächsische Gesetz über die öffentliche Sicherheit und Ordnung, 2. Aufl., Hannover 1956.

Münch, Ingo von (Hrsg.): Grundgesetz, Frankfurt/M. 1974.

Münz, Peter / *Haselau,* Klaus: Wirtschaftsrecht des Straßenverkehrs, GüKG/PBefG, Bonn / Bad Godesberg 1985.

Mußmann, Eike: Zur „Vollziehungsverfügung" im Gewerberecht, in: GewArch 1986, S. 126 f.

Nieß-Mache, Chr.: Auskunftsrechte und Auskunftspflichten gegenüber Dritten bei Abwassereinleitungen, in: UPR 1987, S. 130 ff.

Nirk, Rudolf: Das Kreditwesengesetz, 8. Aufl., Frankfurt/M. 1985.

Nöthe, Heinz: Die Lebensmittelüberwachung im Lande Nordrhein-Westfalen, in: GewArch 1962, S. 149 ff.

Obermayer, Klaus: Kommentar zum Verwaltungsverfahrensgesetz, Darmstadt 1983.

Obernolte, Wolfgang / *Danner,* Wolfgang: Energiewirtschaftsrecht, München 1984.

Ossenbühl, Fritz: Der Vorbehalt des Gesetzes und seine Grenzen, in: Götz, Volkmar / Klein, Hans / Starck, Christian (Hrsg.), Die öffentliche Verwaltung zwischen Gesetzgebung und richterlicher Kontrolle, München 1985, S. 33 ff.

— Die Erfüllung von Verwaltungsaufgaben durch Private, in: VVDStRL 29, Berlin 1971, S. 137 ff.

— Die Handlungsformen der Verwaltung, in: JuS 1979, S. 681 ff.

Osterloh, Lerke: Erfordernis gesetzlicher Ermächtigung für Verwaltungshandeln in Form des Verwaltungsakts, in: JuS 1983, S. 280 ff.

Palandt: Bürgerliches Gesetzbuch, 46. Aufl., München 1987.

Papperitz, Günter: Die Durchführung der Außenprüfung in den Geschäftsräumen des Steuerpflichtigen, in: BB 1980, S. 674 ff.

Pfeiffer, Kurt: Die Staatsaufsicht über die Körperschaften, Anstalten und Stiftungen des öffentlichen Rechts unter besonderer Berücksichtigung der bayerischen Verhältnisse, 1958.

Pickel, Harald: Lehrbuch des sozialrechtlichen Verwaltungsverfahrens, 2. Aufl., Wiesbaden 1985.

Potrykus, Gerhard / Steindorf, Joachim: Waffenrecht, 5. Aufl., München 1982.

Püttner, Günter: Die öffentlichen Unternehmen, 2. Aufl., Stuttgart u. a. 1985.

Radek, Erwin: Das neue Chemikaliengesetz, München 1981.

Rathke, Kurt-Dietrich: Mitwirkungspflichten bei der Kontrolle nach dem LMBG und dem EichG und ihre Grenzen, in: ZLR 1985, S. 115 ff.

Rebentisch, Manfred: Technische Kontrolle in staatlicher Verantwortung, in: UPR 1987, S. 401 ff.

Recktenwald, Horst Claus: Wörterbuch der Wirtschaft, 9. Aufl., Stuttgart 1981.

Rehbinder, Eckard / *Kayser*, Detlev / *Klein*, Helmut: Chemikaliengesetz, 1985.

Reischauer, Friedrich / *Kleinhans*, Joachim: Kreditwesengesetz, Berlin 1985.

Reiß, Wolfram: Gesetzliche Auskunftsverweigerungsrechte bei Gefahr der Strafverfolgung in öffentlichrechtlichen Verfahren, in NJW 1982, S. 2540 f.

Rengeling, Hans-Werner: Erfüllung staatlicher Aufgaben durch Private, Köln u. a. 1986.

Reuter, Alexander: Informale Auskunftsbitten der Kartellbehörden – Praxis contra legem? in: WuW 1986, S. 93 ff.

— Kartellbehördliche Recherche als Eingriff in Freiheit und Eigentum, 1983.

Riegel, Reinhard: Bemerkungen zum Musterentwurf eines einheitlichen Polizeigesetzes des Bundes und der Länder, in: BayVBl. 1977, S. 682 ff.

— Zur Frage der Auskunftspflicht nach Allgemeinem Polizeirecht, in: DÖV 1978, S. 501 ff.

Rößler, Gerhard: Die Durchführung von Außenprüfungen in den Räumen des Steuerpflichtigen, in: BB 1980, S. 1634 ff.

— Verletzen die Finanzämter mit der Durchführung von Außenprüfungen in den Räumen des Steuerpflichtigen Artikel 13 GG? in: StBp. 1979, S. 241 ff.

Rogall, Klaus: Der Beschuldigte als Beweismittel gegen sich selbst, Berlin 1977.

Roth, Georg: Das Auskunftsrecht der Wirtschaftsverwaltung, in: VerwArch 1966, S. 255 ff.

Rudolf, Walter: Verwaltungsorganisation, in: H.-U. Erichsen / W. Martens, Allgemeines Verwaltungsrecht, 6. Aufl., Berlin / New York 1983, S. 533 ff.

Rüdt, Ulrich: Lebensmittel: Warenkunde, sachgemäßer Umgang, Kontrolle, Stuttgart u. a. 1978.

— Lebensmittel und Bedarfsgegenstände, 1983.

Rüfner, Wolfgang: Die Rechtsformen der sozialen Sicherung und das Allgemeine Verwaltungsrecht, in: VVDStRL 28, Berlin 1970, S. 187 ff.

Sachs, Michael: Behördliche Nachschaubefugnisse und richterliche Durchsuchungsanordnung nach Art. 13 II GG, in: NVwZ 1987, S. 560 ff.

Salzwedel, Jürgen: Staatsaufsicht in Verwaltung und Wirtschaft, in: VVDStRL 22, Berlin 1965, S. 206 ff.

Schapp, Jan: Das subjektive Recht im Prozeß der Rechtsgewinnung, Berlin 1977.

Scheuner, Ulrich: Die Aufgabe der Gesetzgebung in unserer Zeit, in: DÖV 1960, S. 601 ff.

Schick, Walter: Außenprüfung nach der AO 1977 – eine kritische Würdigung, in: StuW 1977, S. 163 ff.

— Außen(Betriebs-)Prüfung, Effizienz und Rechtsstaat, in: BB 1986, S. 137 ff.

— Notwendigkeit und Funktion der Begründung bei Verwaltungsakten, in: JuS 1971, S. 1 ff.

Schiedermaier, Hans Helmut: Befugnisse der Lebensmittelüberwachungsbehörden bei der Außenkontrolle, in: GewArch 1975, S. 111 ff.

Schiedermair, Rudolf: Die Apotheke und ihre Überwachungsbehörde, in: Pharmazeutische Zeitung 1981, S. 695 ff.

Schiedermair, Rudolf / *Pieck,* Johannes: Apothekengesetz, 3. Aufl., Frankfurt/M. 1981.

Schilling, Th.: Die Anhörungsregelung des Verwaltungsverfahrensgesetzes im Lichte des Grundgesetzes, in: GewArch 1987, S. 45 ff.

Schiwy, Peter: Chemikaliengesetz, Percha 1982.

Schmatz, Hans / *Nöthlichs,* Matthias: Sicherheitstechnik, Berlin 1986.

Schnapp, Friedrich E.: Amtshilfe, behördliche Mitteilungspflichten und Geheimhaltung, in: NJW 1980, S. 2165 ff.

— Zum Anwendungsbereich der Amtshilfevorschriften, insbesondere im ressortüberschreitenden Amtshilfeverkehr, in: DVBl. 1987, S. 561 ff.

Schnapp, Friedrich E. / *Friehe,* Heinz-Josef: Prüfungskompetenz und Rechtsschutz bei Streitigkeiten über Amtshilfeverpflichtungen, in: NJW 1982, S. 1422 ff.

Schnapp, Friedrich E. / *Rawert,* Karl-Heinz: Examensklausur Öffentliches Recht, in: Jura 1983, S. 153 ff.

Schönhals, Heide: Staatsaufsicht gegenüber Privatbetrieben im Bereich des Gesundheitsrechts, 1967.

Scholz, Rupert: Konkurrenzprobleme bei behördlichen Produktkontrollen, Köln u. a. 1983.

Schröder, Meinhard: Der Schutz von Betriebs- und Geschäftsgeheimnissen im Umweltschutzrecht, in: UPR 1985, S. 394 ff.

— Grundfragen der Aufsicht in der öffentlichen Verwaltung, in: JuS 1986, S. 371 ff.

Schuhmann, Helmut: Auskunftsverweigerungsrechte in der steuerlichen Außenprüfung, in: StBp. 1983, S. 169 ff.

Schwan, Eggert: Artikel 13 GG und die gefahrenabwehrenden Eingriffe in die Wohnungsfreiheit, in: DÖV 1975, S. 661 ff.

— Die Abgrenzung des Anwendungsbereichs der Regeln des Straf- und Ordnungswidrigkeitenverfolgungsrechts von dem der Gefahrenabwehr, in: VerwArch 1979, S. 109 ff.

Seier, Jürgen: Problemfälle des § 123 StGB, in: JA 1978, S. 622 ff.

Sieder, Frank / *Zeitler,* Herbert: Wasserhaushaltsgesetz, München 1985.

Siegert, Albrecht / *Musielak,* Hans-Joachim: Das Recht des Handwerks, München 1973.

Simitis, Spiros / *Dammann,* Ulrich / *Mallmann,* Otto / *Reh,* Hans-Joachim: Kommentar zum Bundesdatenschutzgesetz, 3. Aufl., Baden-Baden 1981.

Starck, F.: Das Auskunftsverlangen der Kartellbehörden, in: BB 1959, S. 216 ff.

Staudinger, J. v.: Kommentar zum BGB, Bd. II. Teil 1 b, Recht der Schuldverhältnisse, 11. Aufl., Berlin 1961.

Stein, Ekkehart: Die Wirtschaftsaufsicht, Tübingen 1967.

— Lehrbuch des Staatsrechts, 2. Aufl., Tübingen 1971.

Steinbömer, Feuke: Amtshilfe und Geheimhaltungspflichten, in: DVBl. 1981, S. 340 ff.

Steiner, Udo: Der „beliehene Unternehmer", VG Münster, NJW 1967, 171, in: JUS 1969, S. 69 ff.

Steinmetz, Bernd: Hausfriedensbruch bei Räumen mit genereller Zutrittserlaubnis, in: JuS 1985, S. 94 ff.

Stober, Rolf: Ladenschlußgesetz, Köln u. a. 1986.

— Wirtschaftsverwaltungsrecht I, 3. u. 5. Aufl., Stuttgart u. a. 1984 u. 1987.

Stürner, Rolf: Strafrechtliche Selbstbelastung und verfahrensförmige Wahrheitsermittlung, in: NJW 1981, S. 1757 ff.

Szagunn, Volkhard / *Wohlschieß,* Karl: Gesetz über das Kreditwesen, Stuttgart u. a. 1985.

Thomä, Karl Eugen: Auskunfts- und Betriebsprüfungsrecht der Verwaltung, Heidelberg 1955.

— Das Auskunftsrecht der Kartellbehörden in den Entwürfen zu einem Gesetz gegen Wettbewerbsbeschränkungen, in: BB 1955, S. 359 ff.

Thomas, Heinz / *Putzo,* Hans: Zivilprozeßordnung, 13. Aufl. 1985.

Tilmann, Winfried: Der Auskunftsanspruch, in: Bundespatentgericht (Hrsg.), 25 Jahre Bundespatentgericht, Köln u. a. 1986, S. 293 ff.

Tipke, Klaus: Betriebsprüfung – unzulässiger Eingriff in die „Unverletzlichkeit der Wohnung" (Art. 13 GG)?, in: DStR 1967, S. 79 f.

Triepel, Heinrich: Die Reichsaufsicht, Berlin 1917.

Ule, Carl Hermann / *Laubinger,* Hans-Werner: Verwaltungsverfahrensrecht, 3. Aufl., Köln u. a. 1986.

Ule, Carl Hermann / *Rasch,* Ernst: Allgemeines Polizei- und Ordnungsrecht, Köln u. a. 1965.

Urban, Ernst: Apothekengesetze, Berlin 1927.

Wacke, Gerhard: Das Recht der Polizei auf Auskünfte, in: Die Polizei 1962, S. 161 ff., 210 ff.

Weber, Horst Peter / *Seitz,* Friedrich: Der Sachverständige bei der Prüfung überwachungsbedürftiger Anlagen – ein Beliehener? in: GewArch 1980, S. 151 ff.

Wenzig, Herbert: Die Prüfungshandlungen, in: StBp. 1981, S. 73, 117, 193, 241, 1982, S. 1, 49, 99, jeweils ff.

— Die Auskunftsperson im Außenprüfungsverfahren, in: StuW 1983, S. 242 ff., 346 ff.

Wertenbruch, Wilhelm: Verordnungsrechtlich prolongierte Krisenzeiten? in: JZ 1959, S. 589 ff.

Wieckmannn, Hans-Joachim: Das Auskunftsersuchen im System kartellbehördlicher Eingriffsbefugnisse, Frankfurt / Bern 1977.

Woerthge, Hans-Georg: Die Prinzipien des Datenschutzrechts und ihre Realisierung im geltenden Recht, Heidelberg 1984.

Wohlfahrt, Ernst: Das Auskunftsrecht gegenüber Unternehmen und Unternehmenszusammenschlüssen innerhalb internationaler Gemeinschaften, in: E. v. Caemmerer (Hrsg.), Arbeiten zur Rechtsvergleichung, Bd. 20, Frankfurt / Berlin 1920.

Wolff, Hans J. / *Bachof,* Otto: Verwaltungsrecht II, 4. Aufl., München 1976.

— Verwaltungsrecht III, 4. Aufl., München 1978.

Würdinger, Hans: Das Auskunftsrecht gegenüber Unternehmen und Unternehmenszusammenschlüssen innerhalb internationaler Gemeinschaften, in: E. v. Caemmerer (Hrsg.), Arbeiten zur Rechtsvergleichung, Bd. 20, Frankfurt / Berlin 1920.

Zipfel, Walter: Lebensmittelrecht, München / Berlin 1981.

Zöllner, Richard: Zivilprozeßordnung, 12. Aufl., Köln 1979.

Gesetzesverzeichnis

(soweit nicht im Text näher bezeichnet)

Abfallbeseitigungsgesetz (AbfG)	v. 24.8.1986, BGBl. I, S. 1410
Abgabenordnung (AO)	v. 16.3.1976 (i.d.F. v. 19.12.1985, BGBl. I, S. 2436)
Absatzfondsgesetz	v. 8.9.1976 (i.d.F. v. 10.3.1980, BGBl. I, S. 279)
Arbeitssicherheitsgesetz (ASiG)	v. 12.12.1973 (i.d.F. v. 12.4.1976, BGBl. I, S. 965)
Arzneimittelgesetz (AMG)	v. 24.8.1976 (i.d.F. v. 26.11.1986, BGBl. I, S. 2089)
Atomgesetz (AtG)	v. 15.7.1985 (i.d.F. v. 18.2.1986, BGBl. I, S. 265)
Ausländergesetz	v. 28.4.1965 (i.d.F. v. 11.7.1984, BGBl. I, S. 874)
Außenwirtschaftsgesetz (AWG)	v. 28.4.1961 (i.d.F. v. 24.4.1986, BGBl. I, S. 560)
Betäubungsmittelgesetz (BtMG)	v. 28.7.1981 (i.d.F. v. 18.12.1986, BGBl. I, S. 2496)
Betriebsverfassungsgesetz (BetrVerfG)	v. 15.1.1972 (i.d.F. v. 24.7.1986, BGBl. I, S. 1110)
Binnenschiffahrtsgesetz	v. 20.5.1898 (i.d.F. v. 25.7.1986, BGBl. I, S. 1120)
Bürgerliches Gesetzbuch (BGB)	v. 18.8.1896 (i.d.F. v. 25.7.1986, BGBl. I, S. 1142)
Bundesbaugesetz (BBauG)	v. 8.12.1986, BGBl. I, S. 2253
Bundesberggesetz (BBergG)	v. 13.8.1980 (i.d.F. v. 8.12.1986, BGBl. I, S. 2191)
Bundesdatenschutzgesetz (BDSG)	v. 27.1.1977 (i.d.F. v. 18.2.1986, BGBl. I, S. 265)
Bundesimmissionsschutzgesetz (BImSchG)	v. 15.3.1974 (i.d.F. v. 26.11.1986, BGBl. I, S. 2089)
Bundesseuchengesetz	v. 18.12.1979 (i.d.F. v. 19. 12.1986, BGBl. I, S. 2555)
Bundessozialhilfegesetz (BSHG)	v. 24.5.1983 (i.d.F. v. 16.12.1986, BGBl. I, S. 2441)
Chemikaliengesetz (ChemG)	v. 16.9.1980 (i.d.F. v. 15.9.1986, BGBl. I, S. 1505)
Eichgesetz	v. 22.2.1985 (i.d.F. v. 26.11.1986, BGBl. I, S. 2089)
Energiewirtschaftsgesetz (EnWG)	v. 13.12.1935 (i.d.F. v. 20.3.1984, BGBl. I, S. 651)
Fahrpersonalgesetz (FahrPersG)	v. 27.10.1976, BGBl. I, S. 96
Fleischbeschaugesetz	v. 28.9.1981 (i.d.F. v. 13.4.1986, BGBl. I, S. 398)
Gaststättengesetz (GastG)	v. 5.5.1970 (i.d.F. v. 16.12.1986, BGBl. I, S. 2441)
Gerätesicherheitsgesetz	v. 24.6.1968 (i.d.F. v. 18.2.1986, BGBl. I, S. 265)
Gesetz gegen den unlauteren Wettbewerb (UWG)	v. 7.6.1909 (i.d. F.v. 25.7.1986, BGBl. I, S. 1169)
Gesetz gegen Wettbewerbsbeschränkungen (GWB)	v. 24.9.1980 (i.d. F.v. 27.3.1985, BGBl. I, S. 495)
Getreidegesetz	v. 3.8.1977, BGBl. I, S. 1521
Getränkeschankanlagenverordnung	v. 14.8.1962 (i.d.F. v. 27.11.1973, BGBl. I, S. 1762)
Gewerbeordnung (GewO)	v. 1.1.1978 (i.d.F. v. 16.12.1986, BGBl. I, S. 2441)
Grundgesetz (GG)	v. 23.5.1949 (i.d.F. v. 21.12.1983, BGBl. I, S. 1481)
Güterkraftverkehrsgesetz (GüKG)	v. 10.3.1983 (i.d.F. v. 16.12.1986, BGBl. I, S. 2441)
Handwerksordnung (HwO)	v. 28.12.1965 (i.d.F. v. 24.4.1986, BGBl. I, S. 560)
Kreditwesengesetz (KWG)	v. 11.7.1985 (i.d.F. v. 17.12.1986, BGBl. I, S. 2488)
Kriegswaffengesetz (KWaffG)	v. 20.4.1961 (i.d.F. v. 6.10.1986, BGBl. I, S. 1629)
Ladenschlußgesetz (LadSchlG)	v. 28.11.1956 (i.d.F. v. 25.7.1986, BGBl. I, S. 1169)

Lebensmittel- und Bedarfsgegenständegesetz (LMBG)	v. 15.8.1974, (i.d.F. v. 19.12.1986, BGBl. I, S. 2610)
Ordnungswidrigkeitengesetz (OWiG)	v. 2.1.1975 (i.d.F. v. 18.12.1986, BGBl. I, S. 2496)
Personenbeförderungsgesetz (PBefG)	v. 21.3.1961 (i.d.F. v. 8.12.1986, BGBl. I, S. 2191)
Pfandleihverordnung (PfandlVO)	v. 1.2.1961, BGBl. I, S. 58
Pflanzenschutzgesetz (PflSchG)	v. 15.9.1986, BGBl. I, S. 1505
Reichsversicherungsordnung (RVO)	v. 15.12.1924 (i.d.F. v. 19. 12.1986, BGBl. I, S. 2593)
Sozialgesetzbuch (SGB I) – Allgemeiner Teil –	v. 11.12.1975 (i.d.F. v. 16.12.1986, BGBl. I, S. 2441)
Sozialgesetzbuch (SGB X) – Verwaltungsverfahren –	v. 18.8.1980 (i.d.F. v. 4.11.1982, BGBl. I, S. 1450)
Sprengstoffgesetz (SprengG)	v. 13.9.1976 (i.d.F. v. 18.2.1986, BGBl. I, S. 275)
Strafgesetzbuch (StGB)	v. 2.1.1975 (i.d.F. v. 19.12.1986, BGBl. I, S. 2566)
Strafprozeßordnung (StPO)	v. 7.1.1975 (i.d.F. v. 18.12.1986, BGBl. I, S. 2496)
Straßenverkehrszulassungsordnung (StVZO)	v. 15.11.1974 (i.d.F. v. 9.12.1986, BGBl. I, S. 2344)
Tierschutzgesetz (TierSchG)	v. 24.7.1972, BGBl. I, S. 1277
Tierseuchengesetz (TierSG)	v. 28.3.1980, BGBl. I, S. 386
Verwaltungsgerichtsordnung (VwGO)	v. 21.1.1960 (i.d.F. v. 8.12.1986, BGBl. I, S. 2191)
Verwaltungsverfahrensgesetz (VwVfG)	v. 25.5.1976 (i.d.F. v. 2.7.1976, BGBl. I, S. 1749)
Vieh- und Fleischgesetz (ViehFlG)	v. 21.3.1977 (i.d.F. v. 10.6. 1985, BGBl. I, S. 953)
Vorschrift für die einheitliche Durchführung des Lebensmittelgesetzes (DVO LMBG)	v. 21.6.1934, RGesundhBl., S. 590
Waffengesetz (WaffG)	v. 8.3.1976 (i.d.F. v. 18.2.1986, BGBl. I, S. 265)
Wasserhaushaltsgesetz (WHG)	v. 16.10.1976 (i.d.F. v. 28.3. 1980, BGBl. I, S. 373)
Weingesetz	v. 25.7.1930 (i.d.F. v. 2.3.1974, BGBl. I, S. 469)
Wirtschaftssicherstellungsgesetz	v. 3.10.1968 (i.d.F. v. 14.12.1976, BGBl. I, S. 3341)
Zivilprozeßordnung	v. 30.1.1877 (i.d.F. v. 9.12.1986, BGBl. I, S. 2326)